Al son de la utopía

MICHEL KRIELAARS

Al son de la utopía

Los músicos en tiempos de Stalin

Traducción del neerlandés
de Goedele De Sterck

Galaxia Gutenberg

MIXTO
Papel | Apoyando la silvicultura responsable
FSC® C105485
FSC www.fsc.org

Nederlands letterenfonds
dutch foundation for literature

Este libro fue publicado con el apoyo de la Fundación neerlandesa de las Letras.

Galaxia Gutenberg,
Premio TodosTusLibros al Mejor Proyecto Editorial, 2023,
otorgado por CEGAL (Confederación Española de Gremios
y Asociaciones de Libreros).

Título de la edición original: *De klank van de heilstaat*
Traducción del neerlandés: Goedele De Sterck

Publicado por
Galaxia Gutenberg, S.L.
Av. Diagonal, 361, 2.º 1.ª
08037-Barcelona
info@galaxiagutenberg.com
www.galaxiagutenberg.com

Primera edición: mayo de 2025

Preimpresión: Jordi Sánchez
Impresión y encuadernación: Sagrafic
Depósito legal: B 94-2025
ISBN: 978-84-19738-14-1

Para Henriette, mi musa

«Trabaja, interpreta. Vives aquí, en este país.
Tienes que ser realista. No seas ingenua.
No hay otra vida. No puede haber otra vida.
Da gracias por estar aquí respirando.»

Dmitri Shostakóvich a Galina Vishnévskaia

Índice

Prólogo

Moscú, 2009

Una tarde lluviosa de un día cualquiera del mes de diciembre paso por delante del Conservatorio Chaikovski, en la avenida Gran Nikita. Aún no ha nevado. Las casas bajas que se remontan a los siglos XVIII y XIX me parecen anodinas, como si la tan bulliciosa capital rusa estuviese dormida. Apenas hay nadie, ni tan siquiera en el CoffeeMania, la carísima cafetería situada en un ala lateral del conservatorio, donde los nuevos ricos agasajan a sus amantes con la tarta Sacher regada con champán, y los Bentley forman una larga fila junto a la acera.

Entonces me llama la atención un cartel de un concierto que hay en una de las vitrinas. Esa noche se celebra un concierto que conmemora el septuagésimo quinto aniversario del nacimiento del compositor ruso Alfred Schnittke (1934-1998). Decido comprar una entrada, pero en la taquilla me informan de que están agotadas. De nuevo en la calle, una mujer anciana embutida en un abrigo a cuadros me hace señas. Bajo la atenta mirada de la estatua de bronce de Chaikovski, me ofrece una entrada por menos de dos euros al cambio, es decir, cuatro veces su valor nominal, y aun así una auténtica ganga comparado con los precios del Concertgebouw de Ámsterdam.

Conozco un poco la música de Schnittke. Me parece fascinante, fría y extraña. En 1992 asistí al estreno de la ópera *La vida con un idiota* en el edificio Stopera de Ámsterdam en presencia del compositor. La dirigía el también ruso Mstislav Rostropóvich, que había cambiado el violonchelo por la batuta para la ocasión. Cuando en el aplauso final, Schnittke cruzó la sala en dirección al escenario para fundirse en un abrazo con el eufórico Rostropóvich, la capital neerlandesa se convirtió, por un momento, en una pequeña Moscú inundada por vivas, bravos y hurras en lengua rusa.

Schnittke debió de sentir aquel estreno como una victoria sobre el sistema totalitario que le había impedido componer en su país natal, en el cual estaba tajantemente prohibido interpretar su música, que había sido tachada de vanguardista por las autoridades de la recién desintegrada Unión Soviética. En 1990, el atormentado compositor, que se ganaba la vida principalmente componiendo música de cine, había emigrado a Alemania, de donde procedía su padre, de origen judío, que, para escapar de Hitler, se refugió en la Unión Soviética. Alfred Schnittke murió en Hamburgo seis años después de su aclamada acogida en Ámsterdam.

Sin embargo, con ocasión del setenta y cinco aniversario de su nacimiento, su figura recobra vida en Moscú durante casi dos horas. En el escenario, sobre un atril, descansa un gran retrato suyo, adornado con flores. Durante el concierto, varios espectadores se acercan con paso solemne y lágrimas en los ojos para depositar junto a la imagen del difunto compositor dos claveles rojos o blancos y guardar un minuto de silencio.

Entre las solistas destaca la violonchelista Natalia Gutman, íntima amiga de Schnittke y una de las mejores intérpretes del mundo. Durante su interpretación, la sala respira la pesadumbre de las notas del compositor. Gutman resucita a su amigo e invita al público a celebrarlo con ella.

Desde mi asiento en el gallinero recorro con la mirada la sala gigantesca, llena a rebosar, con una acústica excelente, y paredes y techo de madera. De repente me fijo en los rostros anticuados de todos esos hombres y mujeres que escuchan atentamente la música, decididos a no perderse ni una sola nota. Muchos de ellos no son tan mayores. El caso es que llevan grandes gafas de plástico y trajes demasiado holgados en tonos marrones y grisáceos, como los que se podían comprar en los grandes almacenes GUM de la Plaza Roja en tiempos de la Unión Soviética. Ese atuendo hace que parezcan de otra época, una época que dejó de existir a raíz del desmoronamiento de la Unión Soviética en 1992. Son los representantes de la vieja *intelligentsia* soviética, los maestros, los profesores, los médicos, los naturalistas que no se han aprovechado del capitalismo salvaje que ha deslumbrado a los Nuevos Rusos, con su CoffeeMania, sus Bentley y su ansia insaciable por los artículos de lujo. Tengo la impresión de estar sentado en una enorme arca de Noé, en compañía de apenas unos dos mil supervivientes de una civilización arrasada por las aguas.

A mi lado, varios estudiantes de conservatorio, de aspecto serio, toman apuntes como descosidos. Cuando en el descanso descubren que soy extranjero y que vengo de los Países Bajos, se agolpan a mi alrededor para hablar conmigo. «Ah, Países Bajos es la tierra de los tulipanes, de Rembrandt y de Diepenbrock –musita una chica bellísima, de ojos negros, que estudia violín–. Me encantaría ir algún día. Y no regresar aquí jamás.

Todos barajan la posibilidad de emigrar a Occidente, porque en Rusia es imposible ganarse la vida componiendo música. Les digo que conmigo no cuenten; siempre aconsejo a los soñadores que se queden en su país, donde los necesitan de forma imperiosa para construir una sociedad moderna. «Además, ¿dónde se puede encontrar una música tan hermosa y unos músicos tan excepcionales como en Rusia?», añado.

Después del descanso, me siento más adelante. Acabo junto a un padre y sus tres hijos pequeños. Él enseña órgano en el conservatorio; sus hijos estudian violín, violonchelo y piano, respectivamente. Los cuatro adoran no solo a Schnittke, sino a todos los grandes compositores rusos. El padre confiesa que Schnittke ya era uno de sus héroes en la Unión Soviética, cuando no perdía ocasión de asistir a sus conciertos prohibidos.

La admiración de gran parte de los rusos por la música clásica siempre me ha fascinado. En la Unión Soviética, a los músicos y compositores se los consideraba dioses. Hasta cierto punto eran intocables, ya que demostraban un afán creativo único que nadie podía emular. Sin embargo, decenas de ellos fueron perseguidos por el régimen comunista, encarcelados en campos de trabajo o ejecutados. Las autoridades destruían o censuraban sus composiciones y grabaciones, y cancelaban sus conciertos.

Por supuesto, esta cifra no puede compararse con los mil quinientos escritores que fueron ejecutados bajo el régimen de Stalin, pero aun así deseo averiguar a qué se debían esas persecuciones. ¿Cuál era el motivo? ¿La música? ¿O había algo más?

Tampoco hay que olvidarse de los compositores y los músicos que se adaptaron. No pocas veces, también fueron castigados, porque no estaba claro qué se esperaba de ellos aparte de una obediencia ciega.

En cualquier caso, lo que al menos tenían en común en las tres primeras décadas de la Unión Soviética era la desgracia de que a Iósif Stalin le encantaba la música. Interfería abiertamente en la vida musical. Escuchaba las nuevas grabaciones de las obras clásicas y anotaba sus comentarios en las portadas de los discos: «bueno», «regular» o «basura». En el peor de los casos, este último comentario podía costarle a uno la vida.

En 1932 Stalin decidió someter la música –al igual que las demás artes– a una doctrina artística, la del realismo socialista. Ello suponía renunciar al consuelo, a la belleza y al entretenimiento, aunque muchos compositores intentaron eludir ese requisito. El arte sólo debía servir para ayudar al pueblo a materializar el socialismo. Supuestamente, la energía positiva que iba a surgir de esa nueva música soviética contribuiría a crear mejores personas.

Pues bien, este libro trata de esos compositores y de esos músicos en ese sistema ideológico. ¿Qué los llevó a hacer o no hacer concesiones? ¿Por qué algunos se jugaron la vida con su comportamiento idiosincrásico? ¿Qué fue lo que determinó sus acciones? ¿El afán creativo o también jugó un papel decisivo la ambición? ¿Y qué nos dice eso de la colaboración de alguien como Tijon Jrénnikov, el poderoso secretario general de la Unión de Compositores que les hizo la vida imposible a muchos compositores amigos al tiempo que procuraba echarles una mano? ¿Acaso tenía menos talento que ellos y sólo le interesaba el poder? ¿O es más matizable y sólo pueden entenderse sus caprichosas acciones si se ha vivido en la compleja sociedad soviética? Sea como fuere, la vida musical en aquel país desaparecido era de un nivel sin precedentes, con compositores de la altura de Shostakóvich y Prokófiev y músicos intérpretes como Mstislav Rostropóvich, Sviatoslav Richter, David Oistrakh, Leonid Kogan y Mariya Yúdina.

Durante los años que viví en Moscú, muchos de estos grandes músicos habían muerto o habían emigrado a Occidente. Tuve ocasión de escuchar en directo a alguno de ellos, como el violonchelista Mstislav Rostropóvich, pero uno tenía la sensación de que todo lo que había quedado eran sólo algunos recuerdos desvaídos de un pasado excepcional.

A veces, con suerte, podía vislumbrar un atisbo de ese pasado grandioso, por ejemplo, en la pequeña sala de ópera de Moscú que la famosa soprano Galina Vishnévskaia –viuda de Rostropóvich– había hecho construir para sus alumnos más dotados. Vishnévskaia solía presenciar todas las actuaciones, asentada como una reina en su palco «real». Al final de cada función recibía numerosas ovaciones. La aplaudían tanto los cantantes en el escenario como el público en el auditorio, en agradecimiento por «todo lo que había hecho por Rusia». Esos momentos no sólo afianzaron mi amor por la música rusa, sino que espolearon también mi curiosidad. Así fue como decidí sumergirme en un periodo turbulento de la historia de la Unión Soviética en el que, citando al escritor Konstantín Paustovski, para cualquier persona mínimamente biempensante y no del todo insensible, la vida era una tortura diaria. Al mismo tiempo, el hecho de que, en ese mismo país, se compusiera una música tan fabulosa y en sus escenarios actuaran músicos tan extraordinarios no puede sino calificarse de milagro.

1

El secreto de Richter

Una mañana del verano de 2011 me abordó en el portal de mi casa, en Moscú, un chico apuesto, cuya melena de color castaño le daba un aire de cantante francés. Tenía unos treinta años y un rostro de facciones regulares, como los que suelen apreciarse en los retratos de los oficiales zaristas que se exhiben en el Hermitage. De la comisura izquierda de la boca le colgaba una *papirosa*, un cigarrillo ruso con boquilla de cartón, de la marca Belomorkanal, que me recuerda siempre los libros de Konstantín Paustovski. Estaba borracho, al igual que tantos otros chicos del barrio.

El edificio de apartamentos de once plantas en la calle de los Alfareros –donde yo había alquilado un piso espacioso con habitaciones como salas de baile y relucientes suelos de parqué en mi condición de corresponsal del diario neerlandés *NRC Handelsblad*–, había sido construido en 1948 por prisioneros de guerra alemanes. Desde el exterior parecía un palacio neoclásico por el imponente portón, que daba a un patio, y las dos torres majestuosas en uno y otro extremo. Mis vecinos siempre hablaban de él con admiración –la calidad alemana era imbatible, incluso en la Rusia de Putin, ya se tratara de coches, lavadoras o viviendas–. Los primeros residentes del edificio de apartamentos habían sido oficiales superiores del Estado Mayor del Ejército Rojo. Stalin los recompensó por su victoria sobre la Alemania nazi con una vivienda palaciega. En 1953, tras la muerte del líder soviético, empezaron a instalarse en el lugar célebres artistas plásticos, escritores, músicos, bailarines y científicos. También a modo de recompensa, aunque esta vez por sus méritos para con el pueblo soviético. Curiosamente, los más premiados fueron los artistas circenses, como los domadores de tigres y los acróbatas de la pared de la muerte. Una vez arriada la bandera roja con la hoz y el martillo, los primeros residentes se habían esfumado sin dejar rastro, como si los hubieran desechado junto con el comunismo para dejar paso a los nuevos ricos, o a los expatriados como yo.

En contadas ocasiones, los pisos seguían cobijando a los hijos o hijas de mediana edad de aquellos primeros residentes. Bajo el comunismo habían vivido como príncipes y princesas, pero el colapso del imperio soviético los condenó a sobrevivir en la jungla del nuevo capitalismo. Muchos de ellos no conseguían salir adelante y se daban a la bebida. Por un euro se podía comprar una botella de vodka en la tienda de ultramarinos de la esquina. Debió de ser el caso del chico apuesto que, tras saludarme con una profunda reverencia, me dijo de repente en neerlandés: «Buenos días, estimado señor. ¿Cómo está?».

Se presentó como Andréi y me comentó que de niño había vivido en La Haya. Había cursado la enseñanza secundaria en el Gymnasium Haganum. Por entonces, su madre estaba casada con un artista de allí, y estaba decidida a probar suerte en los Países Bajos. «Fueron los mejores años de mi vida», me aseguró Andréi con una mirada llena de nostalgia neerlandesa. «Estaré encantado de cantarle unas canciones de Brel. Me gustaría invitarle esta misma tarde a mi casa. Vivo en la undécima planta. A la hora que le venga bien. Tengo todo el tiempo del mundo».

Me trató con la máxima cordialidad, como si nos conociéramos desde hacía años, feliz de poder hablar por fin en neerlandés con alguien. Aunque mi visita también parecía ser una buena excusa para abrir otra botella.

Andréi había nacido en el seno de una familia de artistas. Su madre, Natasha, pintaba acuarelas. Su abuelo, por parte materna, resultó ser Vladímir Igoshev, un pintor soviético de cierto renombre. Falleció en 2007, pero su obra etnográfica podía admirarse en diversos museos rusos.

«Cuando mi abuelo murió, mi madre y yo entramos a vivir en su piso –me explicó Andréi, poniendo los ojos en blanco–. Lo compramos por ciento cincuenta dólares en 1992 y ahora vale más de un millón. Nos encargamos de custodiar los cuadros del abuelo, porque ya sabes que nuestro país está gobernado por unos ladrones que en el momento menos pensado pueden arrebatarte lo que sea».

A última hora de la tarde llamé al timbre de la casa de Andréi, atraído no tanto por su interpretación borracha de Brel como por los cuadros del abuelo. Cuando abrió la puerta tapizada por dentro, el muchacho declamó al estilo de Pushkin en neerlandés: «Haga el favor de entrar, distinguido ciudadano del país más encomiable y más hermoso del mundo, donde la democracia es tan pura como los bellos cielos teñidos de nobles nubes».

Los techos altos y los suelos de parqué del amplio vestíbulo me resultaron familiares. Eran una copia de los de mi piso. Con la diferencia de que en ese abundaban los cuadros, algunos de dimensiones monumentales, apoyados unos en otros como en un almacén. Me abrí paso por entre la colección de marcos en dirección a la amplia sala de estar, donde me creí que estaba en una casa de la élite soviética de los años cincuenta. Antiguos sillones y sofás estaban arrimados unos a otros. Una mesita con unas cuantas botellas de vodka vacías. Olor a polvo mezclado con alimentos en mal estado, humo de tabaco y alcohol.

De las paredes colgaban espléndidos retratos de una mujer ya entrada en años, ataviada con un vestido blanco y largo, y tocada con un sombrero, que tomaba el té en un cenador de un frondoso jardín. Los cuadros estaban pintados en ese estilo soviético tan atemporal, aunque recordaba a *Las tres hermanas* de Chéjov. «Es mi abuela –dijo Andréi señalando la serie de señoras en la pared–. Es guapa, ¿verdad? Y mire ese otro cuadro», añadió, apuntando al retrato de un anciano pintor de mechón blanco, que estaba sentado en su estudio. Con la mano derecha sostenía un pincel sobre una paleta y en la pierna derecha descansaba la cabeza de un perro sabueso. «Su compatriota Sierk Schröder. Lo conocí en La Haya. Posó para mi abuelo en 1991».

En un rincón de la sala de estar, bajo un gran retrato de un cazador de aspecto asiático, había un piano de cola de color marrón claro y de la marca Grotrian-Steinweg. Antes de que pudiera acomodarme en uno de los mullidos sillones, Andréi se sentó al piano y tocó los primeros compases de la sonata *Claro de luna* de Beethoven. Salvo unos pocos fallos, no sonaba mal para ser un aficionado, hasta que de pronto cambió de registro y entonó con voz ronca la canción «Le plat pays» de Brel, seguida de otra de soldados de Vladímir Visotski. Estaba claro que aquello se le daba mejor: el espectáculo que me brindó la ebria criatura resultó de lo más convincente.

Dejó de cantar sin previo aviso. Después de servirse una copa de coñac armenio, se sentó a mi lado y me contó que tras su graduación se había ido a vivir a Milán con su madre, que nada más divorciarse del artista neerlandés había abierto una galería de arte ruso. «Con veinte años ya conducía mi propio Porsche –afirmó–. Y cuando nos quedábamos sin dinero vendíamos un cuadro de mi abuelo. Pero, desde luego, donde más me divierto es aquí en Moscú. Cada noche me voy a la cama con una chica diferente. A cuál más guapa».

Andréi volvió a sentarse ante el piano de cola. Esta vez intentó interpretar un nocturno de Chopin. No había tocado ni cinco compases cuando se levantó de un salto para salir corriendo al baño.

«¡Disculpe! ¡He bebido demasiado!», exclamó. A los cinco minutos reapareció en el salón con la cara desencajada. Se acercó a un viejo aparato estéreo de la marca Rigonda y puso un LP. «¿Le suena?». Era un impromptu de Schubert. «Sviatoslav Richter», respondí sin vacilar. Andréi me miró sorprendido y se dejó caer en el sillón frente al mío. «En los años ochenta solía asistir a los conciertos que daba en su casa. Yo era el encargado de pasar las páginas de las partituras –dijo–. Y después siempre me acariciaba el pelo. Estaba prendado de chicos como yo, enseguida me di cuenta. Ya sabes, él...». En lugar de terminar la frase, Andréi emitió el sonido de un gato ronroneando.

Desde mi época de estudiante sentía admiración por Richter. Escuchaba sus CD con regularidad, aunque nunca lo había visto actuar en vivo, porque ofrecía muy pocos conciertos y las entradas se agotaban rápidamente. No en vano, Richter contaba con una fiel cohorte de fans internacionales que se avisaban unos a otros en cuanto se rumoreaba que iba a dar un concierto en algún lugar de Europa. Si el concierto se cancelaba en el último momento, mala suerte. A sus fans, ansiosos por oírlo tocar, no les importaba correr ese riesgo.

Así, por ejemplo, el 17 de marzo de 1991 actuó en el Musis Sacrum de Arnhem, en los Países Bajos. Aún hoy me arrepiento de no haberme tomado la molestia de hacer cola en la taquilla para conseguir una entrada de reventa, porque, al día siguiente, las noticias en el periódico pusieron de manifiesto que me había perdido algo muy especial.

Poco después de las ocho, tímido como siempre, Richter salió al escenario de entre los bastidores, con pasos largos y torpes, como si no supiera muy bien qué estaba haciendo allí. Vestía un traje gris y llevaba unas grandes gafas de plástico transparente que acentuaban la angulosidad de sus facciones. Si no reconocías al instante esa cabeza robusta coronada de pelo blanco y largas patillas podrías confundirlo, por un instante, con un acomodador despistado.

En cuanto se sentó al piano de cola y se atenuó la luz de la sala, lo único que se distinguía, bajo el resplandor de la lámpara de lectura, era su mandíbula prominente, que potenciaba su concentración. Después de medio minuto, sus enormes manos golpearon el teclado. El concierto había dado comienzo. Sonaron las suites inglesas 1, 3, 4 y 6 de Bach.

En contra de lo que cabría esperar de un pianista con un cuerpo tan grande y unas manos tan fuertes, Richter obsequió al público con una interpretación seca y comedida. Su dominio del instrumento y de la partitura mereció el respeto de todos. Como si hubiera puesto en la música su alma, única y, sobre todo, vulnerable. Eso era exactamente lo que yo apreciaba en él.

La crítica musical Katja Reichenfeld se mostró moderadamente entusiasta en la reseña que se publicó al día siguiente en *NRC Handelsblad*. Alegó que no había visto colmadas todas sus expectativas. Calificaba las suites inglesas de «obras de difícil interpretación que requieren un alegato lúcido y vivo», algo que, según ella, Richter no había cumplido. También subrayaba que la interpretación ofrecida por el pianista ruso sonaba como una música imaginaria, confinada sobre todo en la propia cabeza del artista. A su juicio, el público tuvo que conformarse con un concierto monótono, despojado de las muchas alegrías terrenales que suelen asociarse a Bach. En comparación con la versión de Richter, las animadas y movidas interpretaciones de Glenn Gould parecían de otro planeta. Sin embargo, siempre según Reichenfeld, en la zarabanda de la *Tercera suite* sucedió de repente algo asombroso, como si «a la postre cayeran de forma inopinada algunos regalos del cielo»: «De un silencio casi palpable emergió un susurro balbuciente que hizo que, sin esperárnoslo, nos convirtiéramos en partícipes de una conmovedora intimidad entre dos grandes músicos: Bach y Richter». El «milagro» se repitió en la zarabanda de la *Sexta suite*.

No fue hasta mucho después cuando comprendí que a Richter le tocó vivir una época en la que la vida humana no tenía importancia. Además de ser un portento en los escenarios, fue testigo de uno de los episodios más sombríos de la historia rusa: el terror de Stalin, que costó la vida a millones de ciudadanos soviéticos inocentes. Su padre fue uno de ellos.

Richter ofreció el concierto de Arnhem a los tres días de cumplir setenta y seis años. En aquel periodo yo sólo sabía que estaba considerado el mejor pianista de la Unión Soviética del último medio siglo. Pero me fascinaba esa extraña mezcla de aspecto desmañado y delicada interpretación. Como si en el escenario, en el que su fuerza lo llevaba a saltarse más de una nota, su cuerpo grande se uniera a la sutil música que interpretaba.

Mi fascinación aumentó cuando, en 1998, vi el documental *Richter. L'insoumis*, de Bruno Monsaingeon. El cineasta francés, que hablaba bien el ruso, había entrevistado extensamente al pianista dos años antes de su muerte, en 1997. Por entonces Richter era un hombre viejo y enfermo. Aunque hablaba con cariño de su arte, parecía estar decepcionado con todo lo que tenía que ver con la vida cotidiana. En más de una ocasión se refería con cinismo a los años de Stalin, aunque también fueron los años en que obtuvo sus primeros grandes éxitos en el escenario. Recordó con vergonzosa nostalgia su debut en la Gran Sala del Conservatorio de Moscú, en diciembre de 1941, con el *Concierto para piano n.º 1* de Chaikovski. Su cautivadora interpretación lo catapultó directamente a la fama. Extinguidas las últimas notas, el público se deshizo en aplausos y vítores. Richter, henchido de orgullo, debió de acordarse de sus padres, a los que en 1937 había dejado en su Odesa natal. En aquel momento aún no sabía que su padre había sido ejecutado cuatro meses antes por los servicios de seguridad del Estado de Stalin, el NKVD.

En la entrevista realizada por Monsaingeon, Richter parecía haberse resignado con aquel suceso traumático que había ocurrido tiempo atrás, como si quisiera restarle importancia. No obstante, a partir de ese punto, el resto del documental gira en torno a ello. Pronto comprendí por qué. Es muy probable que, sin su padre Teofil, Richter nunca hubiera llegado a ser un pianista tan extraordinario.

El intérprete ruso quería mucho a su padre, tal como se demuestra en una grabación de audio realizada por un amigo en 1988. Durante una fiesta de Año Nuevo en su casa, Richter, de setenta y tres años, interpreta la pieza *La vieja Viena*, una composición de su progenitor. Es una pieza alegre que apenas dura un minuto. Richter pone todo su empeño, como si estuviera tocando una tierna sonata de Mozart que no quiere que termine para atrapar así el recuerdo de su progenitor. Su interpretación evoca el sentimiento íntimo de una infancia idílica, ajena al siniestro mundo exterior, cuando en realidad en aquel mismo momento la violencia de la revolución y la guerra civil estaba haciendo estragos a su alrededor.

Lo que me impresiona de la historia rusa desde hace casi medio siglo es precisamente esa contradicción entre la vida que discurre plácidamente y los estallidos de violencia que a veces se prolongan durante años. Como si uno continuara plantando patatas en su huerto mientras una tormenta le destrozara la casa.

Los padres de Sviatoslav Richter, Teofil Richter y Anna Moskaliova, mucho más joven que él, se conocieron en la ciudad ucraniana de Zhitómir, donde Teofil solía pasar las vacaciones de verano. Él le daba a ella clases de piano, y se enamoraron. Para entonces, Teofil llevaba ya veintidós años en Viena, la capital musical y libertina del emperador Francisco José, donde había estudiado piano y composición en el conservatorio y se había quedado a vivir.

Se casaron en el verano de 1914, poco antes del estallido de la Primera Guerra Mundial. Al año siguiente se trasladaron a la cosmopolita Odesa con su hijo recién nacido, Sviatoslav, apodado Svetik. Allí, en el mar Negro, se libraron de la violencia de la guerra. Teofil fue nombrado director vocal de la Ópera de Odesa y ejerció como profesor de piano en el conservatorio. También era organista y director del coro de la Iglesia Evangélica Luterana de San Pablo y daba recitales de piano. A su hijo le metió la música y el ritmo en los genes.

Los Richter acababan de adaptarse a su nueva vida cuando en febrero de 1917 estalló la revolución. El zar fue depuesto. Muchos confiaban en que, con la desaparición de la autocracia, Rusia pasaría a ser un país libre, gobernado democráticamente, con igualdad de derechos para todos. Sin embargo, esas esperanzas se desvanecieron bruscamente cuando, siete meses más tarde, los bolcheviques de Lenin dieron un golpe de Estado e instauraron un régimen de terror. A continuación, estalló una guerra civil entre los bolcheviques y la Guardia Blanca zarista, a la que también se incorporaron nacionalistas ucranianos y anarquistas. Durante cuatro años, el país se sumió en un caos sangriento.

Fueron tiempos turbulentos, en los que los saqueos, las violaciones, las expropiaciones, las vejaciones a la clase privilegiada y los asesinatos de judíos estaban a la orden del día. Los Richter enviaron al pequeño Svetik a Zhitómir, donde pasó aquellos cuatro años con la familia terrateniente de su madre, mientras sus progenitores se quedaron en Odesa. Antes de la revolución, el abuelo de Richter, Pável Moskaliov, había tratado siempre tan bien a los campesinos que estos siguieron brindándole su apoyo y proporcionándole provisiones a la familia.

Svetik no volvió a reunirse con sus padres hasta 1922. Rusia había quedado devastada, millones de ciudadanos habían muerto o habían perdido sus posesiones y a sus seres queridos. Así y todo, la vida seguía. Eso quedó patente cuando, de pronto, Svetik, con siete años, empezó a tocar el piano sin parar. En un abrir y cerrar de ojos aprendió a tocar un nocturno de Chopin.

En la cosmopolita Odesa de los años veinte, con sus cientos de cafés, restaurantes, clubes de variedades y teatros, la vida nocturna volvió a florecer como en los viejos tiempos. Svetik no tardó en participar de esta bulliciosa vida nocturna. Con catorce años ya acompañaba a cantantes aficionados en el Palacio de los Marineros. Ese palacio, en el que por entonces reinaba un ambiente popular y tosco, alberga actualmente una escuela de vela y atrae a los nuevos ricos del barrio. Con el tiempo, Svetik empezó a tocar también en clubes de la ciudad. Acompañó a violinistas, cantantes, una compañía de ballet e incluso tocó en un circo. A veces le pagaban en especie, con un saco de patatas. Esto sucedía poco después de la colectivización del sector agrícola, y el grano escaseaba.

Un día, su padre, que había dejado de actuar debido a un trastorno neurológico, llevó a su hijo a la ópera, donde vieron *Aída*, de Verdi, y *Turandot*, de Puccini, desde el foso de la orquesta. El escenario, con sus suntuosos decorados, tuvo un efecto mágico en Svetik. Y muy pronto entró a trabajar en la ópera como repetidor. Su sueño era convertirse en director de ópera, sobre todo después de trabajar con grandes cantantes como Serguéi Lémeshev. Sin embargo, no obtuvo el puesto permanente de director, así que emprendió otro camino. Con todo, muchos años más tarde le confesaría al cineasta Bruno Monsaingeon que la ópera lo había marcado.

Durante las vacaciones de verano de 1931 en Zhitómir, Teofil introdujo a su hijo en el mundo de la ópera, le presentó a las ocho ancianas y excéntricas hermanas Semiónova. En su blanca casa con columnas, que parecía extraída de una novela de Turguéniev, organizaron un concierto para el joven pianista con ellas como único público. En el programa figuraba el *Concierto para piano* de Schumann. Las hermanas quedaron embelesadas. Al día siguiente colmaron a Svetik de flores de su propio jardín. Por su parte, el joven solista quedó tan impresionado por tan entusiasta acogida, que, por primera vez, barajó la posibilidad de convertirse en un pianista profesional.

Dos años más tarde, de nuevo durante las vacaciones de verano en Zhitómir, se reafirmó en su propósito cuando asistió a un concierto de David Oistrakh y Vsévolod Topilin. En sus memorias escribe Richter que fue entonces cuando sintió que el piano era algo magnífico. «Fui al concierto y me aburrió un poco ese abordaje tan puramente musical. Lo mío era lo teatral y quería ver una escena en el escenario, una trama... Pero me abrumó la interpretación de la *Balada n.º* 4 de Chopin a manos de Topilin». Es obvio que esta última pieza musical no dejó indiferente al romántico muchacho de diecisiete años.

La carrera de Svetik fue a más. Pasó a llamarse Sviatoslav. El 19 de marzo de 1934 dio su primer concierto en la Sala Pequeña del Club de Ingenieros de Odesa. Tocó la *Balada n.º* 4 y el *Estudio n.º* 4 de Chopin, dos piezas que se le daban bien. Desafortunadamente, no sabemos cómo fue su debut porque, esa noche, no había periodistas en la sala.

A finales de ese mismo año, un revolucionario desilusionado mató a tiros al popular funcionario del Partido Serguéi Kírov en Leningrado. Además, por esas mismas fechas, el Kremlin se enfrentaba a los decepcionantes resultados de su primer Plan Quinquenal, que había obligado a los campesinos a trabajar en grandes explotaciones agrícolas colectivas y que pretendía impulsar la industrialización. Stalin, que en 1928 había sucedido inesperadamente a Lenin, fallecido cuatro años antes, aprovechó la búsqueda de culpables, tanto del asesinato como del fracaso económico, para eliminar a sus oponentes y afianzarse en el poder. Lanzó una purga a gran escala, dirigida inicialmente contra los antiguos partidarios de los movimientos de la oposición, pero que con los años se extendería a toda la élite comunista, desde los funcionarios locales del Partido hasta los generales. Más de medio siglo después, Richter aún recordaba el miedo generalizado que se levantó de repente como una tormenta en el desierto, cuya ferocidad llegó incluso hasta Odesa. «En 1935-1936, la gente se sobresaltaba cada vez que sonaba el timbre de la puerta, sobre todo por la noche», relataba a Bruno Monsaingeon al referirse a aquellos años horribles.

En la ópera de Odesa la situación no era más llevadera. No pocos empleados fueron despedidos, acusados de incumplimiento del deber, corrupción y comportamiento licencioso. Todos estaban llamados a desenmascarar públicamente a otros como «enemigos del pueblo». En sus memorias, Richter describe la suerte del director musical de la ópera: «Se convocó una reunión en el Gran Salón, donde todo el mundo tenía que reprocharle algo. La primera bailarina, una persona muy respetable, fue obligada a testificar que el hombre era un verdadero depravado. A uno de los directores de escena también le forzaron a inculpar a su colega. La idea le resultó tan repulsiva que, en cuanto abrió la boca, se desmayó. Eso no hizo más que empeorar las cosas para el director, cuya lista de acusaciones fue engrosándose».

El resultado de ese juicio público fue que las fotos del director de orquesta se colgaron por todo el teatro con el texto: ENEMIGO DEL PUEBLO. Richter acabó escribiendo: «Fue despedido y sustituido por un cabrón de mierda».

Para él y otros muchos ciudadanos soviéticos, las purgas fueron una pesadilla que parecía no tener fin. Cuando le comunicaron que las autoridades de Odesa se disponían a llamarlo a filas, decidió despedirse de la familia, los amigos y la ópera y trasladarse a Moscú. Era 1937, el terror entraba en su episodio más sangriento, en el que más de 700.000 personas serían ejecutadas.

A los veintidós años, Sviatoslav empezó a considerar si aún estaba a tiempo de convertirse en un concertista de piano. En Moscú se dirigió al profesor Neuhaus con la esperanza de que lo admitiera en sus clases del Conservatorio Chaikovski. Heinrich Neuhaus (1888-1964) fue uno de los mejores profesores de piano de Rusia. Para sobrevivir al terror de Stalin, él también había tenido que demostrar su lealtad al régimen. En concreto, había aplaudido en un discurso pronunciado en 1936 los artículos de *Pravda* que condenaban la ópera *Lady Macbeth de Mtsensk* de Shostakóvich. La vida soviética era, al decir suyo, tan grandiosa y magnífica que la música que debía interpretar esta grandeza debía ser más noble y sublime que todo lo que se había hecho con anterioridad en las artes. *Lady Macbeth*, con sus «sentimientos mezquinos y sin sentido» y su «música cínica y zafia», era un ejemplo de cómo no hacerlo. Estas palabras suenan vacías, sobre todo a sabiendas de que Neuhaus no las suscribía y posiblemente firmara a través de ellas la sentencia de muerte de un colega. Al mismo tiempo lo dicen todo sobre el miedo al que estaba sometida la *intelligentsia*, que puede llevar incluso a las personas más decentes a traicionar a sus amigos con tal de salvar el pellejo.

Al igual que Richter, Neuhaus era de ascendencia alemana y había nacido en Ucrania, donde pasó los primeros cuarenta años de su existencia. Sus padres eran ambos profesores de piano. Además, por parte materna, el músico era primo del compositor polaco Karol Szymanowski. Todo ello me hace caer en la cuenta de que es en estas familias tan musicales donde suelen gestarse los mayores talentos.

Debido a su apellido peligrosamente alemán, en 1941 Neuhaus fue arrestado –también al igual que Teofil Richter– bajo sospecha de espiar para el enemigo, aunque el motivo oficial fue que supuestamente se había negado a que lo evacuaran. Gracias a la mediación de Shostakóvich y de su propio alumno estrella, Emil Guilels, el pianista favorito de Stalin, no tardó en ser liberado, evitando así el destino de Teofil.

Al haberse formado en los círculos intelectuales de la Rusia zarista, Neuhaus disfrutó de una educación cosmopolita que dejaría una profunda impronta en sus alumnos. Además de en Rusia, había estudiado en Berlín, Viena e Italia; hablaba con fluidez ruso, polaco, alemán, francés e italiano, algo bastante común en la élite rusa antes de la revolución. También poseía grandes conocimientos de literatura, filosofía y artes plásticas. Como concertista de piano, se le conocía por su interpretación poética y su refinamiento, aunque sufría pánico escénico. Por eso, su punto fuerte era la enseñanza. Era ese tipo de profesor que cuando sus alumnos debían tocar Debussy, les decía que pensaran en una flor a punto de eclosionar.

Richter se convertiría en uno de sus mejores alumnos. Adoraba a Neuhaus, entre otras razones porque el maestro reconoció de inmediato su gran talento. Por su parte, Neuhaus comentó a propósito del primer encuentro con Richter: «Mis alumnos me pidieron que acudiera a escuchar a un joven de Odesa decidido a entrar en mis clases del conservatorio. "¿En qué escuela de música se ha formado?", le pregunté. "En ninguna", me contestó. Debo admitir que esa respuesta me desconcertó un poco: ¿cómo íbamos a admitir en el conservatorio a alguien sin educación musical reglada? Aun así, sentí curiosidad por ese hombre tan valiente. Resultó ser un chico de una intensidad descomunal: alto, delgado, de pelo rubio y ojos azules, muy vivo, y asombrosamente atractivo. Se sentó al piano de cola, colocó sus manos grandes, suaves y nerviosas sobre las teclas y empezó a tocar. Tocaba dando muestras de una gran modestia, incluso diría que acentuaba la sencillez y la sobriedad. Su actuación me fascinó por cómo se metía dentro de la música. Era una interpretación prodigiosa. Susurré a una chica a la que por entonces daba clase: "Creo que estamos ante un músico genial".

Tras la *Sonata n.º 28* de Beethoven, el joven interpretó algunas de sus propias composiciones. Todos querían que siguiera tocando. Ese fue el día en que Sviatoslav Richter se convirtió en mi alumno».

Los dos se hicieron muy amigos. Tanto es así que durante un tiempo Richter vivió en el apartamento de su maestro, en la calle Zemlianoi Val, donde dormía bajo uno de los pianos de cola del salón. A través de Neuhaus conoció a Borís Pasternak. En 1930, el escritor había dejado a su esposa Yevguenia por Zinaida, la mujer de Neuhaus. Este hecho, sin embargo, no fue obstáculo para que la amistad entre ambos perdurase, y menos si se tiene en cuenta que un año antes el propio Neuhaus había tenido un hijo con su antigua prometida Militsa Borodkina, con quien acabaría contrayendo matrimonio.

Neuhaus era un invitado habitual en la dacha de Pasternak en Peredélkino. Y en la década de 1950, cuando el escritor estaba inmerso en la escritura de *Doctor Zhivago*, Richter también lo visitaba a menudo. Además, vivían muy cerca el uno del otro, en el centro de Moscú. Conforme fui investigando, descubrí que el mundo de la *intelligentsia* moscovita era muy reducido. Todos se conocían. En este sentido, las cosas no han cambiado demasiado en la Rusia actual.

El afable Neuhaus, con su bigote y mechón blanco, fue como un padre para Richter, y como profesor tuvo una gran influencia en su forma de tocar el piano. «Me obligó a prestar especial atención al tono y me ayudó a tocar con más libertad –declaró Richter a Bruno Monsaingeon un año antes de su muerte–. Gracias a él conseguí relajar el tono de mis interpretaciones. Durante la sonata de Liszt me enseñó a realzar las pausas».

Neuhaus también le enseñó a tomarse su tiempo, sobre todo al principio de un concierto: «Sus consejos me llevaron a poner en práctica un pequeño truco –confesó Richter a Monsaingeon–. Sales al escenario y te sientas. No te mueves y cuentas en silencio hasta treinta. Después... ¡Pam! El público se inquieta. ¿Qué está pasando? Tras el silencio, la primera nota, sol... Ya sé que es puro teatro, pero en la música nunca debe faltar cierto elemento de sorpresa. Muchos pianistas sirven platos conocidos, cuando lo que realmente impacta es lo inesperado».

Richter llegó a decir: «Tuve tres maestros: Neuhaus, mi padre y Wagner. Me gustaba su forma de tocar y su forma de ser. También me gustaba porque se parecía a mi padre, aunque en una versión más desenfadada».

A nadie le sorprendió que Neuhaus aceptara a Richter como alumno. Aprendió rápido. En diciembre de 1941, cuatro años después de su audición, debutó en el Conservatorio de Moscú, que le catapultaría al estrellato.

Seis meses antes, el 22 de junio de 1941, Hitler había invadido la Unión Soviética. Sus tres millones de efectivos avanzaron hacia Moscú a una velocidad de doscientos kilómetros diarios, sin apenas encontrar resistencia. Durante las grandes purgas de 1937-1938, Stalin había ordenado la ejecución de casi todos los altos mandos del Ejército Rojo. La derrota del ejército soviético ante los alemanes sólo hizo que exacerbar la ya extrema paranoia de Stalin. Como medida de precaución hizo detener a todos los que en el frente pudieran ser acusados de simpatizar con el enemigo. Y luego, cuando en agosto de 1941 las tropas de Rumanía marcharon sobre Odesa como aliadas de Hitler, fue el turno de los ciudadanos soviéticos con apellidos alemanes afincados en la ciudad. El padre de Richter fue detenido por el NKVD, acusado de espionaje. Lo fusilaron dos meses después. Si en esos días su hijo hubiera estado en Odesa y no en Moscú, podría haber corrido la misma suerte. El padre había estado bajo estrecha vigilancia del NKVD desde principios de la década de 1930, por el mero hecho de dar clases de piano a los hijos del cónsul alemán en Odesa. El propio cónsul, tras oír a Sviatoslav interpretar las variaciones solistas del ballet *Raymonda* de Glazunov, lo invitó a amenizar las veladas del consulado con su música. Los Richter se hicieron amigos del cónsul y su familia y celebraron con ellos la Nochevieja en varias ocasiones. Poco después de la llegada de Hitler al poder, el cónsul fue llamado a Berlín. Sviatoslav visitó el consulado por última vez en agosto de 1934, con motivo del fallecimiento del presidente alemán Paul von Hindenburg, cuando le pidieron que interpretara la *Marcha fúnebre* de Beethoven.

Poco después, Teofil tuvo que comparecer ante el NKVD para dar cuenta de lo que había observado en aquellos encuentros en el consulado. «Seguro que no haces más que gritar "*Heil, Hitler*"», le espetaron los interrogadores pronunciando el saludo con acento ruso. Siete años más tarde, ese testimonio sería utilizado en su contra y le costaría la vida.

Sólo después de la liberación de Odesa por el Ejército Rojo en 1944, Richter supo de la muerte de su padre. La noticia debió de conmocionarlo profundamente y, sin duda, se sintió culpable por haber estado ocupado en sus propios asuntos en Moscú.

En cualquier caso, las verdaderas circunstancias de la muerte de su padre no saldrían a la luz hasta 1961. Hasta entonces no se enteró de que en la noche del 6 al 7 de octubre de 1941, diez días antes de que el enemigo entrase en Odesa, Teofil fue ejecutado de un tiro en la nuca junto con otras veinticuatro personas en un vertedero a siete kilómetros de la ciudad, acusado de espionaje para el enemigo. En 1962 la sentencia fue anulada por un tribunal militar del Soviet Supremo. Como tantos otros millones de ciudadanos soviéticos, Teofil fue condenado a muerte injustamente, para luego ser «rehabilitado» a falta de pruebas. Su hijo Sviatoslav le comentó a Bruno Monsaingeon que no había vuelto a dar un concierto en Odesa: «Allí murió mi padre, ejecutado por los comunistas». Esas pocas palabras condensan todo el odio que el músico sintió por Stalin y sus secuaces. Pero hay algo más.

La única persona que podría haber informado a Sviatoslav sobre la suerte que corrió su padre era su madre, Anna Moskaliova. Ella, después de todo, había desempeñado un papel importante en la muerte de Teofil. Este era el otro secreto que Richter llevaba consigo.

A finales de la década de 1930, Anna Moskaliova había iniciado un romance con Serguéi Kondrátiev, profesor de composición en el conservatorio. Sviatoslav acudió a sus clases durante una temporada, pero le parecieron tan aburridas que desde entonces nunca más sintió la tentación de componer nada. Kondrátiev tenía algo que ocultar: había desempeñado un alto cargo en la corte del zar Nicolás II y su familia frecuentaba los círculos zaristas. Tras la revolución se vio obligado a esconder ese pasado a los bolcheviques, de ahí que cambiara constantemente de apellido y fingiera sufrir una discapacidad para no tener que presentarse en el conservatorio.

Teofil Richter conocía el romance de Kondrátiev con su esposa, así como su pasado aristocrático. En 1941, con la guerra a punto de estallar, se mostró dispuesto a ser evacuado con su familia, pero Anna se negó a abandonar Odesa sin su amante, alegando que el «discapacitado» era incapaz de moverse solo. En consecuencia, los tres permanecieron en la ciudad, y pasado un tiempo ya no pudieron salir. Tras la ejecución de Teofil, Anna se casó con Kondrátiev, quien adoptó el apellido Richter con la esperanza de poder ocultar así su verdadera identidad. En 1944, cuando los alemanes se batieron en retirada, Kondrátiev les confesó que procedía del entorno monárquico y la pareja huyó a Alemania. Y allí vivieron hasta su muerte.

Sviatoslav jamás perdonó a su madre que traicionase a su padre. Para él fue el capítulo más negro de su vida. Se negó a hablarle después de que ella y Kondrátiev huyeran del país. Si bien en 1960 se produjo una suerte de reconciliación a raíz de la visita que le hizo su madre durante su gira por Estados Unidos, la estrecha relación que había unido a ambos en su día nunca se restableció. Aun así, estando ella enferma, Sviatoslav le transfirió los ingresos de más de una actuación ofrecida en el extranjero en lugar de transferirla, como era habitual, al Estado.

A pesar de los estragos de la guerra en el oeste y el sur de la Unión Soviética, la vida musical de Moscú seguía su curso. Richter continuaba durmiendo «debajo de algún piano», como solía contestar a quien le preguntaba su dirección. Al principio se trataba de uno de los pianos de cola de Neuhaus, pero luego eran los de los hogares de la gente normal y corriente, como el de Vera Prokhorova, amiga de la infancia de Richter. Según algunos, este afán por mudarse continuamente podría ser debido a la sensación de inseguridad que le producía su apellido alemán.

Un mes después del debut de Richter en el Conservatorio Chaikovski, Prokófiev le oyó interpretar su *Sonata n.º 6 para piano*. El compositor no dudó en preguntarle si estaría dispuesto a tocar también su *Concierto para piano n.º 5*, una obra que hasta entonces había tenido poco éxito, pero, según Prokófiev, tal vez el virtuosismo de Richter podría cambiar las cosas. Richter, creyendo que Prokófiev estaba bromeando, aceptó. Interpretó el concierto en marzo de 1943. Fue el comienzo de una larga pero incómoda amistad, porque pese a la admiración que Richter sentía por Prokófiev, lo trataba siempre con recelo. En la entrevista con Bruno Monsaingeon, Richter calificó al compositor de oportunista peligroso y cruel cuya única preocupación era su propio futuro político. Una muestra de ese comportamiento oportunista fue la cantata *Zdravitsa*. Prokófiev la compuso en 1939 con motivo del sesenta cumpleaños de Stalin, con palabras como «¡Viva Stalin, padre de todos nosotros!». «Hoy en día la pieza no se puede tocar porque fue escrita con motivo del cumpleaños de Stalin –dijo a Monsaingeon–. Aun así es una obra magnífica. Un monumento, eso sí, a la gloria del propio Prokófiev. Era un hombre sin escrúpulos, cuyo lema era: "Si esto es lo que quiere oír, yo se lo compongo"».

De pronto me pregunto sobre la actitud del propio Richter hacia el régimen. ¿Había denunciado, como tantos otros, a sus colegas? ¿O era demasiado joven para todo eso? ¿Y hasta qué punto le había afectado el terror de Stalin, que sin duda debió de cobrarse víctimas en su propio círculo? Por más que busco, no consigo despejar la incógnita, así que asumo que se centró por completo en la música. A diferencia de Prokófiev, Richter no era un compositor, sino un intérprete. Por lo tanto, no tenía motivos para temer encargos comprometedores que había que aceptar, aunque fuese a regañadientes.

La popularidad de Richter creció durante los años de la guerra, en parte gracias a sus interpretaciones de las obras de Prokófiev, pero también a raíz de sus giras por el frente, donde las comodidades brillaban por su ausencia. En cualquier caso, para alguien que en Moscú dormía bajo uno de los pianos de cola de Neuhaus, no debió de ser un problema.

En 1943 actuó en las remotas ciudades portuarias septentrionales de Arcángel y Múrmansk, donde los aliados occidentales entregaban material de guerra por barco. Por lo tanto, eran un objetivo para las bombas alemanas y, por ello, fueron en gran parte devastadas. Un día gris y deprimente, Richter oyó al violinista David Oistrakh tocar el *Concierto para violín* de Chaikovski. De pronto le invadió una melancolía que parecía ir de la mano de los horrores que lo rodeaban. Era el tipo de felicidad que uno sólo puede experimentar cuando, en tiempos de desesperación, percibe una belleza inesperada que te aleja momentáneamente de la miseria.

El 5 de enero de 1944 Richter ofreció un concierto en la sitiada Leningrado. Viajó hasta allí en un avión militar, lo que era muy arriesgado. El asedio alemán, que por entonces sumaba casi novecientos días y se había cobrado un millón de vidas, ya tocaba a su fin. Las ventanas de la sala principal de la Filarmónica, con sus columnas blancas y su moqueta roja, se hicieron añicos como consecuencia del estallido de una bomba en el cercano Museo Ruso. Richter tocó magníficamente. El público iba vestido con abrigos de piel, mientras él lucía su frac habitual. Cuando tocaba el piano, no tenía frío.

Al final de la guerra, una mujer entró en la vida de Richter: Nina Dorliak, siete años mayor que él. Había coincidido con ella durante sus primeros días en el conservatorio, en 1937, en un concierto en memoria de un clarinetista fallecido. La frágil soprano lírica de cabello negro fue la última en actuar. Cantó la «Canción de Solveig» y la «Canción de cuna de Solveig» de la *Suite de Peer Gynt* de Edvard Grieg. Richter se llevó tal sorpresa que casi se cae de la silla. La escena le impactó, no sólo por lo que oía sino por lo que veía. «La cantante era extraordinariamente guapa, una auténtica princesa –escribe en sus memorias–. Empecé a preguntar a todo el mundo: "¿Quién es? ¿Alguien puede decirme quién es?". Me dijeron que se llamaba Nina Dorliak».

En 1943 volvió a verla y oírla en el funeral del director de teatro Vladímir Nemiróvich-Dánchenko. Impresionado por su voz, incluso aún más que antes, se acercó a ella y le dijo: «Me encantaría dar un concierto con usted». Dorliak accedió y le propuso que él se hiciera cargo de la primera parte del programa, pero Richter se negó: «Usted canta y yo la acompaño».

Ofrecieron su primer recital conjunto en Moscú, en 1945. Lo dedicaron integralmente a Prokófiev, de quien interpretaron los *Cinco poemas de Anna Ajmátova*. Prokófiev era uno de sus favoritos. Nunca ocultaron la admiración que le profesaban, ni siquiera cuando la obra del compositor fue duramente criticada.

Tengo un doble CD en el que Dorliak canta canciones no sólo de Glinka, Dargomyzhski, Músorgski, Rajmáninov y Prokófiev, sino también de Schumann, Bach, Mozart, Schubert y Debussy, siempre acompañada por Richter. Las canta todas en ruso, y no en alemán o francés. Las grabaciones datan de 1943 y se realizaron en Moscú, probablemente en el estudio Melodiya en la iglesia anglicana, en una bocacalle de la avenida Gran Nikita, donde se halla el Conservatorio de Moscú. El edificio de ladrillo rojo tiene una acústica inmejorable.

La voz de Dorliak suena liviana, tierna y cristalina en mi CD. En el libreto adjunto leo que canta para nosotros como si estuviéramos solos en el mundo. Leo que su voz nos brinda placer y alegría, pero también atormenta el alma. Son palabras que podrían haber salido directamente de la boca de quien la acompaña al piano. Richter y Dorliak se refuerzan mutuamente, ahondan en el sentimiento musical que los une, lo que explica el éxito de sus actuaciones conjuntas.

Antes de su asociación musical con Richter, Dorliak ya había conocido el triunfo, acompañada por otros grandes pianistas como Mariya Yúdina, Aleksandr Goldenweiser y Mariya Grinberg. Al igual que Richter y Neuhaus, procedía de una familia de músicos y había recibido formación en casa. Su madre, Ksenia Dorliak (1881-1945), era una famosa cantante de ópera rusa que, antes de la revolución, había actuado no sólo en el Teatro Mariinski de San Petersburgo, sino en los teatros de ópera de París, Berlín y Praga, y que, desde 1929, daba clase en el Conservatorio de Moscú. Su carrera se truncó en 1937, cuando fue destituida como directora del conservatorio. Debido a sus orígenes aristocráticos –procedía de la acaudalada familia Von Fehleisen de San Petersburgo y había sido dama de compañía de la emperatriz madre María Fiódorovna–, fue tachada de «enemiga del pueblo». Ese mismo año dio su último concierto en la Sala Pequeña del Conservatorio.

Estos antecedentes aristocráticos no impidieron que a mediados de la década de 1930 su hija Nina ofreciera recitales legendarios de obras de Schumann, Brahms y Wagner, bajo la batuta del famoso director francés George Sébastian. Él la había oído interpretar el papel de Susanna en *Las bodas de Fígaro* de Mozart y quedó tan impresionado que insistió en actuar con ella.

Apenas un año después, Richter se fue a vivir a casa de Dorliak y allí se quedó para siempre. En Arbat, la distinguida avenida del centro de Moscú, ocupaban dos pequeñas habitaciones en una *kommunalka*, un apartamento comunitario que compartían con otras tres familias. A Richter le daba igual. Nunca llegó a compartir cama con su amiga.

Aunque jamás se casaron, Richter y Dorliak se tenían un afecto profundo. Dondequiera que actuara él, ya fuese en la Unión Soviética o en el extranjero, allí estaba ella. Ella, al parecer, hacía de contrapunto a la personalidad impulsiva del pianista. «Yo era su reloj, le recordaba sus citas y organizaba sus compromisos profesionales», diría a Bruno Monsaingeon poco antes de fallecer.

No dejó de sorprenderme cuando descubrí que la relación entre ambos era puramente platónica. Entre otras razones porque las numerosas fotos en las que posan juntos parecen indicar lo contrario. Para llegar al fondo del asunto, unos días después de la visita rociada de alcohol en casa de mi vecino Andréi, decidí desplazarme hasta el número 2 de la calle Bolshaia Bronaia. En la sexta planta del edificio de ladrillo amarillento se hallaba el apartamento donde Richter y Dorliak habían vivido desde principios de la década de 1970 hasta el final de sus vidas. Entré en el patio y llamé al timbre.

Después de las muertes de Richter y Dorliak, en 1997 y 1998 respectivamente, el apartamento se había convertido en un museo conmemorativo donde solían celebrarse recitales de piano. Sin embargo, ese día nadie acudió a abrirme la puerta. Unos meses más tarde, un sábado lluvioso y aburrido, volví a probar suerte. De nuevo, nadie respondió. Así que desistí.

No fue hasta 2019, siete años después de mi etapa como corresponsal en Moscú, cuando hice un tercer intento. Era primavera, los árboles estaban en flor y el ambiente de la capital recordaba el de un país mediterráneo. En la intersección de las calles Malaia y Bolshaia Bronaia, la terraza del elegante Café Aist estaba abarrotada de nuevos ricos. Para matar el tiempo recorrían la zona una y otra vez en sus Porsches, BMW y Ferraris en busca de conocidos mientras jóvenes mujeres de piernas largas con minifalda y tacones de aguja intentaban llamar su atención.

Toqué de nuevo el timbre en el patio del edificio de apartamentos y tampoco hubo respuesta. Pero esta vez no me iba a dar por vencido. Esperé a que saliera alguien y me colé en su interior. En la portería junto al ascensor, un anciano bigotudo con gorra de béisbol estaba viendo una película bélica en un pequeño televisor. Sin levantar la mirada me preguntó adónde iba. «A casa de Richter», respondí educadamente. «Piso dieciséis», murmuró.

Salí del ascensor en la última planta. Una verja blanca de hierro fundido daba acceso a la doble entrada del piso de Richter y Dorliak. Llamé al timbre de la puerta derecha. Me abrió Yevguenia Leonskaia, la joven musicóloga que se encargaba de las visitas guiadas. Me recibió efusivamente y se disculpó por el hecho de que el timbre de abajo estuviera estropeado, lo que le había impedido abrirme antes.

Cuando le comenté que había vivido cinco años en Moscú y que quería escribir sobre Richter, me condujo de inmediato al estudio de Nina Dorliak, una habitación de apenas tres por cuatro metros con falso techo. En la pared de la derecha había un piano de cola, un retrato de Richter y el molde en bronce de una mano de Stanislav Neuhaus, el hijo menor de Heinrich Neuhaus que había fallecido prematuramente. En la pared, sobre el piano colgaban un hermoso retrato de la joven Dorliak, una fotografía de Richter en un concierto y un retrato del pianista, dibujado por Robert Falk.

Seguimos hasta el dormitorio de Dorliak, también de techo bajo y fotos de Richter en las paredes, entre ellas una de 1945. «Richter acababa de ganar el primer premio del Tercer Concurso de Piano de la Unión Soviética –me contó Yevguenia–. Pero Shostakóvich, el presidente del jurado, recibió una llamada del Comité del Partido en la que se le comunicó que el pasaporte de Richter indicaba que era alemán. Hacía muy poco que la guerra había terminado y era un asunto extremadamente delicado. Shostakóvich estaba aterrorizado por lo que pudiera pasar si Richter recibía el primer premio, así que se lo otorgaron también a Víctor Merzhanov para que fuera un premio compartido».

Tras pasar por el modesto comedor entramos en el gran salón, que en realidad estaba formado por dos salas de estar unidas. La amplia vista del centro de la ciudad, con el más bello de los siete rascacielos de Stalin a lo lejos, era magnífica, con aquel impoluto cielo azul. Para alguien como Richter, este era el escenario ideal.

En el gran salón había dos pianos de cola Steinway, uno al lado del otro. Detrás, en la pared, colgaba el célebre cuadro de Piotr Konchalovsky del pianista Verigin y su esposa. «El Yamaha de Richter está en el Museo Pushkin –dijo Yevguenia–. Y esas lámparas de pie son un regalo del alcalde de Florencia».

Pasamos al otro piso, un reflejo del primero, y al estudio de Richter. Contra la pared hay una mesa con una partitura, y un escritorio con una sección para libros, y al lado una estantería de la misma altura. Los títulos de los libros mostraban los gustos literarios de Richter: Thomas Mann, Zola, Dostoievski, Balzac. «Aunque su favorito era Proust», dijo Yevguenia. Proust, el dandi homosexual que se encerraba en una habitación forrada de corcho para dedicarse a la literatura y cuyo protagonista, Swann, de ascendencia judía, nunca dejó de ser un extraño pese a moverse en los círculos más selectos. En retrospectiva, esto parece explicar mucho sobre el propio Richter.

Por último, visitamos el pequeño dormitorio del pianista. En un rincón, una cama individual, arrimada a la pared. Una foto de Richter padre, un hombre apuesto y vestido con elegancia. «En casa de los Richter se celebraba una fiesta tras otra –me comentó Yevguenia–. Eso explica por qué el propio Richter no dejaba de organizar fiestas. Al fin y al cabo, era una persona apasionada».

En una pared está el espléndido retrato que le hizo Anna Troyanovskaya: Richter, pelirrojo, con una camisa de vestir de cuello abierto al piano. Sus dedos parecen deslizarse sobre el teclado. Consciente de que la admiración del personal de los museos rusos por el legado que tienen a su cargo es inconmensurable, pregunté a Yevguenia, no sin cierto pudor, por la relación entre Dorliak y Richter.

¿Fue amor? ¿Qué había de cierto en los rumores sobre la homosexualidad de Richter? Mi vecino Andréi había aludido a ellos años atrás y, desde entonces, habían llegado a mis oídos cada vez con mayor frecuencia.

«Después de la guerra hubo muchas relaciones extraoficiales entre hombres y mujeres –responde Yevguenia–. Pero no hay duda de que Richter era homosexual. Dorliak y él eran íntimos amigos. Casi siempre estaban juntos».

Su respuesta tan franca y rápida me hizo caer en la cuenta de que también en el mundo de los museos rusos los tiempos habían cambiado. A pesar de la legislación de Vladímir Putin y de la mojigata sociedad rusa, hostil al colectivo LGBT, me sorprendió gratamente que se pudiera hablar de la homosexualidad de Richter con tanta naturalidad y franqueza, incluso en un museo estatal como ese.

«¿Y qué se sabe de la depresión de Richter?», me atreví a preguntar a continuación, animado por la sinceridad de Yevguenia. «Desde luego iba a rachas –respondió–. Pero se le pasaban en cuanto se ponía a tocar el piano. Hacia el final de su vida, tras someterse a una intervención quirúrgica en Francia, se sintió muy hundido. Lo llamó Rostropóvich, que vivía en París, y le dijo: "Si quieres, ahora mismo voy a verte y tocamos juntos". No pararon en toda la tarde».

Cuando estaba ya a punto de marcharme, entró Yelizaveta Miroshnikova, la directora de la casa-museo. Tenía prisa, casi era la hora de salida del colegio de los niños y temía no llegar a tiempo. Aun así, se tomó un momento para hablar conmigo. Seguí preguntando. Empecé por la amistad de Richter con el violonchelista Rostropóvich. Yelizaveta confirmó lo que yo ya sabía: a Richter no le gustaba que Rostropóvich se inmiscuyera tanto en la política.

En cambio, me resultó muy reveladora su respuesta a mi pregunta sobre la amistad de Richter con la viuda del escritor Mijaíl Bulgákov. «Yelena Bulgákova y Richter eran muy amigos –me dijo–. En la década de 1960, ella le pidió que pasara el manuscrito de *El maestro y Margarita* de contrabando a Alemania. Gracias a eso pudo publicarse la primera traducción completa de la novela». Lo que hizo Richter era sin duda ilegal, puesto que la traducción alemana, publicada en 1968, incluía los fragmentos políticamente sensibles que dos años antes no se habían incluido en la primera edición soviética.

Yelizaveta también me comentó que Richter adoraba a Borís Pasternak, al que había conocido a través de Neuhaus en el pueblo de escritores de Peredélkino. «Es significativo que en su estudio haya un retrato de Pasternak, el hombre de la mirada hermosa y penetrante. Y su archivo contiene también algunas piezas del escritor, compuestas en su juventud. Pero la mayoría de los amigos de Richter eran actores del Teatro de Arte de Moscú y del Teatro Vajtángov».

Pregunté también a Yelizaveta si Richter era gay. Al igual que Yevguenia, respondió afirmativamente. «Además, es muy probable que tuviera amantes», añadió.

Especulé con la idea de que la confirmación de la homosexualidad de Richter pudo tener consecuencias para su biografía. No había que descartar que la KGB lo chantajeara con ello. En opinión de Yelizaveta, por mucho que sus amigos más íntimos estuvieran al corriente, era un secreto que había que guardar con mucho celo, entre otras razones porque el público puritano que acudía a los conciertos bien podría no perdonarle a Richter su «desviada» conducta sexual. Además, ser gay se consideraba un delito que podía llegar a castigarse con varios años en un campo de internamiento, como les había ocurrido a varios músicos soviéticos famosos. Sólo hay que recordar el miedo que padeció el pianista gay Yuri Yegórov cuando la KGB intentó llevarlo de vuelta a la Unión Soviética desde los Países Bajos, donde se había refugiado. Le asaltó un pánico atroz.

«Richter era una mezcla de persona introvertida y extrovertida –afirmó Yelizaveta–. Tan abierto era con sus amigos como hermético se mostraba ante periodistas y autoridades. Nunca contestaba al teléfono. Era Dorliak la que hablaba en su nombre con las autoridades, tanto rusas como extranjeras».

Richter sentía necesidad de alejarse del mundo, eso comprendí cuando unos años antes fui a ver a Galina Arbuzova, la hijastra del escritor Konstantín Paustovski, a su dacha en la pequeña ciudad de Tarusa, a orillas del río Oká, a unos ciento cuarenta kilómetros al sur de Moscú. En medio de su gran jardín sembrado de flores, en el que predominaban los tonos rojos, rosas, morados y blancos, pasó revista a todos los escritores, músicos y artistas de renombre que habían vivido en Tarusa. Así fue como llegamos a Richter, de quien resultó que había sido amiga. Me contó que tenía una dacha un poco más abajo, una pequeña cabaña de madera a la orilla del río, donde a veces, cuando no estaba de gira, se encerraba durante semanas enteras. «En aquel periodo estaba sumido en una depresión tan profunda que no quería ver a nadie –me confesó–. Después de una gira de conciertos en Polonia trajo de vuelta un compartimento de tren lleno de cojines, que, como todo lo demás, escaseaban en la Unión Soviética. Cada vez que sufría una de sus depresiones, venía a Tarusa y se pasaba el día tumbado en el suelo encima de los cojines».

Al cerrar la puerta de la casa-museo en la calle Bolshaia Bronaia, me dispuse a bajar en el ascensor y me acordé de repente de mi vecino Andréi, al que no había vuelto a ver desde que dejé la corresponsalía. De alguna manera esperaba que apareciera de repente para poder compartir con él mis hallazgos.

Me senté entre los nuevos ricos en el Café Aist, al otro lado de la calle, y me premié con una copa de vino blanco. Al cabo de un rato se sentaron a la mesa de al lado dos hombres apuestos y bien peinados, pero ni rastro de Andréi. Parecían haber salido de un anuncio de una casa de modas francesa. La pareja de enamorados se tomaron de la mano y no paraban de mirarse a los ojos. Por un momento, Rusia se me antojaba un cuento de hadas en el que, pese a todo, las cosas salían bien.

De regreso en los Países Bajos, una tarde de domingo de mayo de 2021 fui a visitar al director de orquesta ruso Lev Markiz, que en su día tocó con Richter. El músico vivía en una bonita casa situada en el barrio Archipelbuurt, en el centro de La Haya. Nació en Moscú en 1930, hijo de un economista del Comisariado del Pueblo para la Agricultura, que fue arrestado durante la Gran Purga de 1937 bajo la falsa acusación de haber saboteado el plan de producción. «Mi padre estuvo encarcelado dos años en la prisión de Lubianka –me contó el hijo ochenta y cuatro años después–. Ante su negativa a declararse culpable fue enviado a los campos de Kolimá, en el extremo oriente de la Unión Soviética. No regresó hasta veintiocho años después. Para entonces yo tenía treinta y tres años, pero para mí fue como si se hubiera marchado el día anterior. A su vez, mi padre se sorprendió de que yo hubiera crecido tanto».

La madre de Markiz era médica y, durante todos esos años, tuvo que arreglárselas ella sola. Trabajaba día y noche para llegar a fin de mes y envió a su único hijo a clases de música, «porque de lo contrario no habría hecho más que jugar con una pandilla de sinvergüenzas en el patio». Durante la Segunda Guerra Mundial fue enviada al frente, donde se dedicó a operar a soldados heridos en un hospital de campaña. Lev se reunió con ella en 1942, y se le asignó la tarea de arrojar brazos y piernas amputados al cubo de la basura.

Mientras bebemos té negro en el confortable y luminoso salón, con las paredes repletas de cuadros y fotografías, Markiz habla de aquella época violenta con la mayor naturalidad del mundo.

Cuando le pregunto por la Gran Purga de Stalin, su respuesta fue: «Yo no conocí el miedo en aquellos años. Los músicos de a pie llevábamos una buena vida. Ahora bien, las celebridades de la talla de Shostakóvich, que estaban permanentemente en el punto de mira, no vivían tranquilos ni un solo momento, aunque a primera vista llevaran una existencia despreocupada y exitosa, y recibieran un premio tras otro. Shostakóvich tenía que hacer malabarismos todo el rato, algo que por otra parte se le daba muy bien. Por supuesto que odio a Stalin, pero no fue él quien les hacía la vida imposible a los compositores; de eso ya se encargaban los miembros de la junta de la Unión de Compositores bajo el mando de Tijon Jrénnikov, muchos de los cuales carecían de talento. Era todo completamente arbitrario. Un día te reñían y al día siguiente te recompensaban. Un día criticaban duramente a Shostakóvich y al otro le asignaban un piso de cinco habitaciones en Leningrado».

Si bien la situación económica de los músicos en la Unión Soviética no era precisamente próspera, Markiz se conformaba con poder tocar. Por entonces nadie tenía un kopek en el bolsillo y el dinero era lo de menos. Con lo que Markiz ganaba con las grabaciones radiofónicas tenía de sobra. En sus años moscovitas hizo cerca de quinientas. Ir al estudio le costaba 20 kopeks, 10 para el billete de ida y vuelta en metro y 10 para la comida. En el edificio del Comité de la Radio había un bufé estupendo.

Los músicos cobraban por minuto grabado. Por una sinfonía recibían 90 kopeks al minuto. Si la sinfonía duraba veinticinco minutos, ganaban 22,5 rublos. Si uno era miembro de una orquesta sinfónica podía llegar a cobrar 4 rublos por minuto.

Después de formarse en el Conservatorio de Moscú como violinista en las clases de Yuri Yankelévich, de estudiar música de cámara con la pianista Mariya Yúdina y dirección de orquesta con Kiril Kondrashin, Markiz dirigió en la Unión Soviética a grandes músicos. En 1981, cuando era más fácil para los judíos salir del país, se marchó a los Países Bajos, donde Kondrashin había solicitado asilo político unos años antes. Markiz acabaría fundando la Nieuw Sinfonietta Amsterdam, una orquesta de cámara que dirigió hasta 1997.

En Rusia se trataba con Richter y Dorliak, así que tal vez supiera que el pianista era gay. Cuando le pregunté al respecto, respondió como si fuese algo evidente: «Por supuesto, como otros tantos grandes músicos. Algunos fueron arrestados y condenados a año y medio de prisión».

También hizo hincapié en el carácter complejo y caprichoso de Richter. A título de ejemplo, comentó que siempre era el propio pianista quien decidía dónde, cuándo y qué quería tocar. «Si se levantaba de buen humor, le daba por llamar a primera hora a la dirección de la Gran Sala del Conservatorio de Moscú para comunicarles que actuaría esa misma noche. Entonces había que cambiar de planes y organizarlo todo de nuevo. También es cierto que la sala se llenaba a rebosar. Richter era Dios, si bien como persona era muy humilde».

En Moscú creí haber descubierto un secreto, porque nadie –ni siquiera Monsaingeon– había mencionado jamás la homosexualidad de Richter, ni siquiera se había preguntado si estaba siendo chantajeado o presionado al respecto. Pero en La Haya mi testigo ocular ruso lo consideró algo muy normal. Mejor dicho, todo el entorno próximo a Richter parecía estar al corriente, aunque no se hablaba de ello, igual que sucedía en los círculos artísticos neerlandeses en la década de 1950.

Mientras Markiz me servía la enésima taza de té acompañada de la enésima galleta rellena de caramelo, se sacó inesperadamente otro conejo de la chistera cuando me reveló que Dorliak también era homosexual. «Era una mujer prudente y alejada de las intrigas. Ella se encargaba de organizarlo todo. Por ejemplo, se aseguró con mucho tacto de que, todos los años, Richter ofreciera un recital el Día de la Policía. No hay que olvidar que el pianista contaba con un círculo de admiradores, la violonchelista Natalia Gutman fue una de ellas. Cuando esta quiso casarse con el talentoso pintor Vladímir Moroz, un hombre bisexual del que Richter estaba enamorado, cayó en desgracia. Tanto es así que Dorliak y Richter dejaron de invitarla a su casa. Finalmente, dicho matrimonio no se celebró, y Gutman acabó casándose con el violinista Oleg Kogan, amigo de Richter, y todo se arregló».

Tras despedirme de Markiz, me dirigí a la estación de tren. Mientras pedaleaba, comprendí una vez más que en Rusia las cosas son siempre distintas de lo que parecen a primera vista. Por un lado, los músicos y los compositores de la talla de Richter y Shostakóvich llevaban una vida confortable bajo el régimen de Stalin, pero por el otro los atenazaba el miedo a ser arrestados o a poder ser sorprendidos haciendo algo ilegal. Era una situación desesperante que posibilitaba que se volcaran en el trabajo para conjurar el pánico. Al fin y al cabo, deseaban vivir.

La ajetreada vida de Richter en Moscú estuvo marcada por numerosas actuaciones y sus encuentros con amigos. No solo frecuentaba a Pasternak, sino a toda la flor y nata del mundo intelectual y musical de aquel entonces. Se conservan grabaciones caseras de una fiesta de Navidad en casa de Richter y Dorliak. Reciben a los invitados y juntos escuchan el *Oratorio de Navidad* de Bach. Richter abraza a todos, y aúpa a una amiga. No tiene nada que ver con el músico tímido y triste de años después. Esta clase de imágenes siempre causan una sensación de extrañeza, puesto que se filmaron en una época en la que toda la élite cultural y política de la Unión Soviética temía por su vida. En semejantes circunstancias no parece haber lugar para la alegría. Y aun así...

Lo que también me llamó la atención es que la vida artística de Richter apenas se vio alterada por la decisión de Stalin de estrechar el cerco a la *intelligentsia* después de la guerra. Durante el conflicto contra los alemanes, el dictador había rebajado las medidas represivas contra los intelectuales porque necesitaba su apoyo. Pero al término de la guerra, que había costado la vida a veintiocho millones de ciudadanos soviéticos, la gente anhelaba tiempos mejores y exigía el fin del gulag, de la colectivización agraria y de las detenciones. En última instancia, Stalin había logrado la victoria gracias a ellos. Según Pasternak, en aquellos días flotaba en el aire una sensación de libertad. Pero si se tiene en cuenta que la libertad es la peor amenaza para un tirano, Stalin volvió a apretar las tuercas en 1946. Se volvió a inculcar a la población soviética que el mundo exterior –esta vez Estados Unidos– era un pozo de perdición, cuyo único objetivo era la caída de la utopía comunista. El secretario del Partido, Andréi Zhdánov, el hombre más poderoso de la Unión Soviética después de Stalin, reorientó un nuevo camino para la vida espiritual de la nación. Empezó por arremeter contra la poetisa Anna Ajmátova y el escritor Mijaíl Zóschenko, por las supuestas influencias occidentales en su obra.

En cuatro resoluciones por separado, el Comité Central estableció nuevas directrices para la literatura, el teatro, el cine y la música. La resolución sobre la música fue adoptada en 1948. Compositores como Dmitri Shostakóvich, Nikolái Miaskovski, Aram Jachaturián y Serguéi Prokófiev fueron acusados de crear música formalista, lo que significaba que componían «pensando en la forma» y no en el ideal comunista. En otras palabras, mostraban tendencias antidemocráticas que eran «ajenas al pueblo soviético y a sus gustos artísticos». Sorprendentemente, sin embargo, su música no se prohibió. Las autoridades se limitaron a decir que la reprobaban y, en consecuencia, nadie se atrevió a ejecutarla. Autoritarismo en su máxima expresión.

La campaña de desprestigio obligó a algunos compositores acosados a expresar abiertamente su arrepentimiento en un congreso especial de la Unión de Compositores Soviéticos organizado para la ocasión. A raíz de ello, la generación más joven de compositores pasó a ocupar un lugar privilegiado en la vida musical soviética. De hecho, el ambicioso Tijon Jrénnikov, de treinta y cuatro años, se convirtió en secretario general de esta Unión de Compositores, cargo que ocuparía hasta su vejez.

Prokófiev, convencido de su genialidad, no se dio por vencido. Tras ser acusado de formalismo, no dudó en acercarse a Zhdánov y espetarle: «No tiene ningún derecho a hablarme en estos términos». No se sabe cómo reaccionó Zhdánov, pero no se aplicaron sanciones contra Prokófiev.

El 28 de enero de 1948, un mes antes de que se promulgara la resolución, Richter y Dorliak dieron un recital en Moscú. Empezaron con canciones de Rimski-Kórsakov y después del descanso interpretaron canciones de Prokófiev. La actuación fue un éxito sin precedentes tanto para los músicos como para Prokófiev. En medio de los aplausos del público, este subió al escenario y dijo a Dorliak con una sonrisa: «Le doy las gracias por resucitar a los muertos».

El compositor se refería a una obra suya que hacía mucho tiempo que no se interpretaba. Si había dos músicos que entendían la música de Prokófiev, eran Richter y Dorliak, tal como ambos demostraron aquel 28 de enero. No es de extrañar, pues, que Richter no suscribiera en absoluto las críticas de Zhdánov a la música de Prokófiev.

Zhdánov falleció el mismo año en que implantó sus medidas contra las influencias occidentales en la música. A continuación, estalló una lucha por el poder en la que los miembros del Politburó, Malenkov y Beria, se propusieron erradicar la influencia que Zhdánov había ejercido en el Kremlin, e iniciaron una campaña de purgas contra los partidarios del difunto en Leningrado, ciudad donde había sido líder del Partido.

Al parecer, esta nueva oleada de represión tampoco afectó demasiado a Richter. No leía los periódicos y es posible que ni tan siquiera se enterase. Y si lo hizo, seguramente no lo comentó con nadie, porque en aquella época el silencio era la mejor garantía de supervivencia. Uno podía ser traicionado por sus familiares o sus mejores amigos. Así que, como otros muchos artistas, Richter puso toda su energía en la música.

La hostilidad oficial de la Unión de Compositores hacia la música de Prokófiev no cesó tras la muerte de Zhdánov, pese a que el día de su sesenta cumpleaños se ofreció un concierto en su honor en la Casa Central de los Compositores. Sin embargo, debido a su mala salud, que se había deteriorado mucho a causa de un derrame cerebral, Prokófiev no pudo asistir. Escuchó el concierto por teléfono. Esa noche Richter tocó para él la *Sonata n.º 9*.

En sus memorias, el pianista relata un alboroto que surgió en 1952 en torno al *Concierto para violonchelo n.º* 2 de Prokófiev, con Mstislav Rostropóvich como solista. El Ministerio de Cultura se mostró en contra de la interpretación, por lo que nadie se atrevía a dirigirla. Hasta que, de pronto, apareció Richter. Se había roto un dedo durante una trifulca con un marinero borracho en una estación de tren, por lo que no podía tocar el piano durante un tiempo. En un impulso se ofreció para dirigir la denostada obra de Prokófiev. Después de todo, desde los años en que dirigía los ensayos en la ópera de Odesa se había quedado con las ganas de volver a tomar la batuta. Como razón oficial alegó que, debido a su lesión, quizá nunca más podría volver a tocar el piano. Las autoridades cedieron por respeto a él. Desde que en 1949 ganó el Premio Stalin, estaba considerado uno de los buques insignia del régimen comunista y procuraban no complicarle la vida. Por lo tanto, después de tres ensayos le dieron permiso para que dirigiera el concierto el 18 de febrero de 1952.

Con la ayuda de Kiril Kondrashin, Richter aprendió a dirigir una orquesta sinfónica en diez días, lo cual es prácticamente un milagro.

Y como Rostropóvich abordó la brillante pieza con la misma pasión que él, el concierto fue todo un éxito. Prokófiev se sintió tan feliz que dijo que, por fin, había encontrado un director para su obra. Sin embargo, Richter nunca volvió a dirigir, argumentó que no le gustaban ni el análisis ni el poder, dos condiciones indispensables para un director de orquesta.

Todo cambió tras la repentina muerte de Stalin, el 5 de marzo de 1953. Nadie mejor que Vasili Grossman, en su novela *Todo fluye*, para expresar este cambio de rumbo. Cito sus palabras:

> Y de repente, el 5 de marzo de 1953, Stalin murió. Su muerte abrió una brecha en el gigantesco sistema de entusiasmo mecanizado, de ira y de amor popular impuesto desde arriba.
>
> Stalin murió sin que estuviera planificado, sin la orden correspondiente de los órganos directivos. Stalin murió sin la orden personal del propio camarada Stalin. En esta libertad, en esta autosuficiencia de la muerte había algo explosivo que contradecía la esencia íntima del Estado. La confusión se apoderó de las mentes y de los corazones.
>
> ¡Stalin había muerto! A unos les embargó el dolor: en ciertas escuelas, los profesores obligaron a los alumnos a arrodillarse y, arrodillados también ellos y llorando a lágrima viva, leían el «Comunicado sobre la muerte del Vozhd». Durante las asambleas funerarias en las instituciones y en las fábricas muchos se sumieron en un estado de histerismo; se oían sollozos, gritos de mujeres fuera de sí; algunos se desvanecían. Había muerto el gran dios, el ídolo del siglo XX, y las mujeres sollozaban.
>
> A otros les embargó un sentimiento de felicidad. Los campesinos, hundidos bajo el peso de la mano de hierro de Stalin, suspiraron aliviados.
>
> El júbilo invadió a millones y millones de personas confinadas en los campos.*

Después del funeral de Estado del dictador, cuatro días más tarde, millones de moscovitas, muchos anegados en lágrimas, marcharon desde los distritos obreros al centro de la ciudad, ya fuera por iniciativa propia o por orden de sus jefes, deseosos de ver al hombre, que estaba de cuerpo presente, en la Casa de los Sindicatos, y a quien

* Versión adaptada a partir del texto en neerlandés de la traducción del ruso al español de Marta Rebón, *Todo fluye*, Galaxia Gutenberg, 2017.

consideraban un padre. La avalancha de gente fue tal que miles de personas fueron pisoteadas.

Sviatoslav Richter estaba sentado a un piano vertical, medio oculto tras la profusión de flores junto al féretro de Stalin. El día anterior, cuando se hallaba en la ciudad georgiana de Tiflis, donde tenía previsto actuar, recibió un telegrama de Moscú que lo emplazaba a tomar el primer avión de regreso a casa. Como debido al mal tiempo se habían cancelado todos los vuelos de pasajeros, y dado que su presencia en Moscú era urgente, se le permitió embarcar en un avión de transporte militar repleto de coronas funerarias de los líderes del Partido georgiano.

Nada más aterrizar fue trasladado a la Casa de los Sindicatos, donde le pidieron que tocara el piano, rodeado de una pequeña orquesta sinfónica. Empezó con una larga fuga de Bach.

Al lado, en una tarima, se hallaba el ataúd donde yacía el cadáver embalsamado del tirano. Cuando Richter descubrió que los pedales del piano no funcionaban, decidió colocar una partitura debajo de ellos. Esto alarmó a la multitud que pasaba junto a Stalin, que creyeron que el hombre alto que estaba arrodillado junto al piano estaba colocando una bomba bajo el féretro. Algunos dolientes empezaron a abuchear a Richter, lo que provocó que la policía entrara en pánico y apartara al músico de allí.

Richter no acertó a ver gran cosa, aunque en un momento dado pudo vislumbrar al líder del Partido, Gueorgui Malenkov, que estaba aterrorizado. Era obvio que los diferentes peces gordos de la cúpula soviética habían emprendido ya una lucha feroz por la sucesión. Y todo apuntaba a que saldría ganador el sanguinario Lavrenti Beria. En los días siguientes, Richter se sintió muy indignado al escuchar por la radio los discursos en los que los contrincantes alababan las hazañas de Stalin. «Desde luego, Stalin no me caía bien, pero aquello era repugnante», le diría más tarde a Bruno Monsaingeon a propósito del comportamiento hipócrita de los camaradas más próximos al líder soviético.

En la misma entrevista, Richter negó que su actuación en aquel funeral de Estado fuese una forma de protestar contra Stalin, tal como creía mucha gente. A él simplemente no le importaba la política, vivía sólo para la música.

La muerte de Stalin supuso también un cambio en la trayectoria profesional de Richter. Por fin obtuvo permiso para actuar en el extranjero, aunque hasta 1960 su radio de acción se ciñó a los países miembros del

Pacto de Varsovia. Su creciente popularidad hizo que las autoridades temiesen que el pianista, como tantos otros destacados músicos rusos, desertara a Occidente. Eso es lo que se desprende de un informe oficial secreto fechado en aquellos días y firmado por Suslov, Brézhnev y Furtseva en nombre del Comité Central:

> El Ministerio de Cultura ha solicitado la autorización del Comité Central para enviar al pianista Richter S. T. de gira por Occidente. La investigación ha revelado lo siguiente: Richter no es miembro del Partido, no está casado y no tiene hijos ni familiares en la Unión Soviética. Su padre fue condenado a muerte por el Tribunal Militar de Odesa en 1941; su madre huyó a Alemania Occidental. Richter es sin duda uno de los mejores pianistas del mundo. No dejan de llegar invitaciones de todo un elenco de países importantes. Sus giras por el Bloque Socialista no han dado lugar a amonestaciones por parte de los agentes de la KGB que lo acompañan. Sin embargo, habida cuenta de la información relativa a sus progenitores, su estilo de vida recluido, la ausencia de familiares directos, y a pesar de los innegables beneficios que el sistema estatal podría obtener de esos viajes, el Comité Central, previa aprobación de la KGB, ha decidido desestimar la solicitud de enviar a Richter a cualquier país capitalista. Las razones oficiales que deben darse a las organizaciones de conciertos extranjeras son su deteriorada salud y una sobrecarga de conciertos ya programados. Por todo ello, se dará prioridad a otros pianistas.

En efecto, para entonces ya lo vigilaba la KGB. La primera vez que Richter se dio cuenta fue en Bakú, capital de la república soviética de Azerbaiyán. Tal fue su indignación que decidió jugarle una mala pasada a su anónimo perseguidor y decidió echar a correr. El juego se prolongó durante meses. Un día, en un autobús en Moscú, preguntó a un hombre que se hallaba de pie frente a él si se bajaba en la siguiente parada y, tras obtener una respuesta afirmativa, Richter replicó: «Usted sí, pero yo no». El hombre se puso lívido y no tuvo más remedio que bajarse.

El incidente en el autobús pudo haber provocado que la KGB instalara micrófonos en su casa. Por lo tanto, había que ser previsor y no hablar de ciertas cosas.

En declaraciones a Bruno Monsaingeon, Richter diría más tarde que los temores de las autoridades sobre su posible deserción eran infundados. Simplemente amaba demasiado a Rusia. Jamás sintió la tentación de abandonar el país, a pesar de que la mayoría de sus compatriotas emigrados le instaban a que lo hiciera. Pero ningún lugar del mundo podía competir con la naturaleza de Rusia, su inmensidad, su cultura, sus escritores y su melancolía.

Es fácil entender el amor que sentía Richter por Rusia, sobre todo si se tiene en cuenta la vida que llevaba cuando no ensayaba ni daba conciertos. Esos días disfrutaba de su dacha en Tarusa o en Nikolina Gora, a las afueras de Moscú; ofrecía recitales en su casa en la calle Bolshaia Bronaia o recibía a amigos, en su mayoría compañeros de profesión con quienes discutía o hablaba de música. Para alguien de su categoría, la vida no estaba tan mal.

Aun así, no puedo evitar preguntarme si no hubo algunos momentos en los que Richter barajara quizá la posibilidad de abandonar su tierra natal, por ejemplo en los años sesenta, cuando se enteró de lo que le había ocurrido a su padre en la noche del 6 al 7 de octubre de 1941. ¿Y no le preocupaba que su homosexualidad pudiera acarrearle problemas?

Con estas preguntas me dirijo al violonchelista ruso Dmitri Ferschtman, que emigró a los Países Bajos cuatro años antes que Markiz. Acudió por primera vez a casa de Richter y Dorliak en 1969, como alumno de Natalia Gutman, para ensayar con ellos las *Siete romanzas sobre poemas de Alexander Blok, opus 127*, de Shostakóvich. Aun antes de terminar de formular mis preguntas, comprendo una vez más que las cosas no son tan sencillas. Se me confirma lo que ya aprendí en el museo: no se debe infravalorar el papel de Dorliak. «Allí, en su casa, entendí enseguida cómo funcionaban las cosas», me contó el músico de setenta y cinco años una soleada tarde de domingo en una terraza frente al Conservatorio de Ámsterdam, donde ejerce de profesor desde hace cuarenta años. «Dorliak consiguió que la KGB comiera de la palma de su mano. Fue idea suya, por ejemplo, que Richter actuara en el Día de la Policía. Y, gracias a ella, no se filtró ninguna información acerca de su homosexualidad».

Otros músicos destacados no salieron tan bien parados, me dijo Ferschtman. «Por poner un ejemplo, a finales de la década de 1950, el magnífico pianista Naum Shtarkman pasó ocho años en un campo de trabajo por el mismo motivo. Tras su liberación, sólo se le permitió actuar en las ciudades de provincia más remotas. A finales de los ochenta, durante la perestroika de Gorbachov, Shtarkman –que entonces tenía sesenta años– fue finalmente nombrado profesor en el Conservatorio de Moscú. Pero para entonces su carrera ya había terminado».

Hubo que esperar a la firma del tratado de intercambio cultural entre los Estados Unidos y la Unión Soviética en 1958 para que las autoridades soviéticas dejaran de desconfiar de Richter. Los persistentes esfuerzos de Sol Hurok, un poderoso empresario estadounidense de origen ruso, hicieron el resto, aunque no sería hasta marzo de 1960 cuando Richter recibió luz verde para iniciar su gira estadounidense.

En los años siguientes actuó regularmente en Occidente, sobre todo en Francia, donde fundó, en 1976, el Festival de Música de La Grange de Meslay, en los alrededores de la ciudad de Tours. En el granero medieval cerca del pueblo de Parçay-Meslay, que tenía una acústica extraordinaria, se sentía como en casa. Eso es al menos lo que parece sugerir el documental alemán que realizó Johannes Schaaf en 1979. Con una copa de vino en la mano, Richter flirtea con su entrevistador, como si en Francia se sintiera más a gusto y pudiera ser más él mismo que en Rusia. El documental revela también que algo seguía preocupando a Richter después de todos esos años. Cuando Schaaf le pregunta por sus países favoritos, Richter primero se encoge de hombros para luego confesar que siente preferencia por Italia. Después, tras enumerar algunos otros países termina por decir que Alemania es el último de la lista. Por poco llega a decir que lo odia. Alemania es donde vivían su madre y su amante. En ese preciso instante, el espectador se apercibe de que la muerte de su padre atormentó a Richter hasta el último día.

Hacia el final de su vida, Richter pasó un año en París. Aunque amaba la capital francesa, se sintió lejos de su tierra natal y volvió a sufrir depresiones.

El domingo 6 de julio de 1997 regresó definitivamente a Rusia y se instaló en su dacha en Nikolina Gora, a las afueras de Moscú. Seis días antes de morir, sentado en el porche, habló del futuro con su amiga de la infancia Vera Prokhorova. Albergaba el firme propósito de volver a actuar en un año. Quería montar su propio festival de música en Zvenigorod. El viernes 1 de agosto de 1997 falleció de un infarto en un hospital de Moscú. Unos minutos antes había dicho: «Estoy muy cansado».

2

Mocasines amarillos, trajes ingleses exclusivos y automóviles veloces

Tenía siete años cuando escuché por primera vez la música de *Pedro y el lobo*. No sólo me enamoré inmediatamente del cálido sonido del oboe (el pato) y el fagot (el abuelo de Pedro), sino también de la voz de Ramses Shaffy, actor y cantante nacido en Francia pero que se trasladó a los Países Bajos, y que contaba la historia del valiente niño Peter, su abuelo, el pato, el gato, el pájaro, el lobo y los cazadores. Desfiló ante mí, por partes, toda una orquesta sinfónica. Qué mejor manera de mostrar a un niño cuán bonita puede llegar a ser la música clásica y hasta qué punto es espectacular una sinfonía.

La felicidad del niño que yo era por aquel entonces se vio incrementada aún más con motivo del desenlace del cuento musical, cuando Pedro rescata al lobo de los cazadores y lo lleva al zoo. Al final sólo hay una baja: el pato. Y ni siquiera el pato muere. Tras ser engullido por el lobo, sigue vivo y coleando en su estómago. La música de Prokófiev me llenaba de alegría, sobre todo porque los aterradores compases que anunciaban la aparición del lobo iban seguidos de unas notas ligeras que relativizaban el gran mal. El compositor no podía ser sino una persona amable. Eso pensé al ver su foto en la carátula del disco, su delgadez, la cabeza calva y la nariz ancha.

Años más tarde descubrí que *Pedro y el lobo* se escribió al comienzo de uno de los periodos más violentos de la historia rusa: el Gran Terror. Si bien en la música no había ninguna señal de ello, en algunos programas de televisión, diversos vips neerlandeses se esforzaban por establecer un vínculo. A mí me parecía un disparate comparar al lobo con Stalin, aunque sólo fuese porque el pato seguía graznando en el estómago del lobo y los millones de víctimas de Stalin no vivieron para contarlo.

Después, cuando tuve ocasión de conocer más a fondo a Serguéi Prokófiev, aquella imagen simpática que tenía de él se hizo añicos. Empecé a verlo como un hombre egoísta, frío y ambicioso que intentaba complacer al régimen comunista de todas las maneras posibles. A cambio de su servilismo, pudo vivir en la opulencia, adulado por un régimen que había recluido a su primera esposa en un campo de trabajo.

Al margen de su personalidad, que a esas alturas me resultaba francamente desagradable, su música seguía cautivándome, y me parecía brillante, sobre todo porque reflejaba la agitación propia de aquellos tiempos turbulentos. Sólo por eso comencé a profundizar aún más en la vida de Prokófiev, para llegar a la conclusión de que esta no había sido fácil. Contrariamente a lo que yo creía, el compositor sufrió un acoso constante, no sólo a causa de su ambición desmesurada, sino también de su incansable afán de trabajo, que acabaría siendo su perdición. Si bien en un principio todas sus composiciones fueron llevadas al escenario, su trabajo posterior fue objeto de una creciente censura, hasta tal punto que muchas de sus obras acabaron en un cajón. Difícilmente puede concebirse un reverso más trágico para una carrera marcada por el éxito y la gloria, ni una vida más compleja que la de Prokófiev. Peor no sólo su vida fue un infierno; igualmente trágica fue su muerte y los acontecimientos que siguieron.

El jueves 5 de marzo de 1953, hacia las diez de la noche, Iósif Stalin exhaló su último suspiro en su dacha de las afueras de Moscú. Menos de tres meses antes había festejado su setenta y tres cumpleaños, una edad que no le impidió lanzar una brutal campaña de terror contra la *intelligentsia* judía de su país. El domingo anterior a su muerte, el dictador había sufrido un derrame cerebral después de cenar con algunos camaradas del Politburó. Al día siguiente, cuando sus guardaespaldas se percataron de que Stalin no salía de su habitación, se preocuparon, pero, por temor a la reacción de su jefe, no se atrevieron a entrar sin avisar; tal vez fuese una falsa alarma y, en ese caso, serían castigados por su insolencia. Cuando, por fin, a las diez de la noche decidieron entrar, se encontraron a Stalin semiinconsciente, tendido en el suelo, en pantalones de pijama y camiseta. Presos del pánico, alertaron a los comensales de la noche anterior. Estos también se lo pensaron dos veces por temor a las represalias que Stalin pudiera tomar contra ellos tan pronto como se recuperase. Por esa razón no se presentaron en la dacha hasta las tres de la madrugada, veintitrés horas después de la cena, y no llamaron a un médico hasta la mañana siguiente. Pero ya era demasiado tarde. El dictador murió tres días después.

La noticia de la muerte de Stalin sumió a todo el país en un profundo luto. Durante veinticinco años, Stalin había gobernado la Unión Soviética con mano de hierro. Bajo su gobierno, millones de compatriotas fueron asesinados o encarcelados en campos de trabajo forzado. Y aun así, muchos no pudieron contener las lágrimas, una reacción frecuente en una dictadura, en la que la presión grupal y la lealtad ciega anulan incluso el más mínimo resquicio de individualidad.

Menos de cincuenta minutos antes de que se produjera la muerte de Stalin, y a un paso del Kremlin, en la calle del Teatro del Arte de Moscú, hoy calle Kamergerski, falleció a los sesenta y un años Serguéi Prokófiev. También él, enfermo crónico desde hacía ocho años, murió repentinamente a consecuencia de un derrame cerebral. Sin embargo, a diferencia del dictador, cuyo comunicado de defunción se leyó entre sollozos y lamentos en escuelas, oficinas y fábricas, la muerte del compositor pasó desapercibida para casi todo el mundo, por muy famoso que hubiera sido en vida.

Ahora, años después, la fama póstuma de Prokófiev es mayor que nunca. Me di cuenta enseguida en cuanto pisé la calle Kamergerski, donde visité su apartamento, convertido en museo desde 2008. Nada me recuerda que en el momento de su muerte esto fuese una *kommunalka*, donde él y su esposa compartían cocina, aseo y baño con otras familias. En la actualidad, la calle, con sus elegantes casas del siglo XIX, es peatonal y se ha convertido en uno de los bulevares más agradables del centro de Moscú. En verano, se respira aquí un ambiente parecido al de las Ramblas de Barcelona.

En 2016, año del 125 aniversario del nacimiento de Prokófiev, se le erigió en medio del bulevar una estatua de bronce, con sombrero y maletín bajo el brazo izquierdo. Es la viva imagen de un hombre apresurado. El Prokófiev de bronce indica el camino hacia la entrada de un edificio decimonónico que apenas se distingue entre la serie de restaurantes y cafés. Detrás de la doble puerta principal, en un rincón junto a la escalera, un policía hacía guardia. Cuando le pregunté por el museo, señaló hacia arriba y me dijo adormilado: «Tercer piso».

En Rusia la tercera planta es lo que para nosotros es la segunda, porque los rusos empiezan a contar a partir de la planta baja. Una vez que hube llegado a mi destino, crucé dos puertas blancas abiertas de par en par que dan a un vestíbulo donde hay una foto de tamaño natural de una limusina amarilla que se desplaza por la circunvalación de Moscú. Es el bólido en el que el siempre apresurado compositor solía desplazarse a unas velocidades vertiginosas. El ambiente de la antigua *kommunalka* se ha sacrificado para dar cabida a las necesidades de un museo moderno. Las habitaciones individuales de antaño forman ahora un gran espacio. En una esquina, en una superficie de dos metros por cinco, se ha recreado el estudio de Prokófiev. Alineados contra la pared están su escritorio, su piano Bechstein y su librería repleta de novelas francesas e inglesas. Sobre el atril descansan unas partituras. Me entran ganas de ponerme el cárdigan gris que cuelga sobre el respaldo de la silla porque tengo frío. Llama la atención el enorme gramófono. Hay una maleta que pone de manifiesto el espíritu viajero del compositor. Leo «Hotel Grande Bretagne. Le petit palais. Athènes». Al ver el sofá me pregunto si realmente fue ahí donde Prokófiev exhaló su último aliento.

No consigo que nadie me lo confirme porque el anciano vigilante se ha quedado dormido y la cajera de la entrada confiesa que no sabe nada de Prokófiev. Para esas cuestiones está la directora, que no volverá hasta la semana que viene, cuando yo ya me haya marchado de Moscú. «Siempre puede enviarle un correo», me propone la cajera.

En el espacio grande cuelga un cartel de un concierto del sábado 23 de enero de 1943. Es el primero de la serie «Exhibición de música soviética». El programa incluye obras de Prokófiev y de Shostakóvich.

De repente me fijo en el frasco de Kadine Guerlain, el perfume preferido de Prokófiev. Hay una vitrina en la que se expone una de las numerosas bufandas de vivos colores que Prokófiev llevaba a juego con su abrigo verde, gorra inglesa a cuadros, guantes y botas amarillas, sombreros de diferentes estilos, bastones y relojes exclusivos. Era un dandi en un país donde los varones vestidos de forma tan excéntrica ya no tenían cabida.

En 1941 Serguéi Prokófiev y Mira Mendelson, su futura (segunda) esposa, se mudaron a una de las dos habitaciones de la parte de la *kommunalka* donde vivían los padres de Mira. La habitación era lo bastante grande como para servir de estudio, salón, comedor y dormitorio. En los primeros años, Prokófiev apenas paraba en casa debido a su frágil estado de salud, que le obligaba a pasar largas temporadas en sanatorios y hospitales. Aun así, debió de ser agradable vivir en la casa, aunque sólo fuese porque, a diferencia de otras muchas viviendas del centro de Moscú, tenía agua corriente y calefacción central.

A la salida de la casa-museo encuentro por fin algunas alusiones a los contratiempos que Prokófiev sufrió en la Unión Soviética, aunque la información es escasa. En los paneles de texto que cuentan la historia de su vida no se hace referencia a la represión de Stalin. En cambio, sí leo sobre la detención de Lina, la primera esposa de Prokófiev, y su condena a veinte años en un campo de trabajo, así como acerca de la prohibición de interpretar las composiciones del músico. No son más que breves comentarios que parecen dar a entender que no se trataba de circunstancias excepcionales, dado que las detenciones, la reclusión en alguno de los campos de trabajo forzado y la censura eran moneda corriente en aquellos años.

El último día de la vida de Prokófiev comenzó de forma diferente a la habitual. Por la mañana había renunciado a su paseo diario por el barrio. Su abrigo y su gorro de piel se habían quedado en el perchero, junto a la gruesa bufanda de vivos colores. Hacía demasiado frío. Una temperatura exterior de 12 °C bajo cero era mucho para una persona de salud delicada. A cambio, Prokófiev se hizo conducir hasta el Archivo Estatal Central de Literatura y Arte para recuperar un manuscrito de entre los escritos suyos que se conservaban allí. También envió una copia de la versión revisada de su *Sonata para piano n.º 5* al editor de música de la Unión de Compositores, con la petición de que se la entregara al mismo copista que había realizado la versión original.

Por la tarde, entre las seis y las ocho, su esposa Mira le había leído en la habitación de los padres fragmentos de *Gógol en las memorias de sus contemporáneos*, uno de sus libros favoritos. Después, Prokófiev se retiró al dormitorio a descansar un poco. Aún no había cerrado la puerta cuando salió de ella, tambaleándose.

Mira avisó inmediatamente al enfermero y al médico de su esposo. También llamó a la Oficina de Planificación Económica, donde trabajaba su padre, que se apresuró a regresar a casa para ayudarla. Mira avisó también a Sviatoslav y a Oleg, los hijos adultos del primer matrimonio de Prokófiev.

Mientras tanto, el compositor estaba tumbado en el sofá, y se quejaba de dolor de cabeza. Tenía fiebre y preguntaba a gritos por el médico. También pidió agua con limón para las náuseas. Todo fue muy rápido. Cuando Sviatoslav y Oleg entraron en la habitación, su padre había muerto.

Esa noche amigos y colegas acudieron a la calle del Teatro del Arte para despedirse de Prokófiev, conscientes de hasta qué punto el compositor había padecido las ocurrencias de Stalin y sus esbirros en la escena musical soviética. Al día siguiente el féretro con sus restos mortales fue trasladado a la Casa Central de los Compositores, en la calle Briúsov, una bocacalle transversal de la más amplia calle Gorki. El 7 de marzo se celebró un acto conmemorativo en la Sala Pequeña, en presencia de tan sólo cuarenta personas, entre amigos y familiares. Acceder a la Casa Central de los Compositores era prácticamente imposible, debido a la multitud que recorría las calles de Moscú en dirección a la capilla ardiente de Stalin, en la Casa de los Sindicatos, que estaba tan sólo a unos cientos de metros.

Los amigos de Prokófiev estaban muy afligidos. Kabalevski, Shostakóvich y Jachaturián pronunciaron un discurso. Otros interpretaron música. El pianista Samuíl Vainberg tocó a Bach, y David Oistrakh interpretó el primer y tercer movimiento de la *Sonata para violín n.º 1 en fa menor* que Prokófiev había compuesto en 1946. Tijon Jrénnikov –después de tanto hostigar a su colega–, en su calidad de presidente de la Unión de Compositores, se encargó de la logística, por respeto póstumo y admiración profesional.

El lunes 9 de marzo, Prokófiev fue enterrado en el cementerio del monasterio de Novodévichi, uno de los lugares más bonitos de Moscú, en donde reposa junto a grandes escritores como Bulgákov, Chéjov y Gógol. No hubo flores porque habían sido adquiridas en masa para Stalin, que fue sepultado el mismo día en el mausoleo de Lenin en la Plaza Roja. Sin embargo, el féretro de Prokófiev estuvo rodeado de macetas con plantas.

Mientras un millón de ciudadanos soviéticos lloraban ante el féretro de Stalin, el cortejo fúnebre de Prokófiev apenas llegó a la cincuentena. Y en el fondo era un milagro que estuvieran allí, porque durante tres días *Pravda* apareció repleto de noticias sobre la muerte de Stalin sin que se publicara ni una sola palabra sobre el fallecimiento de Prokófiev. Ocurrió otro tanto con el número correspondiente de la principal revista de música, *Sovietskaia muzika* (Música soviética), cuyas 115 primeras páginas hablaban de la muerte del gran melómano del Kremlin. Sólo en la página 116 se mencionaba brevemente el fallecimiento de Prokófiev.

Aquel 9 de marzo el panorama musical soviético rindió homenaje al músico en silencio. Así, las lágrimas de los miembros del cuarteto de cuerda que tocaban en las exequias de Stalin no eran por el dictador, sino por el compositor. Varios colegas de la violinista Verónica Rostropóvich, hermana del famoso violonchelista, intentaron calmarla en vano tras unas horas, pero sólo consiguieron que llorara aún más. «Dejadme en paz –les dijo–. No lloro a Stalin, sino a Prokófiev».

Nadie sabe cómo se sintió Sviatoslav Richter al tocar el piano ese mismo día en la Casa de los Sindicatos, junto al féretro de Stalin. Nunca dijo nada al respecto. Pese a que Prokófiev era un genio y Richter siguió tocando su música incluso después de 1948, cuando ya estaba prohibida, no tuvo reparos en criticar su sumisión al régimen.

La realidad era más matizada de lo que Richter suponía. Al igual que él, Prokófiev, nacido en 1891, fue un niño prodigio. Había aprendido a tocar el piano con su madre y compuso su primera obra musical, *Galope indio*, una pieza para piano, con tan solo cinco años. A los once recibió clases particulares –por recomendación del director del Conservatorio de Moscú– del compositor y pianista Reinhold Glière, que pasó un verano en casa de los Prokófiev en la remota finca de Solntsevo, en el oeste de Ucrania. El padre de Prokófiev era ingeniero agrónomo y administraba la finca a petición de un amigo aristócrata. La familia vivía una vida idílica, como las historias de Chéjov y Turguéniev, con cenas en la veranda y veladas musicales hasta altas horas de la noche. Ese es el mundo amable que reconozco en *Pedro y el lobo*.

En 1904, Serguéi y su madre se trasladaron a San Petersburgo para que él pudiera continuar su formación. En la majestuosa capital rusa, con sus palacios barrocos pintados de amarillo limón, rojo ladrillo, azul cielo, gris apagado y verde pistacho, conoció al compositor Aleksandr Glazunov, que era profesor en el conservatorio. Glazunov quedó profundamente impresionado por el joven e instó a su madre a que le dejara presentarse al examen de ingreso. Serguéi aprobó a la primera y comenzó sus estudios.

Era un adolescente tremendamente ambicioso y más bien insoportable. Me lo imagino como un niño mimado, repeinado, bien vestido, pero tan insufrible como un principito consentido. Tanto sus profesores como sus compañeros, tres años mayores que él, lo tacharon desde el primer día de excéntrico arrogante. A estos últimos incluso acabó cayéndoles francamente mal cuando empezó a llevar las cuentas de sus errores. En definitiva: era un estúpido. Sin embargo, a Prokófiev esa mala reputación no le importaba lo más mínimo, porque, pese a ello, todos admiraban sus composiciones, que interpretaba al piano con la máxima seriedad. Me pregunto si alguna vez llegó a esbozar una sonrisa mientras tocaba.

Con todo, obtuvo unas calificaciones bastante mediocres en sus exámenes finales de 1909. Pero Prokófiev estaba tan convencido de su talento que eso tampoco le perturbó. Comenzó a vestirse como un dandi, con trajes ingleses a cuadros, camisas y corbatas de colores vivos, y zapatos amarillos, el colmo de lo chic en aquella época, lo que le diferenciaba aún más de sus compañeros.

Cuando el padre de Prokófiev murió de cáncer de hígado en 1910, su hijo de diecinueve años era ya un músico de renombre. Interpretó piezas cromáticas y disonantes para piano en las Veladas de Música Contemporánea de San Petersburgo, y los organizadores quedaron tan impresionados que le encargaron el estreno de las *Tres piezas para piano, opus 11*, de Schönberg.

El 25 de julio de ese mismo año, Prokófiev cosechó otro triunfo en la Gran Sala del Conservatorio de Moscú con su *Concierto para piano n.º 1*. Pero, pese a que el público, congregado en el enorme auditorio revestido de madera y de acústica asombrosa, lo ovacionó, las críticas resultaron decepcionantes. «Lo que le hace falta a Prokófiev es una camisa de fuerza», escribía la *Peterburgskaia gazeta*, mientras que *Golos Moskvi* (La voz de Moscú) opinaba que difícilmente se podía llamar música a lo que componía Prokófiev. *Izvestia* (Noticias) se mostró más moderado y atribuyó su éxito entre el público a «la convincente libertad de su interpretación y la claridad del ritmo».

En los años siguientes, las composiciones de Prokófiev dieron cada vez más que hablar. El 23 de agosto de 1913, cuando estrenó su *Concierto para piano n.º 2*, el ala conservadora de la audiencia exclamó: «¡Al diablo con esta música futurista! Los gatos en el tejado lo hacen mejor». En cambio, los más modernos quedaron profundamente impresionados. De nuevo, Prokófiev hizo oídos sordos a la crítica. Al fin y al cabo, no tenía mucho de que quejarse, sobre todo si se tenía en cuenta que, en 1911, el gran editor musical ruso Borís P. Jürgenson le había ofrecido un contrato muy lucrativo. Su música se imprimía y se publicaba, por lo que podía distribuirse tanto en Rusia como fuera de sus fronteras.

Poco después, con veintidós años, Prokófiev realizó su primer viaje al extranjero, concretamente a París y a Londres. En esas ciudades bulliciosas, que se caracterizaban por su ajetreada vida teatral, tuvo ocasión de asistir a las actuaciones de los Ballets Rusos del representante artístico Serguéi Diáguilev. Hasta tal punto quedó impresionado que quiso escribir su propia música para ballet.

La carrera de Prokófiev prosperó. En 1914 ganó la Batalla de los Pianos, un concurso en el que los cinco mejores estudiantes del Conservatorio de Moscú competían entre sí por un piano de cola de la marca Schroeder. Al poco tiempo viajó de nuevo a Londres, esta vez en compañía de su madre, a la que estaba muy unido. Allí conoció a Diáguilev, que le encargó la composición de un ballet. Un año más tarde, en Italia, cuando Prokófiev le presentó una parte de la obra, el poderoso Diáguilev la rechazó, por considerarla poco rusa. Sin embargo, concedió al músico una segunda oportunidad y, por recomendación de Stravinski, le ofreció un cuento popular del etnógrafo Aleksandr Afanásiev. *El bufón* o *El cuento del bufón que engañó a otros siete bufones*. La obra se estrenó en París en 1921 con gran éxito.

Unos años antes había estallado la Primera Guerra Mundial. Rusia se alió con Inglaterra y Francia contra Alemania, Austria y Turquía. Mientras en la frontera occidental del imperio zarista rugían los cañones y los húsares rusos y austríacos luchaban unos contra otros, Prokófiev actuaba donde no había combates, componía una pieza tras otra, iba al teatro e incluso viajó por los Balcanes con unos amigos.

Así, la guerra pasó más o menos desapercibida para él, aunque comentaba a diario las noticias del frente con sus amigos. No tenía intención de alistarse, como la inmensa mayoría de sus coetáneos de clase privilegiada. Para asegurarse la exención del servicio militar obligatorio, en 1915 se matriculó de nuevo en el conservatorio.

La guerra ralentizó considerablemente la vida de Prokófiev. Pasó el verano de 1916 en el golfo de Finlandia, donde el mar ejerció sobre él un efecto calmante y le inspiró nuevas composiciones. En julio hizo un crucero por el Volga hasta el Cáucaso. Por primera vez pudo ver con sus propios ojos la Rusia que conocía por los paisajes de Isaak Levitán. Admiró las pintorescas ciudades a lo largo del río, con sus casitas y sus iglesias de madera. Úglich, Yaroslavl, Kostromá, Plyos… , pero sin duda también le escandalizó la pobreza y la embriaguez de tantos campesinos. Aquella era una realidad muy distinta a la de la cosmopolita San Petersburgo a la que estaba tan acostumbrado.

Sin embargo, en febrero de 1917, la revolución bolchevique perturbó su apacible y tranquila existencia. Petrogrado –como había pasado a llamarse la capital tras estallar la guerra con el fin de suprimir la reminiscencia alemana que contenía el sufijo «burg»– fue escenario de una revolución que pondría fin a la era zarista. Si bien en aquel periodo Prokófiev estaba entregado por entero al trabajo, atraído por los tumultos de la calle salía a pasear por la ciudad, embutido en su abrigo de piel, curioso por ver qué estaba ocurriendo. En su autobiografía, escrita durante el gobierno de Stalin, relata aquellos acontecimientos como se puede esperar de alguien en su posición bajo el comunismo. Por decirlo con sus propias palabras, sus composiciones de aquellos días de 1917 reflejan más «el sentimiento de la multitud que la esencia de la revolución». Parece una excusa para disimular su falta de entusiasmo por la revuelta. Más tarde, su biógrafo Daniel Jaffé señalaría la ironía oculta en esa afirmación, ya que en aquellos días de febrero apenas se podía hablar de revolución. En cualquier caso, se había desatado un levantamiento popular espontáneo en todo el país que, a falta de liderazgo, no tardaría en degenerar en anarquía.

Tras la sublevación del mes de julio contra el Gobierno provisional, el caos se hizo aún más amenazador. Prokófiev y su madre cambiaron su confortable piso de Petrogrado por el Gran Hotel de Kislovodsk, un balneario de cuento de hadas en el Cáucaso septentrional, donde la élite del imperio zarista llevaba medio siglo acudiendo para darse baños de lodo y someterse a curas con aguas sulfurosas por prescripción médica, para emerger de nuevo como si hubiera renacido.

La tranquilidad se vio perturbada de nuevo cuando en octubre, bajo el siempre brillante sol otoñal del Cáucaso, llegó a Kislovodsk la noticia de que en Petrogrado los bolcheviques habían dado un golpe de Estado contra el Gobierno provisional del primer ministro Kerenski. Por primera vez en su vida, Prokófiev se dio cuenta de que estaba en peligro y de que su mundo estaba a punto de derrumbarse. En las semanas siguientes, la revolución arrolló el país de punta a punta. Y estaba claro que también había llegado al Cáucaso, cuando los bolcheviques se presentaron en el Grand Hotel para «purgarlo» de oficiales blancos leales al zar. Y entonces abordaron a Prokófiev, pero al comprobar que era músico y no un oficial blanco lo dejaron en paz. Su biógrafo Israel Nestiev, que fue miembro del Comité Central, escribió en 1957 sobre ese incidente: «Por primera vez el compositor aprendió que el hombre soviético con el fusil es despiadado con sus enemigos, pero muestra la más alta consideración por el de una cultura verdaderamente grande». Como si dijera: no hay mejor lugar para un artista que la nueva Rusia. No en vano, muchos occidentales progresistas comulgarían ciegamente con Stalin durante décadas.

No así Prokófiev. Por razones de seguridad dejó a su madre en el Grand Hotel y se trasladó a Moscú para tantear el terreno. Allí se mezcló enseguida con un grupo de poetas vanguardistas, entre ellos su viejo amigo Maiakovski, que abrazó el nuevo orden con grandes expectativas. Prokófiev no duró mucho entre aquellos artistas revolucionarios. En abril de 1918 aún actuó en Petrogrado, pero lo único que quería era abandonar el país lo antes posible. Sólo que no tenía permiso para hacerlo.

Durante uno de sus conciertos en el Palacio de Invierno, el escritor Maksim Gorki lo presentó al comisario popular para la Instrucción Pública, Anatoli Lunacharski, cuyo propósito era ganarse a la vieja *intelligentsia* para la causa de los nuevos dirigentes. Prokófiev no se dejó cautivar. Al contrario, en marzo de 1918, el compositor solicitó un pasaporte para viajar al extranjero. Como la revolución había dado lugar a una sangrienta guerra civil, en la que rojos y blancos se enfrentaban sin piedad, le pareció prudente probar suerte en Estados Unidos hasta nuevo aviso. Por el momento no parecía haber lugar para la música en la turbulenta Rusia. Eso alegó.

Lunacharski le respondió visiblemente decepcionado: «Usted es un revolucionario de la música, nosotros somos revolucionarios de la vida real. Por tanto, sería conveniente que trabajáramos juntos. Pero si desea irse a Estados Unidos, no seré yo quien se lo impida».

En un principio, la estancia de Prokófiev en Estados Unidos no fue más que un viaje largo al extranjero. El motivo oficial para estar allí era que quería ampliar sus horizontes culturales. Probablemente tenía intención de regresar a casa en cuanto los bolcheviques fuesen derrotados y, en cierta medida, se hubiese restablecido el orden prerrevolucionario. Pero mientras la guerra civil continuara, decidió seguir en el extranjero, con la esperanza de volver a triunfar.

Pasó los veranos de 1920 y 1921 entre Londres y París, donde abundaban los exiliados rusos. Solo unos pocos habían conseguido poner a salvo su patrimonio. Prokófiev se reencontró con muchos viejos conocidos entre los cuales se sentía muy a gusto. El día que volvió a coincidir con Diáguilev no cupo en sí de felicidad.

Con todo y con eso, Prokófiev pasó momentos difíciles en Estados Unidos. Su prepotencia y ambición fueron parte del problema. Por un lado, detestaba tener que pasar a un segundo plano como pianista, por detrás de su compatriota Serguéi Rajmáninov, quien no era un pianista más virtuoso que Prokófiev, pero que lo tocaba todo. En las salas de conciertos estadounidenses, Prokófiev sólo interpretaba sus propias composiciones en un intento por darse a conocer al gran público. Además, tenía que competir con Stravinski, cuya obra eminentemente moderna –mucho más que la suya– gozaba de gran popularidad en Estados Unidos. Por lo tanto, resulta comprensible que su impaciencia creciera por momentos y que se sintiera cada vez más frustrado por no obtener el éxito que creía merecer debido a su genialidad.

Contrariamente a Rajmáninov, que se había exiliado por su rechazo a la revolución, Prokófiev decía a cualquiera que le preguntara al respecto que su estancia en Estados Unidos no era más que temporal. En las entrevistas que concedió a periodistas estadounidenses defendió incluso la nueva Rusia ante sus detractores, como si fuera una forma de agradecerle a Lunacharski que le hubiera concedido el visado de salida. Esa actitud le valió el apodo de «el pianista bolchevique». Nadie podía imaginar entonces que acabaría siéndolo de verdad.

Todo cambió cuando Prokófiev dio su primer concierto en solitario en Nueva York. De la noche a la mañana se consagró como uno de los grandes. Por fin, el futuro le sonreía. Fue encadenando una actuación tras otra, y al cabo de poco tiempo se hizo tan popular en el Nuevo Mundo como Rajmáninov. Para mayor felicidad conoció a la soprano Lina Codina, de veintiséis años, una atractiva mujer de cabello negro, hija de un tenor español emigrado y de una soprano franco-polaca de Odesa. Su exótica belleza y admiración por Prokófiev debió de halagar la vanidad del compositor. Al poco tiempo iniciaron una relación sentimental. En abril de 1920, tras un periodo de dificultades económicas, Prokófiev regresó a Europa, acompañado de Lina. En París el compositor volvió a encontrarse con numerosos viejos amigos de San Petersburgo. Fue un reencuentro cordial pero amargo, porque después de la derrota de los ejércitos blancos zaristas a manos de los bolcheviques, muchos se habían dado cuenta de que la Rusia que habían dejado atrás era para siempre cosa del pasado. La época de los zares había terminado; su exilio temporal se había convertido en permanente. La literatura y la música rusas eran su único asidero de los tiempos pasados. Más de uno debió de considerar a Prokófiev como un héroe de una época perdida. Desde luego, su aspecto decadente, sin duda, contribuyó a ello. Es fácil imaginarlo paseando por los Campos Elíseos un domingo por la tarde, nervioso pero a la vez seguro de sí mismo, sin dejar de mirar a su alrededor, ávido por ver si sus desafortunados compatriotas lo habían reconocido.

Para ambientarme consulto el libro *L'émigration russe en photos. France 1917-1949*, que retrata a los emigrados rusos en su nuevo día a día. En la década de 1920, 800.000 personas huyeron a Francia, de las cuales 45.000 se establecieron en París. Condes y condesas, príncipes y princesas, reducidos a meros ciudadanos de a pie, sin sus joyas, abrigos de piel ni sombreros de copa. Por primera vez en su existencia se veían obligados a trabajar para ganarse la vida, como porteros, taxistas, obreros o costureras, ya que muchos de ellos no tenían una formación específica. El resto del tiempo vivían en su pequeño mundo particular, compuesto de periódicos, editoriales, orfanatos e iglesias rusos. En esa «Pequeña Rusia», Prokófiev se sintió en casa como no se sentiría en ningún otro lado, aunque sólo fuera porque sus compatriotas lo veneraban como una reliquia preciosa de un mundo ya inalcanzable para ellos.

Siendo siempre consciente de sus comentarios sobre el régimen bolchevique ofreció conciertos en París, organizados por amigos de la nueva Rusia soviética. En 1921, durante una breve estancia en Estados Unidos, con motivo del estreno de la ópera bufa *El amor de las tres naranjas*, bajo la dirección musical del propio compositor, en una entrevista concedida a la revista *Pacific Coast Musician* llegó incluso a defender la situación de la música en su país, expresándose en unos términos tan hipócritas como esperanzadores: «Los bolcheviques promueven el arte y hacen todo lo posible para que florezca. [...] En mi opinión, la cultura musical tiene un futuro brillante en Rusia». Estas fueron las palabras de un oportunista nacido de la necesidad.

Asistí por primera vez a la representación de *El amor de las tres naranjas* en enero de 2010, en el auditorio de un centro comercial en la concurrida avenida Arbat de Moscú. Los intérpretes eran los músicos del Teatro Helikon, dirigidos por Vladímir Ponkin. Dado que el teatro se hallaba en proceso de restauración desde 2006, la compañía actuaba donde podía, incluso en un centro comercial como aquel. Eso tiene Rusia de bueno: hasta los artistas más renombrados están dispuestos a actuar en un circo si hace falta.

El amplio auditorio, con apariencia de sala de cine, se hallaba abarrotado de señoras entradas en años, como suele ocurrir en los teatros rusos. Tan pronto como la orquesta entonó la clamorosa obertura y los cantantes aparecieron en escena vestidos con trajes inspirados en los palos de la baraja francesa –corazones, picas, diamantes y tréboles–, comprendí de inmediato dónde radicaba la fuerza de esa música. Se trataba de un espectáculo al estilo estadounidense con un toque de drama ruso. La ópera, basada en una obra de Goldoni de 1761, es una de las más alegres que he visto nunca y cumple a la perfección el lema musical de Prokófiev: «velocidad, energía y movimiento».

El amor de las tres naranjas cuenta la historia de un príncipe melancólico que sólo podrá recuperarse si tiene un ataque de risa espontáneo. Se ordena al criado que haga reír a su amo, pero fracasa. Una bruja malvada le plantea al príncipe una prueba relacionada con tres naranjas. Por supuesto, no faltan ni la bella princesa ni el final feliz.

Me reí durante toda la representación. Reconocí partes de la música, entre ellas la famosa marcha, que se retransmite a menudo por la radio. La ópera es tan divertida como emocionante. Podría ser obra de un compositor occidental de la categoría de Kurt Weill.

Cuando cayó el telón, las señoras aplaudieron al unísono, como si estuviesen en un congreso del Partido Comunista. Se oían vítores. No podría haber deseado una mejor introducción a la obra de Prokófiev después de *Pedro y el lobo*.

De vuelta en Europa, Prokófiev se instaló con Lina y con su madre –que se había unido a ellos– en Ettal, una pequeña ciudad de apenas unos centenares de habitantes en los Alpes bávaros. Con motivo del embarazo de Lina se casaron a finales de septiembre de ese mismo año. Aislado del mundo exterior, en un entorno que en invierno recordaba a Rusia, Prokófiev trabajó durante meses en una nueva ópera, *El ángel de fuego*, cuya representación sólo se autorizaría después de su muerte.

Mientras tanto, las autoridades soviéticas hicieron lo posible por llevarlo de vuelta a Rusia. Querían poder alardear de él en su ofensiva propagandística, en la que la utopía comunista se presentaba como un paraíso para los artistas más innovadores. Sin embargo, Prokófiev declinó cortésmente la invitación. Consideraba que su futuro estaba en Europa y no en Rusia.

Cuando se vendió la casa que tenían alquilada en Ettal, los Prokófiev volvieron a París, donde Lina dio a luz a su hijo Sviatoslav el 27 de febrero de 1924. Ese mismo año la madre de Prokófiev falleció en la capital francesa. Fue un golpe inesperado para el compositor, que mantenía con ella un vínculo simbiótico. A causa de su muerte, cayó en un largo y profundo periodo de abatimiento. Al igual que cuando murió su padre, no pudo hablar de ello, ni siquiera con sus amigos más íntimos.

Encontró consuelo en la Ciencia Cristiana, un movimiento sectario fundado en Estados Unidos en 1879 por Mary Baker Eddy e inspirado en la creencia de que la oración puede conducir a la sanación y, en muchos casos, es preferible al tratamiento médico. La principal razón por la que Prokófiev abrazó este movimiento, muy popular entre las clases acomodadas, fue que cada vez sufría más problemas de salud como consecuencia de su irrefrenable afán de trabajo. A finales de los años veinte, bajo la influencia de la Ciencia Cristiana acabaría distanciándose de su estilo expresionista. A partir de entonces, su música sonaba a «nueva simplicidad», hecha a medida para la era soviética. Existe un indicio de que la Ciencia Cristiana realmente le servía de apoyo, aunque fuese con efecto placebo. En diciembre de 1925, Prokófiev viajó a los Países Bajos para ofrecer unos conciertos en Ámsterdam y La Haya con la Orquesta Real del Concertgebouw. En el trayecto de ida, mientras iba en el tren, padeció alteraciones cardíacas. El 9 de diciembre anotó en su diario: «Intenté aplicar el método de la Ciencia Cristiana, y funcionó».

Aunque su música fue bien acogida en la mundana y ciertamente altanera La Haya, Prokófiev sentía debilidad por Ámsterdam. Sobre la recepción de su *Concierto para piano n.º 3* en el Concertgebouw escribió en su diario: «Todo un éxito: la sala (llena en un cincuenta y cinco por ciento) se puso en pie y se deshizo en ovaciones, al igual que parte de la orquesta. Nunca antes me había pasado algo así. Me emocioné».

Tanto la distinguida La Haya, con las embajadas y la Casa Real, como la bulliciosa Ámsterdam, siempre en busca de innovaciones artísticas, debieron de recordarle su antigua vida en Rusia. Tal vez fue eso lo que hizo que añorase cada vez más su tierra natal. Comprendió que sus raíces estaban en Rusia, con los rusos. Su música se inspiraba en ese mundo, por muy estadounidense o modernista alemana que pudiera parecer. Una vez más, Lunacharski le concedió un favor. Con el permiso de Stalin, el enérgico comisario popular viajó a Europa Occidental para entablar relaciones culturales y promocionar la nueva

Unión Soviética. En su solicitud de visado exponía que deseaba reunirse con artistas rusos de renombre internacional afincados en Berlín y París, como Prokófiev o Stravinski, y recalcó que esos emigrados no sólo no eran hostiles a la Unión Soviética, sino que incluso podrían estar dispuestos a regresar definitivamente a Rusia. En su opinión, sería una buena idea para aquellos que ahora se sentían más alemanes o franceses que rusos, que pudieran compartir su trabajo con sus antiguos compatriotas. Stalin aceptó el plan. En consecuencia, el 21 de julio de 1925, Prokófiev, Stravinski y el entonces mundialmente famoso concertista de piano Aleksandr Borovski obtuvieron permiso para visitar la Unión Soviética, aunque bajo unas condiciones muy estrictas: «El Gobierno le autoriza a regresar a Rusia y se compromete a amnistiar todos los delitos que haya podido cometer en el pasado. Sin embargo, como usted comprenderá, no puede conceder una amnistía por actividades contrarrevolucionarias futuras. El Gobierno le otorga plena libertad para entrar y salir de la Unión Soviética tantas veces como desee».

Stravinski y Borovski, alarmados por ese trasfondo amenazador del texto, se abstuvieron de viajar. Prokófiev, por su parte, estaba emocionado con la idea, porque a pesar del éxito obtenido en los Países Bajos consideraba que Occidente seguía sin apreciarlo como se merecía. Además, deseaba retomar el contacto con sus antiguos colegas de Moscú y San Petersburgo. Esa necesidad de regresar a Rusia se incrementó cuando, en 1926, se encontró en París con su viejo amigo Vsévolod Meyerhold, que como director de escena había revolucionado el teatro bajo los bolcheviques. Después de que Prokófiev lo llevara a un ensayo de los Ballets Rusos, Meyerhold le sugirió poner en escena su ópera *El jugador* en la Unión Soviética, e invitó a su amigo a ir a ver los logros de los bolcheviques.

A principios de 1927, Prokófiev se decidió. El 19 de enero, ocho días después de sacarse el carné de conducir, partió en tren hacia su tierra natal con Lina y el pequeño Sviatoslav para emprender una gira que duraría hasta el 23 de marzo. Llevaba casi una década sin pisar suelo ruso.

Al llegar a la estación de Bielorrusia en Moscú, Prokófiev se encontró un mundo depauperado. Lo notó de inmediato en cuanto sus viejos amigos subieron a saludarlo al vagón. Sobre uno de ellos, el músico Vladímir Jrzhanovski, escribió en su diario: «Calza botas de fieltro.

En realidad, todos llevan gorros insólitos, abrigos de oveja, etcétera, en definitiva, el tipo de cosas que disuaden a los extranjeros a visitar el país».

Mientras tanto, las autoridades siguieron con su campaña de seducción. Recibieron a Prokófiev como un hijo pródigo, y lo colmaron de honores. A fin de cuentas, la utopía socialista no podía desear mejor propaganda que el regreso de semejante talento internacional. En su tierra natal, el compositor recibió lo que, para gran satisfacción suya, en Occidente sólo le habían concedido en parte. A partir de entonces haría cualquier cosa por volver a experimentar esa sensación tan grata. Como si la perspectiva del regreso definitivo a la Madre Patria hubiera despertado al Prokófiev insaciable y vanidoso, y hubiese multiplicado sus ambiciones.

Al mismo tiempo era un hombre sobrio, realista, todo menos sentimental. De hecho, tardó poco en descubrir el lado más oscuro de la utopía socialista. Un día recibió en su hotel de Moscú una llamada de un alto funcionario del Comité Central que lo invitaba a participar en un concierto para conmemorar la conquista de Shanghái por parte de los comunistas. Esa llamada lo inquietó, porque Prokófiev sabía que en la Unión Soviética los teléfonos estaban pinchados y que cualquier persona podía ser detenida e interrogada por una nimiedad. Le había ocurrido a Yekaterina Raievskaia, una familiar suya; acabó exiliada en una ciudad del noroeste de Rusia. También había oído hablar de detenciones en el lugar trabajo, suicidios y desapariciones repentinas. Cuando colgó, temió por un instante que él fuera a ser el próximo.

Me pregunto si realmente estaba tan asustado, porque cuando detuvieron a su primo Shurik Raievski, Prokófiev convirtió su miedo en arrogancia, y exigió impertérrito su liberación. Dado que el único motivo de la detención de Shurik era haber frecuentado el liceo aristocrático de San Petersburgo –la cantera de la élite zarista–, tenía el firme convencimiento de que sus esfuerzos no suponían demasiado riesgo. En cualquier caso, su intento de mediación no dio resultado.

A partir de entonces decidió seguir el juego a los nuevos gobernantes. Era el precio que había que pagar por estar en la cúspide de la fama. Así se refleja en su diario cuando a propósito de una de las recepciones oficiales, celebradas durante su gira, dice: «Se sucedieron los brindis, incluido el de un joven estudiante comunista. Su discurso, pronunciado con gran entusiasmo, iba dirigido a mi persona. El chico me incluyó entre los líderes del joven comunismo musical. Muy bien, así sea, ¡ven y vencerás!».

Durante dos meses, Prokófiev actuó en Moscú y Leningrado (así había pasado a llamarse Petrogrado tras la muerte de Lenin en 1924). Fue en la antigua capital del imperio zarista donde tuvo lugar el punto culminante de su gira: la interpretación de *El amor de las tres naranjas* en el Teatro Mariinski. Prokófiev disfrutó del carácter lúdico e ingenioso de aquella representación y acogió con agrado los planes de llevar la obra a Moscú.

En Leningrado se reencontró con gran parte de la San Petersburgo prerrevolucionaria. Entre ensayo y ensayo salía corriendo para pasear por las calles y los canales, feliz como un joven enamorado. En sus arrebatos de nostalgia recordaba la época en la que la Revolución Rusa era, a lo sumo, el deseo de un pequeño grupo de radicales. El 9 de febrero de 1927 anotó en su diario: «Después de mis largas andanzas por el extranjero me había olvidado un poco de San Petersburgo. Había llegado a pensar que la belleza de la ciudad no era sino una reivindicación patriótica de sus habitantes, siendo el verdadero corazón de Rusia, inequívocamente, Moscú. Del mismo modo, había llegado a pensar que la belleza europea de San Petersburgo no era sino un pálido reflejo de Occidente, mientras que la belleza euroasiática de algunas callejuelas moscovitas seguía siendo algo único. Con esa predisposición regresé a Petersburgo y su grandeza me abrumó: ¡es mucho más distinguida y señorial que Moscú! La blanca nieve y el cielo despejado no hicieron más que confirmar mi impresión».

En Leningrado, Prokófiev conoció a varios compositores jóvenes que interpretaron sus obras para él. Le sorprendió muy gratamente un joven de veintiún años con gafas gruesas que tocó su *Primera sonata para piano*. Se llamaba Dmitri Shostakóvich.

Tras ofrecer un último concierto en Moscú, Prokófiev regresó a París con Lina para seguir, unos días después, hasta Montecarlo con motivo de los ensayos de su nuevo ballet, que llevaba por título *El paso de acero*. Iba a ser un simple interludio que le permitiera cumplir con sus obligaciones profesionales, pero en pleno interludio nació en París su segundo hijo, Oleg.

Las veleidades de Prokófiev incomodaban a las autoridades soviéticas. Mientras su regresó a Rusia fuera incierto, le dejaban ir y venir.

Al mismo tiempo, en los círculos de los emigrados parisinos se le consideraba un traidor por su viaje a la Unión Soviética; se le echaba en cara que, con sus actuaciones, contribuía a la propaganda bolchevique. Puede que ahí radique el verdadero dilema al que se enfrentó Prokófiev. Por un lado, quería volver a Rusia, aunque no para componer música propagandística para los bolcheviques. Su verdadero público era la nobleza rusa, pero los nobles habían abandonado el país. En la Unión Soviética había que componer música para el proletariado comunista sin que nadie supiera realmente cómo debía sonar.

Las ambiciones de Prokófiev acabaron por imponerse a sus reticencias. Por eso no se tomó a pecho las acusaciones de sus compatriotas en el exilio, aunque la última parte del ballet, en la que los bailarines se convierten en una gran máquina, podía interpretarse perfectamente como propaganda soviética. De alguna manera, debió de sentir que sus composiciones iban por buen camino y que había encontrado el término medio entre complacer a las autoridades y llevar a la práctica sus propias ideas musicales.

Sin embargo, había otro aspecto que le hacía dudar sobre la conveniencia de establecerse de nuevo en Rusia: el trágico destino de sus primos Raievski. Aunque seguía teniendo pasaporte soviético desde antes de marcharse a Estados Unidos en 1918, al final de su gira rusa renovó su carnet de identidad francés.

Su estancia en Estados Unidos había convertido a Prokófiev en un astuto hombre de negocios. Se empeñó en cobrar sus recitales y las interpretaciones de sus obras en dólares y no en rublos, al igual que los músicos extranjeros que actuaban en Moscú y Leningrado. Además, no quería en absoluto estar a merced de las politizadas organizaciones musicales soviéticas, y se negó a convertirse en un peón de la política soviética. Como mucho, estaba dispuesto a dar conciertos para las organizaciones obreras pero sólo en audiencias cerradas.

A finales de octubre de 1929 regresó a Moscú, lesionado, sin poder actuar. Había tenido un accidente de coche en Francia y se había dañado la mano izquierda. Tuvo que hacer frente a los nuevos vientos que soplaban en los círculos musicales rusos que habían cobrado impulso a raíz de la disolución del Comisariado del Pueblo para la Ilustración, y su protector Lunacharski fue «ascendido» al puesto de enviado a la Liga de las Naciones en Ginebra, lo que, de hecho, era una degradación. El brillante futuro de Prokófiev en la Unión Soviética parecía haberse desvanecido antes de tiempo. Esa fue su impresión cuando, al poco de llegar, se reunió con Meyerhold y Borís Asafiev, gran conocedor de la música de vanguardia y figura destacada de la Asociación para la Música Contemporánea (ASM), para que lo pusieran al corriente de los últimos acontecimientos políticos y sus consecuencias en el panorama musical. No tardaría en sufrirlas en carne propia.

La organización central ASM, fundada en 1923, siempre había concedido a los compositores soviéticos un amplio margen de libertad artística. Su junta directiva reunía a compositores tan modernistas como Nikolái Roslavets y Aleksandr Mosólov, que fomentaban, sobre todo, la música experimental, sin por ello coartar la libertad de sus colegas. Fue precisamente esa libertad contra la cual protestaron los grupos proletarios. En 1929, estos grupos formaron la Asociación Rusa de Músicos Proletarios (RAPM), que consideraba que el modernismo y el constructivismo de la ASM eran sandeces, meros productos de la burguesía y del individualismo. La ASM saldría perdiendo en la pugna por el control.

La política musical de la RAPM se redujo a promover una música optimista, ampulosa y, por encima de todo, pegadiza, melodías destinadas a las masas, grandilocuentes y accesibles, y no unas sinfonías experimentales en las que sonaran turbinas, sirenas y silbatos de fábrica. Se encorsetó a los compositores al más puro estilo pequeñoburgués, obligándolos a componer una música bien ordenada y sobre todo uniforme. Cualquier otra composición musical quedaba tajantemente prohibida. Lo único que importaba era dotar al pueblo de un férreo repertorio socialista que redundara en beneficio del trabajo. Esa misma RAPM le haría la vida imposible a Prokófiev.

El 14 de noviembre, mientras Prokófiev asistía en el Teatro Bolshói a un ensayo de *El paso de acero* junto con Meyerhold y algunos directivos del teatro, los músicos de la RAPM, que para entonces ya habían tomado las riendas, lo interrogaron acerca de la ideología que había detrás del ballet. Entre otras cosas querían saber si la fábrica en la que se ambientaba la obra era una «fábrica de esclavos» (léase: una empresa capitalista) o una fábrica soviética al servicio de los obreros. Y si era una fábrica soviética, necesitaban que les especificara dónde y cuándo la había visitado, teniendo en cuenta que llevaba sin vivir en Rusia desde 1918, salvo una estancia temporal en 1927.

Furioso por esa muestra de arrogancia y agresividad, Prokófiev reaccionó con contundencia y puso de manifiesto su visión artística:

«Su pregunta hace referencia a la política y no a la música, de modo que no pienso contestarla». En respuesta, la RAPM, en su revista *Proletarski muzikant* (El músico proletario), tachó el ballet de «farsa tosca y vulgar» y «composición contrarrevolucionaria rayana en el fascismo». Ante semejantes calificativos, la dirección del Teatro Bolshói no tuvo más remedio que retirar la obra de la programación.

Prokófiev estaba muy contrariado por la decisión. La crítica de la RAPM le pareció del todo injustificada y se la tomó como un acto claramente intimidatorio. Siguió un tiempo en Moscú para dirigir la versión revisada de su *Sinfonietta* en una retransmisión radiofónica en directo, y después regresó de inmediato a París, profundamente decepcionado. En esos días, escribió a su amigo Kusevitski, establecido en Estados Unidos, que, si bien la vida en Rusia se había complicado, el país era escenario de cambios interesantes y que pensaba volver en primavera, con Lina. El tono comedido de la carta induce a pensar que Prokófiev daba por descontado que las autoridades soviéticas lo tratarían con cordialidad. Eran falsas esperanzas, pero de eso no se percataría hasta años después. Sin embargo, una cuestión estaba clara: cuanto más echaba de menos Rusia, más aborrecía la política.

Mientras pudo seguir desarrollando libremente sus actividades musicales en Occidente, Prokófiev escapó, en buena medida, al terror de la RAPM. Sin embargo, el *crack* de Wall Street de octubre de 1929 amenazó con destruir su carrera. Tanto en Europa como en Estados Unidos, la Gran Depresión causó estragos. Ya no había margen para nuevas y costosas producciones de ópera y de ballet. En un primer momento, Prokófiev no se preocupó demasiado, puesto que seguían contando con él para los recitales de piano, sobre todo en Europa. En una carta a Vladímir Jrzhanovski escribió al respecto: «Si esto sigue así, no tendré tiempo de ir a Moscú hasta el otoño». Y como posdata: «Me ha afectado profundamente la muerte de Maiakovski».

El gran poeta de la revolución bolchevique, como podría llamarse al altísimo georgiano, había corrido en 1929 más o menos la misma suerte que Prokófiev. También él estuvo en el punto de mira de una organización artística soviética, en su caso la Asociación Rusa de Escritores Proletarios (RAPP), que lo calificó de enemigo del pueblo al considerar que su obra era inaccesible para las masas. El ataque de la RAPP iba dirigido contra el drama satírico *El baño*, producido por Meyerhold, quien era objeto de críticas cada vez más virulentas. Muy apesadumbrado por su decepción con el nuevo régimen, Maiakovski puso fin a su vida el 14 de abril de 1930. Su suicidio no hizo más que reforzar las dudas de Prokófiev sobre la Rusia soviética. Por suerte, su apretada agenda de conciertos en Europa impidió que pudiera sentirse tentado a desplazarse a Rusia en los seis meses siguientes.

Cuando el 23 de abril de 1932, el Comité Central creó la Unión de Compositores y Stalin decretó el «realismo socialista» como principio rector de todas las artes, Prokófiev se adaptó enseguida, aunque vivía en el extranjero. Ahora, su música cumpliría con el requisito de la «nueva sencillez». Todo apuntaba a sus ganas de emprender otro viaje a la Unión Soviética. Sin embargo, lo que no sabía es que la vida musical soviética iba a acabar completamente centralizada. La nueva Unión de Compositores era mecenas, editor y promotor a la vez, y también proporcionaba alojamiento comunal a sus miembros más destacados, les asignaba cómodos pisos en la denominada «Casa Central de los Compositores». Su presidente ostentaba el poder de un zar. Solo tenía que rendir cuentas ante el Comité de Asuntos Artísticos, un departamento del Consejo de Comisarios del Pueblo. A cambio de la «ayuda» recibida para su labor creativa, los compositores estaban obligados a asistir a reuniones en las que su trabajo era debatido y criticado por sus colegas, lo que era sinónimo de censura. El informe correspondiente se publicaba en *Sovietskaia muzika*, la revista de la Unión.

En abril de 1933 Prokófiev viajó de nuevo a Moscú y a Leningrado para ofrecer una serie de conciertos. Mostró a todos su entusiasmo por la nueva Unión Soviética y se deshizo en elogios absolutamente sobreactuados. Según su amigo Nikolái Nabokov, musicólogo ruso-estadounidense y primo del escritor Vladímir Nabokov, incluso acogió la resolución del Comité Central sobre el realismo socialista como una confirmación de sus propias ideas sobre la función de la música. Afirmó al respecto que siempre había querido componer melodías comprensibles para el gran público, «melodías sencillas y pegadizas», por decirlo con sus propias palabras. Esta adulación surtió un efecto inmediato: el estudio Lenfilm le encargó la música para la adaptación cinematográfica del relato histórico *El teniente Kizhé*, de Iuri Tiniánov.

Su afán por complacer a las autoridades fue aún más lejos. El 16 de noviembre de 1934 publicó en el diario *Izvestia* el artículo «El rumbo de la música soviética», en el que se mostraba dispuesto a amoldar sus propias ideas musicales al realismo socialista: «Por encima de todo necesitamos una música grandiosa, es decir, una música que refleje la grandeza de la época, tanto desde un punto de vista conceptual como en lo que concierne a la interpretación. Ello no sólo estimularía nuestro propio desarrollo musical, sino que también nos permitiría exportar nuestra verdadera identidad al extranjero. [...] Los compositores hemos de tener en mente que en la Unión Soviética hay miles de personas que están descubriendo la música ahora, gente que en el pasado se mostraba insensible o indiferente a cualquier obra musical». Y también: «La música debe ser ante todo melodiosa, además de sencilla y accesible, sin ser repetitiva o trivial».

A pesar de sus denodados esfuerzos por complacer a las autoridades soviéticas, Prokófiev seguía sin percatarse de que se valían de él como el mejor de los embajadores para propagar los ideales de la nueva sociedad soviética. Por eso lo colmaban de encargos y promesas, e intentaban ganárselo cada vez más para la causa comunista.

La magnitud del empeño de las autoridades queda patente en la biografía de Nestiev, que puede leerse como una prolongación de la propaganda soviética. En esta obra se presenta a Prokófiev como el «cantante de la nueva Rusia» y el «portador de la idea del humanismo socialista». Para hacer justicia a la verdad y de una forma responsable, Nestiev cita también una entrevista que, en 1933, realizó a Prokófiev el crítico musical francés George Moreux en París. En ella no aparece ningún motivo político, sino más bien la clásica añoranza de la tierra rusa: «El aire extraño no beneficia mi creación, porque soy ruso, y para alguien como yo es insoportable tener que vivir en el exilio, en un clima espiritual que no tiene nada en común con mis orígenes. [...] Necesito imbuirme de la atmósfera de mi tierra natal. Necesito volver a ver el invierno y la primavera de verdad. [...] Necesito volver a oír la lengua rusa, necesito hablar con gente de mi propia sangre que me devuelva lo que me falta aquí: sus canciones, mis canciones. Aquí se me agota la música. Corro el riesgo de sucumbir al academicismo. ¡Sí, amigo mío, volveré!».

Pero también hubo quien se opuso a su regreso, entre ellos los miembros de la Unión de Compositores de Leningrado, empecinados en prohibir la música de Prokófiev en el país. De hecho, Miaskovski advirtió a su amigo de que sus proyectos en el Teatro Mariinski peligraban y que era preferible que se instalase en Moscú y no en Leningrado.

En aquellos días, el dilema que corroía a Prokófiev por dentro debió de desquiciar a su entorno más cercano. Su añoranza de Rusia y su fría ambición parecían estar en constante conflicto con su temor a que las autoridades pudieran imponer restricciones artísticas a su arte. Al final se impusieron su desmesurada ingenuidad y su innegable autoestima. Un periodo en el campo, a orillas del río Oká, a unos cien kilómetros al sur de Moscú, le ayudaría a dar el paso.

Conozco bien la zona. Es la Rusia de ensueño. La tierra de los cuentos de Chéjov, Tolstói y Turguéniev, con verdes bosques y un ancho río que fluye entre altas riberas en las que de vez en cuando se alza un puñado de casas de madera.

Mi lugar favorito es Tarusa, entre otros motivos porque es donde vivía el médico y escritor Maxim Ósipov, que describe en sus relatos el día a día de esta localidad. Hace años visité allí a la hijastra del escritor Konstantín Paustovski. En todas las casas de madera de la pequeña ciudad llegaron a vivir o a hospedarse célebres artistas, músicos, escritores y poetas. Para el visitante es maravilloso poder seguir las huellas de Marina Tsvietáieva, Nadezhda Mandelshtam, Iósif Brodski, Sviatoslav Richter o Aleksandr Ginzburg. Los artistas y los músicos se asentaron en el lugar por decisión propia, pero no así los escritores, que tenían prohibida la entrada a Moscú y estaban obligados a vivir a más de cien kilómetros de la capital.

La dacha de Paustovski es una de las más impresionantes que conozco. La casa de madera pintada de azul se encuentra a las afueras de la pintoresca ciudad, en la ribera que se eleva sobre el río. A diferencia de cuando vivía allí Paustovski, ahora los árboles impiden ver el agua.

Galina Arbuzova, la hijastra de Paustovski, rodeó la dacha de un jardín como no he visto nunca antes en Rusia. Los rododendros son exuberantes, y abundan las rosas.

En el jardín de Maxim Ósipov tampoco faltaban las flores. En las noches de verano, la terraza se prestaba a tertulias amenizadas por cuartetos de cuerda. Tras sus ajetreados años como médico y editor de publicaciones médicas en Moscú, Ósipov disfrutaba de la tranquilidad que le brindaba la campiña. Le vino bien alejarse de la realidad cotidiana del agresivo régimen de Putin, que en su día le causó muchas noches de insomnio. En Tarusa ni se enteraba.

Prokófiev debió de vivir una experiencia similar en la otra orilla del Oká, en la finca de Polenovo, un apartado retiro para el personal del Teatro Bolshói. Por primera vez llevó consigo a su esposa y a sus hijos, con toda probabilidad para que se fueran acostumbrando. Todas las mañanas se sentaba a componer en un pequeño estudio cuyo balcón daba al río, aislado de su familia. Trabajaba cinco horas y después jugaba al ajedrez o al tenis, leía, paseaba o nadaba, como si hubiera regresado a la finca de sus padres en Ucrania y la revolución no hubiera ocurrido: era justamente eso lo que buscaba.

En marzo de 1936 se establecería definitivamente en Rusia, pero no sin antes ofrecer otra serie de conciertos en el extranjero. Durante esa gira sucedió algo que sacudiría seriamente el mundo de la música en la Unión Soviética. El 28 de enero de 1936, Stalin mostró un profundo rechazo por la ópera *Lady Macbeth de Mtsensk*, del joven Dmitri Shostakóvich. De repente, compositores y músicos tomaron conciencia de que no se librarían de la represión que atenazaba a los escritores soviéticos desde hacía ya dos años. Una vez más, el único objetivo de las autoridades era someter al individuo a los intereses del Estado. Desde su estreno en 1934, *Lady Macbeth* había sido elogiada tanto en la Unión Soviética como en el extranjero. Muchos incluso consideraban la ópera como la cúspide de la carrera del joven Shostakóvich hasta ese momento. Pero por poco le cuesta la vida.

Cuando el 26 de enero, Stalin, Viacheslav Mólotov y Andréi Zhdánov abandonaron apresuradamente su palco en el Teatro Bolshói sin ni siquiera esperar al final de la representación de *Lady Macbeth*, Shostakóvich supo que algo andaba mal. A los dos días se publicó en *Pravda* –un periódico en el que por lo demás se escribía poco sobre música– un artículo titulado «La música hecha caos», en el que se tildaba a *Lady Macbeth de Mtsensk* de «música agitada, convulsa y frenética, que había sido tomada prestada del *jazz*». Se decía que el éxito internacional de la obra era debido a que su compositor buscaba estimular los gustos perversos de la burguesía. Una semana después, *Pravda* lanzó un segundo ataque contra Shostakóvich, y arremetió contra su ballet *El arroyo cristalino*. También lo hizo contra otros «modernistas degenerados» como Nikolái Miaskovski y Aram Jachaturián. Shostakóvich vivió aquello como el anuncio de su muerte inminente. No cabía duda de que los artículos fueron escritos por orden de Stalin. Aunque el Gran Terror no estallaría hasta agosto de ese mismo año, bajo la forma de un gran juicio contra miembros prominentes del Partido, la máquina de la represión llevaba ya algún tiempo funcionando a toda marcha.

El mundo de la música se sobrecogió de miedo. A principios de febrero, los dos artículos de *Pravda* se debatieron en los círculos artísticos oficiales. En Leningrado se ocupó de ellos la sección local de la Unión de Compositores. Algunos de sus miembros no tuvieron ningún reparo en mostrar su lado más oportunista. Borís Asafiev, por ejemplo, se retractó de su anterior elogio de la ópera y sostuvo que había cometido un error de valoración. En Moscú, los ánimos estaban aún más caldeados. En una reunión en la Casa de los Escritores, el ambicioso Tijon Jrénnikov, de veintitrés años, despotricó no sólo contra Shostakóvich, sino también contra Prokófiev, a quien acusó de haber calificado la música soviética de «provinciana».

Prokófiev, que por entonces aún estaba de gira por Europa Oriental, se enteró en Praga de lo ocurrido, gracias a los artículos de prensa que Lina le enviaba desde París. Se preocupó, porque ante sus amigos se había referido a *Lady Macbeth* como un «ejemplo de una puesta en escena de primera categoría». Lina se encargó de tranquilizarlo, convencida como estaba del papel constructivo que su esposo iba a desempeñar en el mundo de la música soviética. Además, los artículos publicados en *Pravda* no mencionaban a Prokófiev en ningún momento, así que el compositor acabó por creerse que los acontecimientos no suponían ninguna amenaza para él. Sin duda, si hubiera estado en Moscú en aquellos días, habría reaccionado de otro modo y hubiera vivido de cerca la campaña de desprestigio contra Shostakóvich. En ese caso quizá habría cambiado de opinión y habría decidido quedarse en Occidente.

Cuando Prokófiev regresó definitivamente a Moscú, valiente y animoso, sus colegas lo recibieron como un héroe triunfante recién llegado del campo de batalla. Nadie le habló de lo que le había ocurrido a Shostakóvich. Prokófiev se tomó a la ligera la política desplegada en una Moscú invadida por las banderas comunistas. Cuando vio en la calle un cartel electoral con el retrato de Stalin, comentó a Lina: «Mira qué diversidad de intereses: todos votan a la misma persona». En aquellos tiempos cualquier ciudadano de a pie habría muerto fusilado tras pronunciar semejante declaración.

Hasta finales de junio, los Prokófiev vivieron en el Hotel National, frente al Kremlin, construido en 1903 para recibir a los invitados de alto rango del zar. Después se mudaron a un lujoso piso de cuatro habitaciones en un edificio para artistas encomiables en Zemlianoi Val, una de las calles que rodean el centro de la ciudad. Se lo proporcionó el Comité de Asuntos Artísticos. Prácticamente todos los vecinos eran celebridades de la cultura, entre ellos el pianista Heinrich

Neuhaus, el violinista David Oistrakh, o el famoso escritor de libros infantiles Samuíl Marshak. Aún hoy, junto a la entrada del edificio, hay unas placas conmemorativas con sus nombres.

En cualquier caso, durante aquellos primeros años, Prokófiev disfrutó enormemente del nuevo giro –muy cómodo– que había tomado su vida. Mientras sus amigos y conocidos eran arrestados a diestro y siniestro, el Gran Terror respetó a los Prokófiev, hasta que ya no hubo escapatoria y la familia acabó viviendo aterrorizada por el miedo constante. Lina, como ciudadana estadounidense, se sentía permanentemente amenazada, una sensación que la llevaba a recluirse en una soledad cada vez mayor. Su carrera como cantante se había arruinado. Todos sus amigos vivían en Occidente y, además, echaba de menos a su madre. De aquellos primeros años tan confortables en la Unión Soviética ya no quedaba nada; su vida de lujo había terminado. Sus hijos, Oleg y Sviatoslav, también lo pasaron mal. Después de varios cambios se habían matriculado en una escuela inglesa en Moscú, donde compartían pupitre con los niños de la élite soviética. Sin embargo, en 1937, el centro tuvo que cerrar sus puertas porque la mayoría de los padres de los alumnos habían sido detenidos. A continuación, los chicos fueron enviados a otra escuela más modesta, donde los niños fueron acosados debido a su situación privilegiada.

Cuando el 11 de junio de 1937 se procedió a la detención de prominentes generales y mariscales del Ejército Rojo, que fueron acusados de conspirar con Alemania, Prokófiev comprendió, por primera vez, que tenía que preocuparse de su propia seguridad. Entre los detenidos estaba el mariscal Tujachevski, amigo y protector de Shostakóvich, cuya suerte también se volvió incierta.

Para protegerse de una posible amenaza por parte del régimen, Prokófiev publicó a finales de año un artículo en *Pravda*, en el que señaló que había integrado el realismo socialista en su propia visión de la música. Al mismo tiempo subrayó, dando muestra de osadía, que un compositor jamás debe arrodillarse para complacer al oyente: la música es sincera por naturaleza; si no hay sinceridad, no hay música.

Por aquel entonces alquilaba el piso superior de una dacha en Nikolina Gora, un pueblo a cincuenta kilómetros al oeste de Moscú, donde en otros tiempos solían veranear los escritores Antón Chéjov y Maksim Gorki, y también el pintor Isaak Levitán. La idílica campiña le recordaba a la finca del oeste de Ucrania donde se había criado.

En Nikolina Gora se imaginaba lejos del Gran Terror, que se propagaba como un virus por toda Moscú y atacaba con inusitada virulencia. En el estudio de la dacha, donde no lo molestaba nadie, Prokófiev trabajó durante dos meses en la *Cantata para el XX Aniversario de la Revolución de Octubre*, una gran obra con orquesta sinfónica, banda militar, orquesta de acordeones, grupo de percusión, dos coros mixtos y «música concreta», es decir, grabaciones de una sirena, una alarma, un discurso y los pasos de una marcha militar. No quiso desperdiciar esta oportunidad única para cimentar su reputación como compositor soviético y mostrar sus buenas intenciones.

Prokófiev había comenzado a trabajar en la cantata en 1932, durante sus vacaciones de verano en el sur de Francia, en la villa que había alquilado a Jacques Sadoul, comunista francés y corresponsal de *Izvestia*, uno de los que lo habían convencido para que regresara a Rusia. La cantata pretendía ser un homenaje a Lenin, pero acabó siendo una entrega en diez partes sobre la revolución, la guerra civil, el voto de Stalin a Lenin y la redacción de la Constitución soviética.

Durante sus breves visitas a Moscú en 1933 y 1934, Prokófiev expuso su proyecto a Borís Gusman, director del Departamento Artístico del Comité de la Radio, la emisora estatal. Gusman acogió el proyecto con gran entusiasmo y formalizó un contrato en el que se le asignaban al compositor unos honorarios generosos, 25.000 rublos para ser exactos. A cambio, Prokófiev debía comprometerse a que la cantata pudiera ser difundida por la radio, fuese políticamente correcta en el sentido marxista-leninista del término, y cumpliera las normas oficiales en materia de política artística. Después de establecer todos estos requisitos se estableció una fecha límite: el 15 de octubre de 1936.

Una vez terminada la partitura de doscientas páginas, para quinientos intérpretes, Prokófiev se sentó al piano y tocó la obra para los miembros del Comité de Asuntos Artísticos, que carecían de formación musical. El presidente, Platon Kerzhentsev, no tardó en protestar. Acusó al compositor de poner los textos del pueblo al servicio de una «música incomprensible» a la que, para colmo de males, le faltaba heroísmo. Celebraba que Prokófiev compusiera la cantata, pero lo instó a reescribir el libreto. Este comenzaba con la frase inicial del *Manifiesto comunista* de Marx y Engels de 1848: «Un espectro se cierne sobre Europa: el espectro del comunismo». Prokófiev también había insertado en su música fragmentos del célebre ensayo de Lenin que lleva por título *¿Qué hacer?*, en concreto declaraciones y discursos pronunciados en octubre de 1917. Esos textos revestían una importancia musical pero no política, puesto que, en su obra, las palabras estaban subordinadas a las notas. Según los censores, ese procedimiento perjudicaba tanto a la revolución como a la imagen de Lenin. Alegaban que Prokófiev había retratado al líder bolchevique como alguien que desconfiaba del pueblo y para quien la revolución no suponía un acontecimiento heroico, sino un periodo de frío, hambre, tifus y destrucción. Siempre en opinión de los censores, el desenlace, en el que se presentaba la nueva Constitución soviética, se parecía más bien al anuncio de una catástrofe.

Dio la casualidad de que esos días, Kerzhentsev estaba trabajando en una monografía sobre Lenin, en la que los detalles biográficos se mezclaban con citas sacadas de contexto del padre de la revolución. Obstinado como era, Prokófiev se negó a eliminar las palabras de Lenin de su libreto. Presentó una queja ante el mariscal Tujachevski, que formaba parte del Comité Central. El mariscal, que en ese mismo momento estaba luchando por su vida, transmitió la queja a Mólotov, quien ordenó a Kerzhentsev que pusiera fin a sus críticas, y él mismo pasó a ocuparse de la cantata. Kerzhentsev cedió, pero en los meses siguientes tomaría represalias al retirar *Romeo y Julieta* del repertorio del Teatro Bolshói.

Si bien Prokófiev fue lo suficientemente astuto como para salvaguardar su posición en sociedad, estaba ciego ante las intenciones asesinas del régimen al que rendía pleitesía. Algunos de sus colegas, que se habían prestado a leer la partitura, acudieron en su ayuda. A diferencia de él, sabían que, si esa música llegaba a interpretarse, su compositor correría el riesgo de ser fusilado. La cantata era una caja de Pandora que debía permanecer cerrada. De hecho, la obra no se interpretó hasta el 5 de abril de 1966, trece años después de la muerte de Stalin, y además sólo en parte.

La decisión de no autorizar la interpretación de la cantata desmoralizó profundamente a Prokófiev. Lina lo notó enseguida. Su esposo ya no se levantaba temprano para dar un paseo y ponerse a trabajar, sino que deambulaba por la casa, en batín, durante horas.

A finales de noviembre de 1937, Prokófiev y Lina abandonaron la Unión Soviética para emprender otra gira por Europa y Estados Unidos. Fue la última vez que Prokófiev obtuvo permiso para salir del país.

En el extranjero, sus viejos amigos se percataron de que el proverbial vitalismo de Prokófiev había dado paso a una «profunda y terrible inseguridad». En contadas ocasiones volvía a ser el de siempre, por ejemplo, cuando vio la película de Disney *Blancanieves y los siete enanitos* en Estados Unidos.

Cuando el representante Vernon Duke le ofreció un contrato con un estudio cinematográfico de Hollywood por el astronómico salario de 2.500 dólares a la semana, y Prokófiev lo rechazó, quedó claro hasta qué punto estaba bajo presión. Como pretexto adujo que no podía quedarse en Hollywood, pese a que la oferta le parecía muy atractiva y disfrutaba de los encuentros con famosas estrellas de cine.

El único momento de felicidad que protagonizó durante su gira por Estados Unidos fue la adquisición de un elegante Ford azul, que mandó por barco a Moscú. Los automóviles privados eran un lujo sin precedentes en la Unión Soviética de aquel entonces, y a su regreso tuvo que rendir cuentas ante la Unión de Compositores. El principal argumento que aportó en defensa de su adquisición fue que, pese a haber pasado mucho tiempo en Occidente, no se había convertido en un occidental.

En las conferencias de prensa estadounidenses, Prokófiev se refirió a la Unión Soviética en términos positivos. ¡Cuán huecas debían de sonarles sus palabras a sus amigos emigrados! Ni una palabra sobre el terror y las purgas. Alardeaba de sus comodidades, gracias a los derechos de autor, los honorarios, los encargos de los teatros y estudios cinematográficos y las ayudas de la Unión de Compositores. Prokófiev empezó a sentirse cada vez más molesto por los reproches de sus colegas, que lo tildaban de «burgués occidental». Incluso su aspecto de dandi acabó suscitando críticas, aunque sus gustos no habían cambiado desde que se graduó en el conservatorio.

En cierto modo, todas estas críticas le proporcionaban también cierta autonomía, si no la tenía ya. No ocultó que el comportamiento de sus colegas le resultaba provinciano. Y tras su regreso de Estados Unidos en 1937, no se abstuvo de inmiscuirse en el debate sobre el formalismo en *Lady Macbeth* en el seno de la Unión de Compositores Soviéticos. Señaló el peligro de que en Occidente, donde la música soviética despertaba cada vez mayor interés, se pudiera llegar a pensar, a la luz de las nuevas «reglas de estilo», que los compositores estaban atrapados en una rutina. Por lo tanto, en su opinión, no tenía sentido plantear el formalismo como una lucha contra la perfección y la mejora técnica. Además, era preciso evitar que el realismo socialista condujera a una música fácil que no tuviese un pensamiento inteligente detrás.

Entre 1936 y 1938 fueron detenidos más de un millón y medio de ciudadanos soviéticos, entre ellos numerosas figuras prominentes de la vida cultural. Si bien la mayoría desapareció en el gulag, unas 700.000 personas fueron ejecutadas, un dato que no salió a la luz hasta después de la muerte de Stalin en 1953. Hubo que esperar a 1939 para que, gracias a la explosiva situación exterior, se restableciera en cierto modo la paz interior. Stalin se vio obligado a preparar una guerra inevitable con Alemania, que el pacto de no agresión con Hitler solo pudo retrasar temporalmente. Las circunstancias brindaron a Prokófiev la oportunidad de componer una ópera patriótica, *Semión Kotko*, inspirada en una popular novela de Valentín Katáiev, cuyo título puede traducirse como «soy hijo del pueblo trabajador». La ópera iba a dirigirla Meyerhold por encargo del Teatro Stanislavski de Moscú.

Pero el destino quiso que Meyerhold fuera arrestado el 20 de junio de 1939, mientras trabajaba en Leningrado en la coreografía de un espectáculo con 30.000 atletas. Prokófiev, que estaba involucrado en el mismo proyecto, había compuesto la música en una semana. Los honorarios de 10.000 rublos que le abonaron por sus *Seis ejercicios gimnásticos* estaban muy bien pagados. La función de Leningrado iba a ser el ensayo general de un espectáculo aún más grandioso que debía representarse en Moscú a principios de julio.

El 28 de junio de 1939 Prokófiev partió hacia la residencia que gestionaba el Teatro Stanislavski en Kislovodsk, la ciudad balneario del Cáucaso donde, en 1917, lo había sorprendido la revolución. Allí volvió a reencontrarse con Mira Mendelson, estudiante de Literatura en el Instituto Gorki y militante fanática del Partido, veintiún años más joven que él. La había conocido el verano anterior en el mismo balneario durante unas vacaciones de trabajo en compañía de Lina. En sus largos paseos, él le hablaba de su música mientras ella le leía sus poemas. Cuando Lina le preguntó qué le pasaba con esa joven, él respondió: «Bah, es una de esas chicas empeñadas en leerme sus poemas de mala calidad». Poco después se refirió a ella en una carta en los siguientes términos: «una judía que anda detrás de mí».

Al haberse criado en la Unión Soviética y formar parte de la élite comunista, Mira comprendía mejor que Prokófiev la nueva situación política y cultural. Y si bien el compositor se sintió halagado por las atenciones de aquella joven atractiva, al principio su presencia le fue realmente útil para localizar textos soviéticos que se adecuaran a sus composiciones y, al mismo tiempo, pudieran pasar la censura. Sin embargo, a los pocos meses de regresar del Cáucaso confesó a Lina que tenía un romance con Mira. El amor de Prokófiev hacia su esposa se había ido enfriando, en parte como consecuencia de la enorme presión a la que estaba sometido el compositor, la relación entre ambos se había desequilibrado. En palabras de Prokófiev, Lina –que seguiría amándolo hasta su muerte en 1989– era incapaz de darle el apoyo moral que necesitaba. Por su parte, Lina reaccionó con desafecto ante la confesión de su esposo, y le insistió en que Mira había iniciado una aventura con él por puro interés.

Hasta que no se separaron, Prokófiev trabajó de forma ininterrumpida en su ópera en Kislovodsk. Su concentración se vio alterada únicamente por la actriz Serafima Birman, que también se le insinuó. Poco después de conocer al compositor, Birman recibió una carta de Moscú en la que se le pedía que se hiciera cargo de la producción de *Semión Kotko* debido a la detención de Meyerhold. Estaba todo planeado. Los indicios apuntaban a que Birman trabajaba para la policía secreta y que la habían enviado a Kislovodsk para ganarse la confianza de Prokófiev. La perspectiva de tener que completar su ópera bajo la supervisión del NKVD fue motivo de desánimo para el compositor. Por fin pareció comprender que estaban jugando con él y que su vida corría peligro. Aunque sólo fuese por eso, Mira se convirtió aún más si cabe en su principal apoyo en Kislovodsk.

Con respecto a Meyerhold, Prokófiev se temía lo peor. Tras su detención cualquier recuerdo de su persona había sido borrado. Sus fotos ya no estaban en el periódico mural del vestíbulo del Teatro Stanislavski y su nombre ya no figuraba en la *Gran Enciclopedia Soviética*. Esa era la práctica habitual cuando alguien caía en desgracia. Además, un mes después de su detención, entraron a robar en el piso de Meyerhold y mataron a su esposa. La célebre actriz Zinaida Reich recibió doce puñaladas, un par de ellas en los ojos, marca de fábrica del mundo del hampa. Sin embargo, quien realmente estuvo detrás del homicidio fue el NKVD, ya que la policía política quería apropiarse de las cartas que Reich había enviado a Stalin y al viceprimer ministro y fiscal jefe Vishinski en protesta por la detención de su marido.

Cuando Lina se enteró de la muerte de su amiga Zinaida entró en pánico. Lo que más deseaba en ese momento era viajar a Kislovodsk para reunirse con Prokófiev, pero su solicitud de permiso fue denegada, entre otros motivos porque la estancia en el balneario se había concedido a «un único individuo» en razón de su rango y sus méritos.

Meyerhold sería condenado a muerte por espionaje tras un juicio secreto ante un tribunal militar. Murió fusilado el 2 de febrero de 1940. Su condena formaba parte de una nueva oleada de purgas entre la *intelligentsia* como consecuencia de la caída en desgracia del jefe de la policía secreta Nikolái Yezhov. Entre las víctimas estaba también el escritor Isaak Bábel.

Se desconoce la reacción de Prokófiev ante la muerte de su amigo Meyerhold. En aquella época lo mejor era conservar la pena para uno mismo. Aun así, no cabe duda de que debió de horrorizarse, como tantos otros. Meyerhold era un gran artista y se había enfrentado al régimen en varias ocasiones, pero no era ni mucho menos un espía. Si lo habían arrestado a él, podrían arrestar a cualquiera.

Después de que Prokófiev pusiera punto final a *Semión Kotko* se tomó la decisión de aplazar el estreno. La culpa fue del Pacto Mólotov-Ribbentrop, el tratado de no agresión con Hitler que se firmó en el verano de 1939. De pronto, la ópera había dejado de ser políticamente correcta, puesto que narraba cómo en la guerra civil rusa los bolcheviques lucharon contra los contrarrevolucionarios, que contaban con el apoyo de las tropas alemanas.

Antes de estrenar la ópera era preciso salvar ese obstáculo para no presentar a los alemanes como enemigos de los bolcheviques y así ofender a Hitler. El problema tenía fácil solución: de un plumazo se sustituyó a los alemanes por los austríacos en el libreto. Pero Vishinski, que supervisaba los cambios por orden de Mólotov, no quedó satisfecho y exigió que los austríacos fueran sustituidos por los jaidamakas, los nacionalistas ucranianos. Una vez incorporadas todas las modificaciones, *Semión Kotko* pudo estrenarse finalmente el 23 de junio de 1940.

Después de quince funciones, la ópera dejó de representarse porque los críticos no sabían cómo reseñarla y, antes de cometer errores, preferían no escribir sobre ella. En cambio, publicaban de buena gana reseñas sobre una composición operística mucho más sencilla. Se trataba de la obra *En la tormenta*, que Tijon Jrénnikov había compuesto ese mismo año para el Teatro Stanislavski. La «música sencilla» de Jrénnikov sobre la lucha entre revolucionarios y contrarrevolucionarios, en la que incluso salía hablando Lenin, gustó mucho más que las «notas difíciles» de *Semión Kotko*.

Prokófiev concibió la competición con Jrénnikov como un partido de tenis. Cuando Mira le llamó la atención sobre un libreto del siglo XVIII de Richard Brinsley Sheridan, que había dado lugar a la ópera cómica *La dueña*, el compositor enseguida supo cómo vengarse y salvar la bola de partido. *La dueña* era una obra inocua, apolítica, repleta de románticas intrigas y malentendidos, justo lo que necesitaba para su comedia musical *Compromiso en un monasterio*.

Mientras intentaba competir por los favores de las autoridades con una obra tan ligera, Prokófiev temía por su propia suerte. Empezó a sentirse cada vez más como un disidente: aunque no estaba en contra de la música para las masas, seguía creyendo que la música tampoco tenía por qué ser necesariamente accesible. Por precaución tomó un camino más seguro, el de la autocensura, como tantos otros artistas soviéticos. A partir de entonces compuso sobre todo música ideológica. Unos meses después de la detención de Meyerhold se le brindó la oportunidad de demostrar su valía también en este género. Con motivo del setenta cumpleaños de Stalin, que fingía ser un año más joven de lo que era, lo invitaron a componer una cantata de cumpleaños. Prokófiev no se lo pensó dos veces: iba a demostrar su lealtad al régimen con un estallido de júbilo optimista. El resultado fue el execrable *Zdravitsa*, el himno al gran líder que le valió un puesto de honor entre la élite artística soviética. Los altavoces del sistema de retransmisión por cable hacían resonar la obra por las calles del centro de Moscú.

Mientras intento imaginarme el espectáculo sonoro, me viene a la mente la manifestación del 1 de mayo de 2010, a la que asistí en Moscú. Un desfile de varios miles de comunistas, nacional-bolcheviques, anarquistas y antifascistas marchando por la ciudad. Dos manifestantes sostenían una pancarta con la imagen de Stalin. A lo largo de los años, el líder había adquirido mayor popularidad entre una parte de la población rusa, a pesar de que en su día mandara ejecutar a unos quince millones de inocentes. Despertaba, sobre todo, la admiración de los jóvenes, como demostraba la reedición anual del Calendario de Stalin, muy codiciado entre la juventud.

Los manifestantes descargaban su ira no solo contra los impuestos, el aumento de los precios del gas y de la luz, la corrupción del Gobierno, la injusta política económica y el capitalismo burgués, sino también contra la OTAN y la participación de los franceses y los británicos en el desfile militar por el Día de la Victoria el 9 de mayo. Sin embargo, a medida que la marcha se adentraba en el centro de la ciudad, la ira se veía mitigada por la Internacional y las melancólicas canciones de guerra que sonaban por los altavoces del sistema de retransmisión por cable. A veces se oía un crujido, como si estuvieran poniendo otro elepé. La música sonaba tan antigua que parecía que el tiempo se hubiese detenido y oxidado.

Durante la Segunda Guerra Mundial, Prokófiev pudo de pronto componer lo que le viniera en gana gracias a la relajación del terror de Stalin. Acabó por romper con su esposa. Cuando en marzo de 1941 se disponía a retirarse para trabajar en sus nuevas composiciones, «Lina se dio cuenta de que se escondía de Mira, que llevaba diez días llamando al teléfono de casa para localizar a su amante. Cada vez que hablaba con ella, Lina la despachaba diciendo que Prokófiev había salido. Intentó en vano animar a su marido y organizaba una fiesta tras otra, con champán, vodka y caviar, pero para él aquello no era sino una fuente de exasperación. Estaba trabajando y lo único que buscaba era tranquilidad. Los últimos días que Lina y él pasaron juntos no hicieron más que discutir. Hasta que a finales de marzo el compositor abandonó a su familia. Cuando Sviatoslav lo vio salir por la puerta con una maleta en la mano y le preguntó dónde iba, su padre le contestó: «Me voy porque posiblemente pueda salvar una vida». Se refería a Mira, que había intentado suicidarse en un acto de desesperación, porque él no respondía a sus llamadas.

Los continuos bombardeos de Moscú raras veces cesaban, así que no había forma de que Prokófiev se sentase tranquilamente a tocar el piano. Cuando todo apuntaba a que la ciudad no tardaría en caer en manos de los alemanes, las autoridades decidieron evacuar a las eminencias intelectuales en tren, hacia el interior. Prokófiev fue uno de los elegidos. Lina estaba autorizada a marcharse con él, junto con sus hijos, pero cuando se enteró de que Mira acompañaba a su marido, se negó en rotundo. Prokófiev se fue, y Oleg y Sviatoslav se quedaron en Moscú con su madre. Esa situación perjudicaba a Lina como ciudadana extranjera, ya que se sospechaba que los rezagados voluntarios deseaban dar la bienvenida a los alemanes.

Mientras tanto, en agosto de 1941 Prokófiev y Mira viajaron en un tren especial de cuatro vagones a la cosmopolita Tiflis, capital de la república soviética de Georgia, junto con un grupo de profesores del Conservatorio de Moscú, actores del Teatro de Arte de la ciudad y otros «trabajadores artísticos». Por invitación del director de cine y de teatro Serguéi Eisenstein, en mayo de 1942, continuaron viaje a Alma Ata, capital de Kazajistán, el «Hollywood en la frontera con China», donde se había instalado la industria cinematográfica soviética. Prokófiev trabajó con Eisenstein en el largometraje *Iván el Terrible*, en una película pseudobiográfica sobre el poeta Mijaíl Lérmontov, basada en un guion de Konstantín Paustovski; y también en la música para la película bélica *Tonia*.

Cuando en octubre de 1943 el Ejército Rojo ganó la batalla de Stalingrado y los alemanes se batieron en retirada, Prokófiev y Mira regresaron a Moscú, donde volvieron a fijar su residencia en el Hotel National. En febrero de ese año, el compositor había sido galardonado con el Premio Stalin, Primera Categoría, por su *Sonata de piano n.º 7*, que había terminado en Tiflis. Le entregaron cien mil rublos (cuando el salario medio mensual era de doscientos rublos). De repente se había convertido en un hombre adinerado. Todo indicaba que contaba de nuevo con el beneplácito de las autoridades.

Aun así, el homenaje tenía una doble lectura. Prokófiev y su novia no se habían marchado por voluntad propia de la confortable Alma Ata, sino simplemente porque cumplían órdenes. Vladímir Suerin, vicepresidente del Comité de Asuntos Artísticos, había enviado un telegrama al compositor en el que le instaba a acudir a la capital para participar en un concurso del que habría de salir el himno nacional que sustituyera a la Internacional. Los autores de la letra del nuevo himno, Serguéi Mijalkov y Gabriel El-Reguistán, querían que Shostakóvich y Prokófiev compusieran la música. En cambio, el mariscal Kliment Voroshílov, presidente del Comité de Canciones Populares, consideraba que el concurso debía abrirse a todos los compositores soviéticos. Así fue como Shostakóvich y Prokófiev tuvieron que competir con doscientos rivales. Al final, ninguno de los dos resultó ganador, sino que el encargo recayó en Aleksándrov, fundador y líder del célebre conjunto militar del mismo nombre.

Prokófiev tuvo que conformarse con regresar a Moscú. El 13 de enero de 1945 dirigió en la Gran Sala del Conservatorio Chaikovski el estreno de su *Sinfonía n.º 5*, acompañado de la Orquesta Sinfónica

Estatal Soviética. Cuando estaba a punto de marcar el primer compás se oyeron de pronto disparos de artillería. El Ejército Rojo había cruzado el Vístuła (Wisla/Weichsel) y marchaba hacia Berlín. Richter escribió al respecto: «Prokófiev subió al escenario y se hizo el silencio. En ese mismo instante empezaron a sonar salvas de alegría. El director aguardó con la batuta bajo el brazo. No marcó el primer compás hasta que el fuego de los cañones cesó. Fue un momento significativo, altamente simbólico. Era como si cada uno de nosotros, incluido Prokófiev, hubiera alcanzado un punto de inflexión común».

Aquel hecho provocó que la música sobrecogiera aún más al público. El éxito fue tal que Prokófiev se convirtió, de pronto, en el compositor más importante de la Unión Soviética. Exultante, invitó a sus amigos a una fiesta en su nuevo piso de dos habitaciones en la entonces calle Mozhaisk 11/13, ahora bulevar Kutuzov. Unos días más tarde sufrió una caída aparatosa como consecuencia de un ataque de vértigo. Fue ingresado con una grave conmoción cerebral.

Con el dinero del Premio Stalin, Primera Categoría, que había recibido por su ballet *Cenicienta* en julio de ese mismo año, y la ayuda de un préstamo de 150.000 rublos por parte de la junta directiva de la Unión de Compositores, Prokófiev compró su propia dacha en Nikolina Gora. El préstamo le fue concedido por una razón de peso: su delicado estado de salud lo obligaba a vivir permanentemente fuera de la ciudad por recomendación médica. En la idílica Nikolina Gora, Prokófiev parecía revivir un poco, aunque sólo en apariencia, ya que su mala salud lo forzó a tomar conciencia de su mortalidad. Para alguien como él, que siempre se había creído acreedor de la vida eterna, debió de ser un descubrimiento terrible. En un impulso comenzó a escribir su autobiografía, y se encargó de finalizar varias composiciones que estaban inacabadas con el objetivo de salvaguardar su legado.

Su paz interior se vio perturbada, además, por una nueva oleada de represión que nada tenía que envidiar a las purgas de los años treinta. El 14 de agosto de 1946, el Comité Central emitió una resolución mediante la cual quedaba prohibida la publicación de las revistas literarias *Zvezdá* (La estrella) y *Leningrad*, debido a que sus equipos de redacción habían cometido sendos crímenes antipatrióticos al dar voz a la poetisa Anna Ajmátova y al escritor satírico Mijaíl Zóschenko. Prokófiev también tenía motivos para preocuparse, dado que había puesto música a los poemas de Ajmátova con anterioridad a la Revolución de 1917. Su ansiedad fue en aumento al comprobar que el renombrado cineasta Eisenstein estaba en el punto de mira de Zhdánov. Después de ver la segunda parte de *Iván el Terrible*, Stalin calificó la película de pesadilla ante el ministro de Asuntos Cinematográficos. Especialmente las escenas de los *oprichniki*, la sanguinaria guardia personal del zar Iván, despertaron la ira del dictador. Estas escenas, cuyo paralelismo con el NKVD era innegable, iban acompañadas de una música feroz *ad hoc*, compuesta por Prokófiev. Aunque en un primer momento el compositor se libró, acabó cayendo de nuevo en desgracia, a pesar de los honores que le habían sido tributados con anterioridad. Un mes más tarde, el Comité Central dictaminó que la segunda parte de *Iván el Terrible* era antihistórica y antiartística y que, por lo tanto, quedaba prohibida. A raíz de ello, las críticas hacia Eisenstein se intensificaron. Si salvó el pellejo fue porque mostró su arrepentimiento en una carta pública, un ritual tan humillante como habitual en aquella época.

Debido a su delicado estado de salud, los médicos aconsejaron a Prokófiev que no trabajara más de una hora al día. Él les hizo caso, al menos hasta cierto punto. Por eso es un milagro que lograse escribir aún algunas composiciones brillantes, como la *Sonata para violín n.º 1*, que quizá sea su obra más tenebrosa. En ella puede apreciarse sin demasiado esfuerzo su frágil estado de ánimo en aquel entonces.

Una vez terminada la pieza, Prokófiev invitó a David Oistrakh y al pianista Lev Oborin a Nikolina Gora para que la repasaran con él. Al llegar al sombrío violín del primer movimiento le dijo a Oistrakh que lo hiciera sonar como «el viento en un cementerio». Según Daniel Jaffé, el biógrafo de Prokófiev, las notas musicales hacen referencia a la década de 1930, en concreto a los millones de rusos detenidos y a los cientos de miles fusilados. No deja de ser sorprendente que precisamente esta composición fuera galardonada con el Premio Stalin.

A pesar de su creciente debilidad física, Prokófiev se embarcó de forma cada vez más desesperada en proyectos con los que poder complacer a las autoridades. Sin duda pensó que si volvía a ganarse sus simpatías tendría más posibilidades de representar su versión definitiva de *Guerra y Paz*. Uno de los escasos momentos de gloria que vivió en los últimos años de su vida fue el estreno de la *Sinfonía n.º 6*, bajo la batuta de Yevgueni Mravinski. Fue el 11 de octubre de 1947 en la Filarmónica de Leningrado. Galina Vishnévskaia asistió a la función y escribió en sus memorias sobre el enfermo Prokófiev, que estaba sentado entre el público: «En Leningrado lo adoran. La sinfonía fue un gran éxito. Se sucedieron los aplausos espontáneos. Prokófiev llevaba un traje gris, lucía la medalla del Premio Stalin y, por alguna razón, calzaba botas de fieltro de color claro que le llegaban a la rodilla. Yo me encontraba más bien al fondo de la sala y no acertaba a verle la cara con nitidez. Sin embargo, aún recuerdo su música: aguda y tintineante, como el goteo de la nieve en primavera». La noticia del éxito llegó a Moscú, y las entradas para el concierto en la capital se agotaron en veinticuatro horas.

Lamentablemente, esta alegría también se desvaneció en menos de una semana. El 5 de enero Stalin acudió al estreno en el Teatro Bolshói de la ópera *La gran amistad*, de Muradeli, una oda a su Georgia natal. No tardó en estallar en cólera, pues consideraba que la ópera no se ajustaba en modo alguno a las exigencias propagandísticas.

Escucho la obra en YouTube. Dura media hora larga y habla de la propagación de la supremacía soviética por el Cáucaso en la década de 1920. Las melodías son de corte clásico y suenan líricas y folclóricas. Como debe ser, estaría uno tentado de pensar. Además, la rimbombante letra del libreto contiene la propaganda idónea para profesar el amor al comunismo y a la utopía socialista. Ahora bien, tan pronto como me pongo en 2021 las gafas de un censor soviético de 1948, veo lo que está mal. La ópera ignora el papel desempeñado por el pueblo ruso en la propagación de la supremacía soviética; en cambio, otorga un papel fundamental al líder del Partido georgiano, Sergó Ordzhonikidze, uno de los secuaces de los primeros tiempos de Stalin. Cayó en desgracia en los años treinta y se suicidó en 1937, probablemente por orden del dictador. Al reconocerlo en la ópera, Stalin enfureció. Tras la representación, no sólo Muradeli sino también Leóntiev, el director del Bolshói, se llevaron una bronca. Tanto es así que, cuando Stalin se marchó, Leóntiev sufrió un infarto. Pocos días después, la noticia de su muerte se mencionó muy de pasada en la prensa moscovita. A raíz de esa nueva disputa se procedió a la detención de varios músicos. Otros se vieron obligados a cambiar la programación de sus conciertos.

A finales de enero, Andréi Zhdánov, miembro del Politburó y principal ideólogo, convocó a todos los compositores soviéticos a una reunión informal dedicada a la ópera de Muradeli. Prokófiev, que ya intuía lo que iba a ocurrir, no acudió y como pretexto dijo que estaba enfermo, pero al segundo día de la reunión, se presentó en su dacha un funcionario del Gobierno para convencerlo de que asistiera, así que al final decidió ir.

Mstislav Rostropóvich recuerda:

> Prokófiev estaba en el auditorio en el momento en que Zhdánov lanzó su enardecido discurso contra los compositores. Mientras el resto de la audiencia se hallaba sumido en un silencio sepulcral, él se puso a charlar animadamente con la persona que tenía al lado, el futuro director de *Guerra y Paz*. De pronto, un miembro del Politburó, sentado dos asientos más allá, se inclinó hacia él y le dijo: "Haría mejor en prestar atención porque esto va por usted". Prokófiev replicó: "¿Con quién tengo el gusto?". "Eso no importa. Pero que sepa que más le vale hacer caso de lo que yo le digo". "Nunca hago caso de los comentarios de personas que no se presentan". Y Prokófiev se echó hacia atrás, sin dejarse impresionar.

Después de que Zhdánov le pidiera cuentas por el carácter formalista de su ópera, Muradeli se declaró culpable. Acto seguido, Zhdánov señaló con el dedo acusador a Prokófiev, Shostakóvich, Jachaturián y Miaskovski, cuyo destacado papel en el mundo de la música soviética había contribuido a que todos los jóvenes compositores del país estuvieran infectados por su doctrina formalista.

Zhdánov citó extensamente el artículo publicado en *Pravda* en 1936 bajo el título «La música hecha caos», en el que se vituperaba a *Lady Macbeth de Mtsensk* de Shostakóvich. También explicó que la ópera de Muradeli había cobrado especial protagonismo porque en diez años no se había compuesto ni una sola ópera soviética. Al oír esa afirmación, Prokófiev montó en cólera, puesto que en ese mismo periodo él había escrito nada menos que tres óperas, todas ellas prohibidas. Indignado, le dio la espalda a Zhdánov en pleno discurso. Según uno de los presentes, en lugar de llevar en el pecho la insignia de los Premios Stalin, lucía una medalla de la Real Sociedad Filarmónica de Londres en señal de protesta.

Debido a la elevada temperatura en la sala, Prokófiev se quedó dormido durante la sesión. Uno de los organizadores lo llamó al orden con las palabras: «Camarada Prokófiev, está usted entorpeciendo la reunión. Si las propuestas del camarada Zhdánov no son de su agrado, nadie le impide marcharse». Y el compositor abandonó el auditorio.

Las autoridades, avergonzadas de que una figura tan influyente como Prokófiev mostrase tan abiertamente su desprecio por la reunión, a su salida borraron su nombre del acta, simplemente como si no hubiese asistido al encuentro.

Y como si eso no bastara, se aplicaron algunas medidas más. Así, por ejemplo, a final del mes se destituyó a la junta directiva de la Unión de Compositores, presidida por Aram Jachaturián. En su lugar, las autoridades constituyeron una junta provisional y nombraron a Borís Asafiev, como director, y al ambicioso Tijon Jrénnikov, como secretario general. En agosto de 1948 se procedió al despido de Shostakóvich y de otros profesores del conservatorio. Y no fue hasta la muerte repentina de Zhdánov, el día 31 de ese mismo mes, cuando se produjo un cambio.

A pesar de las medidas tomadas contra Prokófiev, no está claro si se aplicó una política específica para hacerle la vida imposible a él y a otros miembros de la élite artística. Al parecer, se trataba más bien de una política arbitraria y carente de cualquier base racional. Simon Morrison apunta en su magnífica biografía de Prokófiev, *The People's Artist*, que las trayectorias profesionales de los artistas se vieron determinadas sobre todo por las fluctuaciones de la política cultural y las disputas internas en las instituciones culturales, así como por la falta de comunicación entre estas instituciones y el Gobierno; y obviamente también por las rivalidades interpersonales. Por lo tanto, el repentino desprestigio de Prokófiev no se debió tanto a razones ideológicas como a los caprichos de los responsables políticos, las diferentes facciones dentro de la burocracia y a las crisis financieras. Por supuesto, tampoco hay que subestimar el miedo generalizado a Stalin. El resultado fue la canonización de lo burgués y lo corriente en la música soviética. Se podía interpretar o representar cualquier obra musical con tal de que fuese fácil de tararear y de que sonase como debía sonar, lo que supuso la sentencia de muerte para toda creatividad musical.

La arbitrariedad también parece ser la única explicación posible para la ceremonia que se celebró en el Kremlin el 10 de febrero de 1948 con motivo del ascenso de Prokófiev a Artista del Pueblo de la República Socialista Federativa Soviética de Rusia, mientras que, al mismo tiempo, el Comité Central emitía una resolución sobre el ataque de Zhdánov al «formalismo dirigido contra el pueblo» del que supuestamente hacía gala *La gran amistad* de Muradeli.

Con las botellas de champán vacías aún sin recoger, Prokófiev, Shostakóvich, Miaskovski y Jachaturián fueron expulsados de la junta de la Unión de Compositores, acusados de violar los principios fundamentales de la música clásica en favor de un generador de sonidos confusos y nerviosos que convertían la música en cacofonía. Además, al igual que sus colegas Shebalín y Popov, eran sospechosos de haber utilizado técnicas creativas modernistas en detrimento del público y haber cambiado las accesibles tradiciones populares rusas por abstracciones inaccesibles. Quedaba, por lo tanto, demostrado que abrazaban «la cultura burguesa y moderna, o modernista, de Europa y Estados Unidos». Su decadencia había de ser condenada.

El objetivo de Zhdánov no era silenciar a estos compositores tan conocidos y queridos, sino meterlos en vereda. Su resolución debe leerse más bien como un intento exitoso de someterlos a las órdenes del Comité Central, tal como quedó de manifiesto en la semana de encuentros sobre el futuro de la música soviética, dirigidos por Tijon Jrénnikov, nuevo secretario general de la Unión de Compositores y favorito de Zhdánov. Durante esas reuniones, Jrénnikov intentó mancillar, todo lo posible, la reputación de los cuatro grandes e ignorar todos sus logros y contribuciones.

A raíz de esos encuentros se decretó la prohibición de una serie de obras de Prokófiev, entre ellas la *Sinfonía n.º 6*, *El año 1941*, las *Sonatas para piano n.os 6, 7 y 8*, el *Poema festivo*, la *Oda al final de la guerra* y la *Balada para un joven desconocido*. Los ballets que había escrito en el extranjero corrieron la misma suerte por ser considerados «productos maléficos del comportamiento burgués». Tampoco se libraron *El ángel de fuego*, el *Concierto para piano n.º 5* y las *Sinfonías n.os 4 y 5*. En un concierto que tuvo lugar en enero de 1948, Richter sustituyó la *Sonata para piano n.º 9* de Prokófiev por una sonata de Schubert. De pronto, el celebrado Artista del Pueblo de la República Socialista Federativa Soviética de Rusia se había convertido en el Paria de la República Socialista Federativa Soviética de Rusia.

Tras esta nueva humillación, Prokófiev dejó de asistir a las reuniones de la Unión de Compositores. Entristecido por la muerte de Eisenstein, víctima de un infarto el mismo día que se publicó la resolución, con tan sólo cincuenta años, el compositor envió una disculpa por escrito a Jrénnikov, cuando apenas había transcurrido una semana desde la ceremonia en el Kremlin. En ella dejó claro que, si el secretario general así lo deseaba, la carta podía leerse en la siguiente reunión. Las autoridades soviéticas aprovecharon la oportunidad y publicaron la carta como prueba de que una de las principales víctimas suscribía las críticas vertidas por Zhdánov.

A pesar de que en esa carta Prokófiev claudica hasta cierto punto ante el poder, no renuncia a su tono inconfundible, de siempre. Admite haber caído en la trampa de la atonalidad, pero enseguida añade que «por suerte» ha salido de ella volviendo a escribir música tonal. Según alega, la atonalidad en algunas de sus obras sólo pretendía subrayar los contrastes espectaculares con las secuencias tonales.

Los comentaristas occidentales interpretaron la carta como la capitulación de Prokófiev ante el régimen y, por lo tanto, no se creían que la hubiera escrito él. Más bien consideraban que la carta había sido dictada por las autoridades, y que él después la había firmado.

Ahora bien, la carta de Prokófiev también puede leerse como una declaración de apoyo al régimen, con la esperanza de que su obra siga representándose en el futuro. Desde esta perspectiva, parece tratarse de una vía de escape artística para poder defender de antemano su nueva ópera, *La historia de un hombre real*, ante sus detractores. Sin embargo, pronto quedaría demostrado que incluso este esfuerzo por apaciguar a las autoridades resultó en vano. Disgustado por la enorme repercusión internacional de Prokófiev, el Kremlin estaba decidido a hacerle comulgar con su propio dogma musical.

En este periodo del terror de Stalin, Prokófiev tenía razones más que suficientes para tener miedo, porque, a diferencia de los demás «formalistas» incriminados, él había abandonado Rusia tras la Revolución de Octubre para proseguir su carrera en Occidente. Para colmo de males, había contraído matrimonio con una extranjera. Por temor a ser tildado de espía occidental, como les había ocurrido a tantos otros desde la década de 1930, empezó a sacar de su dacha los libros extranjeros y las cartas de los exiliados. En caso de que se ordenase un registro domiciliario, no debía haber nada que pudiera meterlo en apuros. Para doblegarlo aún más, el 20 de febrero de 1948, diez días después de la ceremonia en el Kremlin y cuatro días más tarde de que enviara su carta a la Unión de Compositores, Lina fue detenida por espionaje tras intentar transferir dinero a su madre en España. De hecho, fueron sus frecuentes visitas a las embajadas extranjeras y su deseo de obtener un visado de salida los que desencadenaron tan fatídico desenlace.

Por la noche, cuando Lina estaba en cama con un resfriado, recibió la llamada de un amigo que le pidió que bajara a la calle a recoger un paquete. Se vistió y bajó las escaleras. Una vez fuera, a la puerta del edificio de apartamentos, la empujaron dentro de un coche y la llevaron a la Lubianka, la prisión de la policía secreta de Stalin. Durante el registro del piso, que duró toda la noche, confiscaron el piano Förster de Prokófiev, un retrato de Lina realizado por Natalia Goncharova, discos fonográficos, joyas, fotografías, documentos, e incluso la colección de tarjetas postales de su hijo Sviatoslav con retratos de líderes soviéticos.

Lina fue acusada de espionaje y traición a la patria por mantener contactos con diplomáticos extranjeros. Tras ser interrogada durante seis meses, fue condenada a veinte años de trabajos forzados en un campo de Siberia por un tribunal militar. Su detención fue un ataque indirecto a su exmarido, que se sentiría responsable de esta tragedia durante el resto de su vida.

Lina no recuperó la libertad hasta 1956, tres años después de la muerte de Stalin y del propio Prokófiev. En ese momento había cumplido ocho años de su condena. En 1974, emigró a Gran Bretaña, donde se dedicó a administrar el legado de su exmarido. Mira había muerto de un ataque al corazón seis años antes.

La noche en que Lina cayó en la emboscada, sus hijos estaban en casa. Una vez arrestada, no le permitieron llamar por teléfono para ponerlos en antecedentes. Sviatoslav y Oleg no se dieron cuenta de que a su madre le había pasado algo terrible hasta que se presentaron en su domicilio varios agentes del Ministerio del Interior (MVD) con la orden de realizar un registro. Finalizado este, decidieron marcharse a la dacha de su padre en Nikolina Gora. Al no haber autobuses por la noche, no tuvieron más remedio que recorrer los dieciséis kilómetros a pie en medio de un frío glacial. Afortunadamente, encontraron a su padre en casa. Cuando le contaron lo sucedido, Prokófiev guardó silencio. Se sintió culpable e impotente, al tiempo que temía por su propia suerte. Sin embargo, él no fue detenido. Las autoridades tenían en mente un castigo diferente para el compositor.

El hecho de que nadie saliera en defensa de Lina es un claro indicio de que el miedo estaba muy extendido entre los artistas soviéticos de la época. Cuando Sviatoslav y Oleg se dirigieron a Shostakóvich en busca de ayuda, obtuvieron por respuesta que ni tan siquiera él podía hacer nada, a pesar de que en aquellos días era miembro del Soviet Supremo de Leningrado, un cargo al que nunca había aspirado pero que le fue impuesto.

Cuando Prokófiev comprendió que había sido declarado enemigo del pueblo, renunció a ver escenificada su flamante ópera *La historia de un hombre real*. La composición respetaba escrupulosamente la doctrina oficial, por lo que creía cada vez más en una falsa realidad en la que su arte era manipulado desde el exterior. ¿Para qué componer más si luego iba a ser prohibido?

Enfermo y exhausto, Prokófiev pasó la mayor parte de los tres últimos años de su vida en su dacha de Nikolina Gora. Consciente de que cualquier sobresalto, por mínimo que fuese, pudiera resultarle fatal, Mira mantuvo a todo el mundo alejado de él. Ella contestaba al teléfono y se encargaba de su correspondencia. Sólo la amistad con Mstislav Rostropóvich parecía resucitar a Prokófiev. En 1948 prácticamente todos le dieron la espalda, pero el joven violonchelista seguía visitándolo a diario. Entre ambos surgió una estrecha amistad; tanto es así que Prokófiev consideraba a Rostropóvich como a un hijo. En la primavera de 1949 escribió para el joven violonchelista su *Sonata para cello en do menor*, inspirada en Brahms. El 6 de diciembre de 1949, Rostropóvich interpretó la obra junto con Sviatoslav Richter durante una reunión a puerta cerrada de la Unión de Compositores.

Prokófiev, aunque gravemente enfermo, acudió al concierto. El 7 de julio de ese año había sufrido un derrame cerebral. En consecuencia, los dolores de cabeza, las fiebres y las náuseas que le aquejaban desde 1945 se agravaron. Tras el accidente cerebrovascular, sus hijos y Mira llegaron a temer por su vida. Prokófiev tenía la cara enrojecida debido a la hipertensión, hablaba entrecortadamente y le costaba concentrarse. Mira quiso trasladarlo de Nikolina Gora a una clínica de Moscú, pero estaba tan débil que no pudo ser.

Por aquellas fechas, el compositor comentó a su amigo Miaskovski, que moriría de cáncer en agosto de 1950: «¿Será que no quieren saber nada de nuestras obras y que las arrojan todas a la basura?».

A pesar de esas dudas, Prokófiev siguió trabajando. Después de que pidiera permiso para ello a su médica Rosa Ginsberg, esta dijo a sus amigos: «No se puede impedir a un artista que cree, porque la música seguiría viviendo en su alma y la imposibilidad de anotarla no haría más que empeorar su estado moral y psicológico. Que viva una vida más corta, pero que la viva como él quiera».

A finales de otoño, el estado de salud de Prokófiev mejoró, pero en invierno tuvo otra recaída. Gracias a la mediación de Shostakóvich, que se puso en contacto con Mólotov a petición del propio interesado, en febrero de 1950 admitieron a Prokófiev en el hospital del Kremlin, el mejor de toda la Unión Soviética. Allí, la élite política era atendida por médicos judíos que, unos años más tarde, serían arrestados durante una purga antisemita. En el pasado, Prokófiev hubiera sido bien recibido en ese hospital, pero, como había caído en desgracia, ese privilegio le había sido retirado. Con la aprobación de Mólotov lo sometieron a una terapia para la hipertrofia. Durante las seis semanas que duró el tratamiento, los médicos –altamente cualificados– le prohibieron trabajar, pero él hizo caso omiso de esos consejos tan apremiantes y se limitó a esconder sus notas bajo la almohada tan pronto como el personal sanitario cruzaba la puerta de la habitación.

Tras recibir el alta hospitalaria, el 20 de abril Prokófiev fue trasladado al sanatorio Podlipki de Barvicha, un balneario moscovita donde estaban las dachas de la élite política. Permaneció allí hasta principios de verano.

La resolución del Comité Central de 1948 consideraba a Prokófiev un paria y un traidor, lo que puso fin al prestigio del que, desde 1939, había gozado entre sus colegas compositores. Sus gastos ligados a su lujoso estilo de vida, en el que no faltaban los coches caros, los trajes elegantes y los zapatos amarillos, eran ya cosa del pasado. Prokófiev fue acumulando cada vez más deudas, hasta el punto de que pasó sus últimos años sumido en la pobreza. Ante el temor de que su amigo acabara en la indigencia, Rostropóvich, que no temía a nada ni a nadie, irrumpió un día en la oficina de la Unión de Compositores y exigió al secretario general Jrénnikov que le concedieran una remuneración de 5.000 rublos al compositor.

La triste situación de Prokófiev parece incompatible con la fastuosa celebración de su sesenta cumpleaños el 23 de abril de 1951. Dos días antes se había celebrado una velada festiva en la Casa Central de los Compositores, con discursos y felicitaciones por parte de la Unión de Compositores y del Teatro Bolshói. Luego, se ofreció un pequeño concierto en el que Sviatoslav Richter interpretó por primera vez la *Sonata n.º 9 para piano*. Como Prokófiev estaba demasiado enfermo para asistir a estas festividades, se estableció una conexión por radio entre la Casa Central de los Compositores y su domicilio, en la calle del Teatro del Arte, para que pudiera seguir las celebraciones.

El cansado Prokófiev se dejó ver por última vez en público el 11 de octubre de 1952, en el estreno de su *Sinfonía n.º* 7, una obra mucho menos inspirada que sus anteriores sinfonías. En la primera versión, el movimiento final se hacía eco de la experiencia sombría y desoladora de su creador, pero el director de orquesta, Samosúd, le aconsejó que optara por un final más alegre para que la obra pudiera reportarle un Premio Stalin, Primera Categoría. Prokófiev le hizo caso. Según le comentó a Rostropóvich, le vendría muy bien llevarse un premio en metálico de 100.000 rublos. Aun así, le hizo prometer al violonchelista que, tras su muerte, destruiría el final alegre de la sinfonía.

El tiempo le dio la razón a Samosúd. Efectivamente, las autoridades soviéticas exigían a sus compositores obras tan sencillas como la *Sinfonía n.º* 7, que en 1957 le valió a Prokófiev, a título póstumo, el Premio Stalin, por entonces rebautizado como Premio Lenin.

En los días previos a su muerte, el compositor se lamentó ante Mira de que le dolía el alma. Su dolor tenía que ver con la domesticación de su mente. Había hecho un pacto con el diablo a cambio de una existencia confortable en la que pudiera dedicarse sólo a la música, sin la intromisión de la política. Le preocupaban las notas musicales; el realismo socialista y sus reglas eran, como mucho, un mal necesario.

Sea como fuere, es probable que, de entre todos los compositores soviéticos, Prokófiev sea el más brillante y el más querido por jóvenes y mayores. Me di cuenta de ello en el verano de 2011, en una cena con mis amigos Yelena y Misha, unos treintañeros exitosos que se ganan la vida como traductores de japonés. Habían invitado también a un colega pianista, que interpretaría a Bach, Mozart, Prokófiev, Debussy y Menotti para nosotros.

Yelena y Misha viven en un pequeño apartamento en la vigésima primera planta de un rascacielos de nueva construcción de cuarenta y cinco pisos. Entre sus vecinos hay miembros de la Duma (con servicio de guardaespaldas), chechenos adinerados (también con servicio de guardaespaldas) y altos cargos policiales, algo menos adinerados pero corruptos (con armas propias).

El pianista se llamaba Serguéi, tenía veintitrés años y era natural de Vladímir, una de las ciudades antiguas del llamado Anillo de Oro que rodea Moscú. Se había pasado cuatro horas en el autobús, sólo para acudir a la velada. Nada más iniciar su concierto, disfrutó visiblemente con su interpretación transparente de Mozart y de Bach, aunque no fue hasta que empezó a tocar las sonatas para piano de Prokófiev cuando se puso de veras a tono. Dio la impresión de no haber interpretado otra cosa en su vida, por difíciles que fueran las notas.

Fuera, el sol poniente bañaba Moscú con un resplandor romántico. Absortos en la interpretación de Serguéi, nos dejamos llevar y nos adentramos, cada vez más, en el mundo de la música de Prokófiev. Después, coincidimos en que su música une a todas las almas, no sólo en una sala de conciertos, sino incluso en el piso veintiuno de un edificio de apartamentos.

3

Las notas perdidas

Apenas un año después de que Serguéi Prokófiev decidiera regresar definitivamente a su país natal, Vsévolod Zaderatski, uno de sus colegas compositores, fue condenado a seis años en un campo de trabajo en Kolimá, en el inhóspito extremo oriental de la Unión Soviética. Al igual que Prokófiev, procedía de Ucrania, se crio en un entorno burgués y estudió en el Conservatorio de Moscú. Aunque el mundo de la música moscovita era muy reducido, no está claro si se conocieron.

Lo que sí se sabe es que, en la década de 1920, Zaderatski, como concertista de piano, interpretó obras de Prokófiev. Y eso es todo. Mientras que mucho se sabe de Prokófiev, de Zaderatski no queda prácticamente nada. Tanto es así que ninguno de los músicos rusos a los que conozco ha oído hablar de él. Tras investigar un poco, descubro que no se dio a conocer como compositor hasta mucho después de su muerte y, además, en un círculo reducido, por la sencilla razón de que su obra fue prohibida y parcialmente destruida durante su vida. Hasta hace unos años, Zaderatski era un compositor olvidado.

El hecho de que naciera y muriera el mismo año que Prokófiev no hace más que aumentar mi curiosidad. Si Prokófiev se saltaba las directrices ideológicas, ¿qué no habrá hecho Zaderatski?

A principios de febrero de 2020 viajé a Moscú para acudir a una cita con la musicóloga Marina Brokanova, nieta de Zaderatski. Hacía un día desapacible, el viento atravesaba mi ropa y el frío conseguía penetrar las gruesas suelas de mis botas de cazador. Para mi alivio, nada más cruzar la avenida Gran Nikita en dirección al conservatorio, reconocí a Marina –a quien había buscado en Facebook el día anterior–, una mujer que caminaba del brazo de un señor altísimo ya entrado en años.

Desde debajo del gorrito de piel, sus ojos marrones brillaban detrás de unas grandes gafas. Marina esbozó una sonrisa, contenta de conocerme en persona después de haber hablado conmigo por teléfono.

El hombre alto que estaba a su lado y que me observaba con idéntica sonrisa era su padre. Como es habitual en Rusia, se presentó con su nombre de pila y el patronímico, que en su caso no varía: Vsévolod Vsévolodovich. «Será mejor que se olvide del patronímico –me dice entre risas–. De lo contrario, le va a resultar difícil pronunciar mi nombre».

Marina señaló el CoffeeMania, la cafetería de lujo situada en un ala lateral del Conservatorio de Moscú, donde suele reunirse la gente elegante de la ciudad. «Por favor, pase usted –me invita amablemente a entrar–. El conservatorio está cerrado por vacaciones, así que podremos hablar tranquilamente».

Vsévolod y Marina colgaron en el perchero sus gruesos abrigos de invierno. En cuanto se quitaron los sombreros de piel, salieron a relucir la rubia melena de Marina, y el cabello blanco y tieso de Vsévolod, que le confería un aspecto aún más poderoso si cabe que el gorro con orejeras.

Al verlos sentados tan juntos en el banco al otro lado de la mesa negra estilo Thonet, me quedó claro que al padre y a la hija los une un estrecho vínculo. El afable Vsévolod me explicó que era compositor y pianista, como lo fue su padre. A sus ochenta y cinco años seguía trabajando como profesor de teoría musical en el Conservatorio de Moscú. Al mismo tiempo, se encargaba de gestionar el legado de su progenitor, sobre el que publicó una biografía en 2015. *Per aspera...* (Entre espinas...). Después de pronunciar el título, sacó un ejemplar del libro de una bolsa de plástico, así como copias de artículos y varios CD con los preludios y las sonatas para piano de su padre. Estaba emocionado de que alguien de Occidente escribiera sobre él, entre otras razones porque su magnífica obra aún no ocupa el lugar que merece.

Agradecido, hojeé el libro. Y me detuve en varias fotografías del padre en los últimos años de su vida: un hombre alto y delgado, calvo, con una nariz grande y ojos penetrantes. Aparenta más años de los que tiene, lo que sin duda se debe a su paso por el gulag. Me sorprendió sobremanera que, después de todo lo que había sufrido, fuera capaz de esbozar una sonrisa.

El tardío resurgimiento de la música de Zaderatski es poco menos que un milagro, sobre todo si se compara su destino con el de otros compositores de renombre de la historia musical soviética, como Roslavets, Mosólov o Lourié. Ellos también quedaron relegados al olvido en la nueva sociedad socialista, pero tuvieron la suerte, al menos, de ver interpretadas sus obras en público antes de caer en desgracia. En cambio, la música de Zaderatski raras veces se tocó en público antes de su muerte. Es más, no llegó a publicarse ni una nota suya. Su nombre no se recogía en la prensa ni en los libros de referencia. No sólo no parecía existir en el mundo de los compositores soviéticos, sino que, además, era tratado como un paria en el día a día. «Mi padre no tenía derechos civiles como el derecho de voto, nada de nada», remarcó Vsévolod, todavía indignado.

Con la llegada del régimen comunista en 1917, personas como Zaderatski dejaron de tener cabida en la sociedad. Había que borrar a la «gente de ayer», por decirlo con el término que acuñaron los bolcheviques para referirse a los miembros de la antigua élite. Como si nunca hubieran existido.

El hecho de que después de 1934, y hasta el final de sus días, Zaderatski tuviera prohibido establecerse en Moscú, Leningrado o Kiev, donde se desarrollaba la vida musical con mayúscula, contribuyó a que el gran público lo desconociera. Nunca se supo por qué. Nunca se hizo pública ninguna razón oficial. Según Vsévolod, es muy probable que ni siquiera los funcionarios del Ministerio de Cultura, encargados de aplicar las medidas, supieran a qué se debía el trato infligido a su padre. Para los demás compositores, el motivo principal radicaba en la naturaleza de la interpretación, pero en el caso de Zaderatski debió de haber otra razón, puesto que sus composiciones nunca llegaron a interpretarse.

A este respecto resulta extraño que en ningún momento fuese expulsado de la Unión de Compositores. Vsévolod planteó una posible respuesta a esta incógnita: «Probablemente fuera la propia Unión de Compositores la que recibiera instrucciones de poner en práctica las medidas secretas con respecto a Zaderatski. De ser así, era más práctico que lo mantuvieran dentro de la organización».

Me pregunto qué fue lo que selló su destino. ¿Por qué se le eliminó como compositor y se le permitió seguir viviendo como ser humano?

Al leer la biografía de Zaderatski, intuyo que la respuesta se encuentra en su pasado zarista y en los años posteriores. En el otoño del Antiguo Régimen, su padre había ascendido de empleado en una oficina de telégrafos a director de la Red Ferroviaria del Suroeste en Kiev; como experto en construcciones ferroviarias, era uno de los hombres de confianza del ministro imperial de Comunicaciones. Además, la madre de Zaderatski pertenecía a la depauperada nobleza polaca, un antecedente que, sin duda, también empañaría su reputación bajo el comunismo.

Nacido en 1891, Zaderatski pasó la mayor parte de su infancia en Kursk, una ciudad de provincias, donde se hallaba la sede de la Red Ferroviaria del Suroeste. Su madre fue quien le impartió las primeras clases de música. Tras superar los exámenes finales de la enseñanza secundaria, Zaderatski se trasladó a Moscú, donde empezó a estudiar Derecho en la universidad, y piano, composición y dirección de orquesta en el conservatorio. Serguéi Tanéiev, uno de sus profesores, descubrió enseguida que tenía talento y lo admitió en su clase de composición. En casa de Tanéiev, Zaderatski conoció al pianista y compositor Skriabin.

En una tarde gris de invierno, sin nieve, se me presenta la oportunidad de saborear la atmósfera de aquellos tiempos al visitar la casa-museo de Skriabin en Moscú, situada en una calle transversal de la avenida Arbat. El compositor, fallecido en 1915, solo vivió entre estas paredes los dos últimos años de su vida, pero basta con recorrer las habitaciones elegantemente decoradas para creer que continúa viviendo aquí. La historia que se respira en la casa-museo es tan vívida que tengo la impresión de poder tocarla.

En el salón, el piano de cola de Skriabin se halla rodeado de muebles *art nouveau* tapizados en rojo, obra del diseñador belga Henry van de Velde, quien también diseñó el mobiliario del zar Nicolás II. En el dormitorio, bajo la luz crepuscular, se alza como un tabernáculo el lecho en el que Skriabin murió de gangrena, a los cuarenta y tres años, como consecuencia de un absceso en el labio que terminó por desfigurarle la cara. Esa es la razón por la que no hay máscara mortuoria en las vitrinas de la sala de exposiciones. La boca del compositor dejaría un recuerdo demasiado espantoso. En cambio, se exponen moldes de escayola de sus manos y de una de sus orejas, las partes del cuerpo más importantes de un pianista.

La simpática directora de la casa-museo me enseña las instalaciones y comenta con detalle las fotografías y los textos que resumen la corta vida del compositor. Es la historia de un niño prodigio del piano, que compuso una música innovadora y mística que se interpreta todavía hoy en día.

La carrera de Skriabin se desarrolló, en parte, en la Edad de Plata, la era cultural de la Rusia de principios del siglo XX, que siguió a la Edad de Oro, protagonizada por escritores nobles como Pushkin y Turguéniev. Por aquel entonces surgió una nueva clase de acaudalados comerciantes que apoyaban activamente las artes. El coleccionista Pável Tretiakov fue el más famoso de ellos. Para convencerse de su generosidad, sólo hay que visitar el museo moscovita que lleva su nombre, donde están expuestos todos sus tesoros.

En la casa de Skriabin puedo respirar en cada rincón la atmósfera de aquellos años exuberantes. Debió de ser una época dinámica, en la que, gracias a la célere industrialización, el imperio ruso iba camino de convertirse en un Estado europeo moderno.

Un cartel de 1912 anuncia un concierto en Haarlem. Skriabin tocó en los Países Bajos con la Orquesta Real del Concertgebouw, bajo la dirección de Willem Mengelberg. Otras imágenes muestran a sus dos esposas; a su madre, que murió cuando él era aún un niño de corta edad; a su padre diplomático, de ascendencia noble, que apenas se ocupaba de su hijo, y a sus estrictos profesores del conservatorio.

Mientras observo la cama en la que murió, una de las ancianas que vigilan la taquilla viene a buscarme para informarme de que, en la sala de la planta baja, hay un concierto de su obra impartido por niños con talento. Me habla en susurros, como si no quisiera molestar al que, en su día, fue el delirante residente principal de la casa.

Me imagino al joven Zaderatski en un entorno igual de próspero. Todo apuntaba a que le aguardaba un futuro dorado. No sólo como músico, sino también desde el punto de vista social. Durante su época de estudiante en Moscú vivía en la mansión de los Plátov. El hijo mayor de la casa, el talentoso pintor Fiódor Plátov, era su mejor amigo, y Borís, el hermano menor, acudía con él al conservatorio.

En 1914, Zaderatski se casó con Natalia Pasechnik, compañera de estudios en el conservatorio. Un año después nació su hijo Rostislav. Sin embargo, pronto comenzaron a cernerse negros nubarrones sobre su existencia. En el verano de 1914 estalló la guerra con Alemania, el Imperio austrohúngaro y Turquía. Al principio, los Zaderatski continuaron con su vida de siempre. Sin embargo, a principios de 1916, tras graduarse en el Conservatorio y en la Facultad de Derecho, Zaderatski fue llamado a filas. Se formó como ingeniero militar, obtuvo los galones de subteniente a principios de 1917 y se marchó a la guerra rebosando patriotismo, sin ser consciente de lo que implicaba tener que combatir en una guerra moderna.

Zaderatski luchó tanto en el frente occidental como en el meridional. Fue una batalla sangrienta, con muchos miles de muertos en ambos bandos. Él mismo estuvo a punto de perder la vida. Un día, mientras estaba trabajando en una composición, sentado en una playa del mar Negro, un crucero alemán que había burlado las barreras rusas descargó sus cañones más pesados contra la costa. Uno de los proyectiles cayó justo al lado de él. Por suerte no explotó, pero el impacto fue tan violento que Zaderatski sufrió un grave *shock*.

Y entonces se desató la revolución, que sumió a Rusia en un abismo inconmensurable. Zaderatski, que formaba parte del antiguo régimen, no quería saber nada de los bolcheviques. De hecho, tras el golpe dc Estado de octubre de 1917, se unió al Ejército Blanco contrarrevolucionario del general Denikin. Debía su lealtad al zar, a cuyo hijo Alekséi había dado clases de música todas las semanas entre 1915 y 1916. El cargo le había llegado a través de su tío, el barón Karl von Stackelberg, director de la orquesta de la Corte y hombre de confianza de la zarina.

Las sucesivas victorias del Ejército Rojo sobre los Blancos parecían sugerir que los contrarrevolucionarios no lograrían ganar a los bolcheviques, pero Zaderatski decidió ir sobre seguro. Quiso poner a salvo a su mujer y a su hijo y los envió al extranjero con la promesa de reunirse pronto con ellos.

En 1918, Natalia y Rostislav abandonaron Novorosíisk en barco rumbo a Yugoslavia. Desde allí viajaron a Francia, país en el que se instalaron definitivamente. En el caos de la guerra civil, Zaderatski no volvió a verlos nunca más. En 1953, un año antes de su muerte, se enteró por la Cruz Roja suiza de que su esposa había vuelto a contraer matrimonio en Francia, posiblemente porque ante la evidencia de que su marido no se reunía con ellos creyó que había muerto. Rostislav luchó en la Resistencia francesa durante la Segunda Guerra Mundial, y después llegó a ser ingeniero. Zaderatski nunca volvió a entablar contacto con su mujer y su hijo.

Zaderatski no hablaba de su vida en aquellos tiempos de revolución y guerra civil. Ni siquiera su segunda esposa, Valentina Perlova, estaba al tanto de las vicisitudes que había tenido que sortear. Hubo que esperar a 1997 para que se disipara la niebla en torno a su pasado. Fue entonces cuando su hijo Vsévolod recibió una llamada telefónica de Borís Plátov, amigo de la infancia de su padre. Plátov le explicó que el compositor había sido perseguido por los bolcheviques, no tanto por haber luchado en el bando de Denikin, sino por haber impartido clases de música al zarévich. Lo más probable es que él mismo cayera en la cuenta de que su vínculo con la familia del zar podría acarrearle la pena de muerte y que, por eso, decidiera ocultarlo. En ese sentido, los años que luchó en el ejército jugaron a su favor, como apunta su hijo: «En primera instancia, el hecho de no estar cerca de la familia del zar en un momento crucial de la historia rusa salvó a mi padre».

En 1920, tras una derrota del Ejército Blanco, Zaderatski cayó en manos de los bolcheviques junto con otros oficiales blancos. Los encerraron como prisioneros de guerra en el salón de un palacete convertido en cuartel general de la policía secreta del lugar. Por la noche, ante la perspectiva de ser condenados a muerte, los presos no lograron conciliar el sueño, así que Zaderatski se sentó al piano y tocó una y otra vez sus «últimas» notas, a la espera de que se decidiera su suerte.

Dio la casualidad de que esa misma noche estaba Dzerzhinski, el jefe de la policía secreta de Lenin. Mientras firmaba una orden de ejecución tras otra, llegó a sus oídos una música de piano procedente de una habitación contigua, algo que no era lo habitual en su sangrienta rutina diaria.

A la mañana siguiente mandó averiguar la identidad del pianista. Nada más enterarse de su nombre, dio órdenes de liberarlo y proporcionarle un salvoconducto. Los demás prisioneros fueron ejecutados ese mismo día. Al parecer, Dzerzhinski, amante del arte y de ascendencia noble –aunque esa condición no mitigara en absoluto su crueldad–, consideraba que un pianista blanco no suponía amenaza alguna para el nuevo Estado soviético.

«Dzerzhinski quedó tan impresionado por la interpretación de mi padre que le dejó marchar», afirmó Vsévolod con una mirada llena de emoción, como si no hubiera pasado el tiempo. Y en cierto modo así es, porque él mismo obtuvo esta información no hace mucho a través de terceros. Su padre no dijo ni una palabra al respecto, consciente de que bajo el régimen de Stalin su pasado aún podría costarle la cabeza.

Tras la muerte del gran líder, Zaderatski confesaría que sus andanzas en aquellos años turbulentos habían inspirado al escritor Alekséi Nikoláyevich Tolstói para el personaje del oficial Vadim Roshchin de su trilogía *Camino al Calvario*. Encontré una adaptación cinematográfica rusa de esta obra en Netflix. Ofrece un retrato dinámico y muy real del tremendo caos y de la profunda miseria de aquellos años. Comprendí que cualquiera podía acabar en uno u otro bando, no por convicción ideológica sino más bien por puro azar. Bolchevique, menchevique, liberal o blanco, todo dependía de adónde te llevara el destino. Mientras veía la serie de Netflix no dejaba de preguntarme en qué bando habría acabado yo dadas las circunstancias, pero eso no lograría saberlo hasta que no me viera sumergido en una situación de esas características.

Por aquellas fechas se produjo un suceso significativo del que Zaderatski informó a su esposa. Supuestamente mató de un disparo a un compañero oficial blanco que asesinaba sistemáticamente a los prisioneros de guerra que se hallaban reunidos en el patio del cuartel general del ejército de Denikin. Se trata de una escena que aparece tal cual en la novela de Alekséi Tolstói. Acerca de lo que ocurrió después, sólo podemos hacer conjeturas.

Una vez puesto en libertad, Zaderatski no estaba autorizado a vivir en Moscú ni en Petrogrado, debido a su condición de antiguo oficial blanco. Fue exiliado a Riazán, donde tenía que comparecer cada cierto tiempo ante la policía secreta. A partir de 1920, trabajó sucesivamente como profesor de piano en la Escuela Estatal de Música y profesor de historia de la música en el Instituto para la Instrucción Popular. Según parece, su pasado mancillado no parecía interponerse en su carrera musical. De hecho, dirigió la orquesta sinfónica del teatro soviético local en 1922 y 1923, y en 1925 comenzó a impartir clases de piano y de historia y teoría de la música en la escuela de música de Riazán, donde instruiría a músicos renombrados, entre ellos la directora coral Klavdia Ptitsa.

Sin embargo, en marzo de 1926, su situación se complicó. De la noche a la mañana, Zaderatski fue arrestado y encarcelado como contrarrevolucionario en la prisión de Riazán. Se cancelaron sus conciertos anunciados para el mes de abril, como puede verse en los carteles correspondientes. «Todas sus composiciones anteriores fueron destruidas», me contó su hijo. Esto explica por qué las primeras composiciones conocidas de Zaderatski datan de después de su liberación en 1928, aunque ya componía siendo un niño.

Se desconoce el motivo exacto de su detención. Las autoridades soviéticas le habían perdonado su pasado en el ejército contrarrevolucionario de Denikin. Y él mismo no se hacía preguntas, contento como estaba de poder retomar su trabajo. Al fin y al cabo, poco importan las preguntas en una época en que la verdad queda supeditada a una ideología totalitaria.

Según Vsévolod, la primera detención, en 1926, fue el acontecimiento más trágico en la vida de su padre, porque a raíz de ella tomó conciencia, por primera vez, de que las autoridades soviéticas se proponían borrar las huellas de su existencia mediante la destrucción de su obra. Era un «hombre de ayer». Y tenía que seguir siéndolo.

Poco antes de su muerte, Zaderatski confesó a su esposa que en aquellos días de cautiverio había intentado suicidarse ingiriendo unos somníferos que le había proporcionado el farmacéutico del campo de internamiento. Sobrevivió gracias a sus amigos, que dieron la voz de alarma. Para no tener que responder de un suicidio acaecido en sus instalaciones, las autoridades del campo se aseguraron de que en adelante el preso recibiera mejor trato.

Después de escuchar esta historia, recordé los muchos exprisioneros de los campos de trabajo rusos con los que llegué a hablar. Sus historias, por variadas que fuesen, se reducían invariablemente a lo mismo: personas inocentes, arrestadas y condenadas a vivir experiencias horribles.

El encuentro que recuerdo mejor es el del escritor Yuri Fidelgolts (1927-2015). En 1948, mientras cursaba estudios en la Escuela de Arte Dramático de Moscú, un amigo suyo, soldado, recitó unos poemas suyos en los que criticaba al régimen soviético. Decía frases como «jódete a la oveja soviética». El amigo fue detenido, acusado de agitación antisoviética. Durante su interrogatorio se inventó que formaba parte de una organización a la que, según él mismo sostenía, también pertenecían Fidelgolts y otro camarada. En consecuencia, Fidelgolts también fue detenido.

Durante el registro de su casa no tuvieron ningún reparo en leer sus diarios, que contenían varios poemas críticos, por ejemplo, sobre la expulsión, en 1946, de Anna Ajmátova y Mijaíl Zóschenko de la Unión de Escritores. Fidelgolts fue condenado por un tribunal militar a diez años en un campo penitenciario y cinco años de privación de todos los derechos civiles. A su amigo, el soldado, le cayeron treinta años.

Fidelgolts acabó en Kolimá, más allá del Círculo Polar Ártico, donde trabajó en una fábrica de enriquecimiento de metales. En la espalda llevaba el número 396. Contrajo la tuberculosis. Recuperó la libertad en 1954, con la salud destrozada.

Hasta 1956, año que marcó el final de su exilio lejos de Moscú, trabajó como actor en ciudades de provincias. Se sabía de memoria todo el repertorio del realismo socialista e interpretaba como nadie el papel de líder del Partido.

Cuando hablé con él en 2009, me contó su historia con una amplia sonrisa, como si la vida en el campo hubiera sido una obra del teatro del absurdo en la que nada fuera real. No hay mejor manera de sobrevivir al infierno, pensé entonces.

Con mis recuerdos de Fidelgolts en la mente, le pregunté a Vsévolod por su padre. ¿Cómo llevaba él su cautiverio? Me contestó sonriente que a su padre se le daba muy bien sobrevivir en una situación así. «Sabía a la perfección cómo tratar a los carceleros y a los delincuentes con los que compartía sus días».

El mismo año de su encarcelamiento le impusieron una segunda condena. No está claro cuánto tiempo estuvo detenido ni dónde. Lo único que se sabe es que las primeras composiciones que creó tras su liberación datan de julio y agosto de 1928. Las escribió con bolígrafo sobre papel de borrador, en el puerto de Stari Karantin, cerca de la ciudad de Kerch, en Crimea. De las correcciones posteriores se deduce que no tenía acceso a un piano. Presumiblemente acababa de llegar de un campo de internamiento.

Tras cumplir su segunda condena, las autoridades le permitieron establecerse en Moscú, adonde llegó a finales de 1929. Se adhirió a la Asociación para la Música Contemporánea (ASM) y, en 1930, se incorporó como compositor en plantilla a la Radio de la Unión Soviética, para la que escribió varios ciclos de piano, canciones y dos óperas radiofónicas. Según su hijo, allí estaba rodeado de músicos capaces de valorar su talento: «Estaban dispuestos a hacer todo lo posible para que recibiera el reconocimiento que merecía».

De vuelta en Moscú, Zaderatski hizo amigos, empezando por el pianista Lev Mirónov, que le encargó algunas composiciones para su Trío Stanislavski. Estas obras no sólo nunca llegaron a representarse, sino que desaparecieron sin dejar rastro. Las composiciones que escribió para la radio y también para las salas de conciertos más importantes corrieron la misma suerte. Sus dos óperas (una de las cuales llevaba por título *Sangre y carbón* y cumplía a rajatabla con los dogmas artísticos del realismo socialista) ni siquiera fueron escenificadas. A lo sumo podía escucharse de forma meramente accidental alguna nota suya en las representaciones escénicas. Después de todos esos años, Vsévolod veía en ello la prueba de que las autoridades soviéticas estaban empeñadas en que su padre no existiera.

Durante los cinco años que Zaderatski vivió en Moscú, la Asociación Rusa de Músicos Proletarios (RAPM) le hizo la vida imposible. Según Vsévolod, sus miembros odiaban a su padre porque los había calificado de «demagogos de la música» y «charlatanes musicales», refiriéndose a la propia organización como un «chiste de proporciones internacionales».

Ese tipo de declaraciones le saldrían muy caras. No en vano, hasta su fusión con la Unión de Compositores en 1932, la RAPM fue la organización musical más poderosa de la Unión Soviética.

Detentaba el poder suficiente como para arruinar a sus oponentes. Y dado que Zaderatski era uno de ellos, la organización, alentada por la policía secreta, fue a por él. Pero, ahora, curtido por sus condenas anteriores, el compositor había aprendido la lección y extremó su cautela. Cuando el primer Plan Quinquenal del Gobierno resultó ser una decepción, intuyó que podría producirse una nueva oleada de represión. Así que tomó medidas para protegerse de la Unión de Compositores, incluso después de la disolución de la RAPM, y pidió una carta de recomendación a tres músicos influyentes, con la idea de presentar los escritos a las autoridades en caso de necesidad.

En su carta del 22 de octubre de 1933, Nikolái Golovánov, reconocido compositor y director de orquesta, subrayaba la importancia tanto de la ópera *Sangre y carbón* como de la *Sinfonía fundacional* y la suite sinfónica *Avtodor*, todas ellas obras inspiradas en temas soviéticos que, según Golovánov, daban muestras de una gran profesionalidad y una extraordinaria orquestación. Sin olvidar la frase más importante: «En mi opinión, siempre que se le permita vivir y trabajar con normalidad, el camarada Zaderatski podrá ocupar la posición eminente que le corresponde entre los jóvenes compositores soviéticos».

Sin embargo, ni siquiera una carta de recomendación de ese calibre fue suficiente para protegerlo contra la agresión de las autoridades. A fin de cuentas, el problema no estaba en su música, sino en su pasado, como se puso de manifiesto en 1934, cuando fue expulsado de

Moscú y enviado a Yaroslavl, una ciudad de provincias a orillas del Volga. Allí encontró cobijo en casa de los Perlov, una antigua familia de comerciantes, y se enamoró de la hija, la psicóloga infantil Valentina Perlova, con quien acabaría casándose. En 1935 tuvieron un hijo: Vsévolod, el que ochenta y cinco años después se sentaría frente a mí en el CoffeeMania.

Antes de contraer ese segundo matrimonio –sin que el primero se hubiera disuelto oficialmente–, Zaderatski encontró trabajo en la Academia de Música Sóbinov de Yaroslavl, donde su talento tampoco pasó desapercibido. Se hizo un nombre como jefe de estudios e impartió asignaturas como dirección de orquesta, ópera, historia de la música, armonía, formas musicales, orquestación y música de cámara para piano. También encontró trabajo como educador musical en otra escuela de la ciudad. Y de nuevo volvió a dedicarse a la composición. En 1934 compuso, entre otras obras, sus *24 preludios para piano*, así como cinco movimientos del oratorio inacabado *Octubre*. Tuvo la fortuna de contar con un discípulo ilustre, Veniamin Basner, que años más tarde, como miembro destacado del grupo de compositores de Leningrado, orquestaría parte del ciclo de canciones de Zaderatski inspiradas en poemas de Tvardovski.

La principal contribución de Zaderatski a la vida musical de Yaroslavl fueron unas clases de ópera y la creación de una orquesta sinfónica, ambas dirigidas por él. La orquesta terminaría por convertirse en la Orquesta Sinfónica de Yaroslavl, una de las mejores de la Unión Soviética.

A pesar de su expulsión de Moscú, el epicentro de la cultura musical soviética, Zaderatski siguió progresando. En 1935, año de nacimiento de su hijo Vsévolod, fue admitido en el curso de dirección escénica de la Escuela Superior Estatal de Teatro, donde se graduaría a principios de 1937. Allí conoció a Konstantín Stanislavski, uno de los grandes directores de la escena rusa, con quien realizaría varias producciones.

En la ciudad ucraniana de Zhitómir, Zaderatski puso en práctica los conocimientos adquiridos y produjo dos óperas infantiles. Sin embargo, su deseo de poder representar sus propias obras fue en vano: sus composiciones seguían sin contar con el beneplácito de los dirigentes soviéticos.

Debido a sus múltiples actividades, Zaderatski se convirtió en una de las figuras más relevantes de la vida cultural de Yaroslavl. Había algo surrealista en todo ello, ya que no había recuperado el derecho de voto y, por lo tanto, seguía siendo un ciudadano de segunda fila a ojos de las autoridades. En agosto de 1936 se armó de valor y fue a Moscú para solicitar el pleno ejercicio de sus derechos civiles.

Fue una maniobra temeraria que le hubiera podido costar la vida, ya que coincidió con el inicio del Gran Terror. Pero su audacia dio resultado. Eso sí, como medida de precaución, le pidió a su esposa que guardara sus manuscritos musicales y literarios en un lugar seguro. Resultó ser una decisión acertada, ya que poco tiempo después, en marzo de 1937, Zaderatski fue detenido de nuevo. Esta vez las cosas pintaban muy mal, porque, a diferencia de las purgas anteriores, ahora iban también dirigidas a la *intelligentsia*. Aparte de los escritores, que eran un blanco perfecto porque era fácil rastrear sus textos en busca de declaraciones peligrosas, también corrían peligro otros artistas. A Zaderatski se le acusaba de haber hecho «propaganda de la música fascista». La única prueba fue el hallazgo de unos carteles publicitarios en los que se anunciaban conciertos con obras de los compositores alemanes Richard Wagner y Richard Strauss.

Más tarde se le comunicaría por vía oficial a su esposa Valentina que, al ser sospechoso de distribuir música alemana, había sido enviado a un campo de trabajo correccional en el norte del país por un periodo de seis años, de conformidad con el artículo 58, párrafo 10, sin derecho a correspondencia.

Valentina comprendió que en la práctica se trataba de una pena de muerte y decidió hacer todo lo posible para conseguir la liberación de su marido. Viajó a Moscú para solicitar personalmente al presidente Mijaíl Kalinin, el «Padre de la URSS», que revisara la causa penal de Zaderatski. Al llegar a la capital, comprobó que no era la única en haber tenido esa idea.

Tras un viaje de dos meses, Zaderatski acabó en un campo en Kolimá, a trescientos kilómetros de la ciudad de Magadán, un puerto de carga y descarga a orillas del mar de Ojotsk, donde también había estado recluido el poeta Yuri Fidelgolts. Los prisioneros eran trasladados a esa inhóspita región del noreste de Siberia para trabajar en las minas de plata, estaño y carbón de Kolimá. Muchos perdieron la vida a consecuencia de las penalidades y la exposición a temperaturas de decenas de grados bajo cero. Los trabajos forzados eran una sentencia de muerte para muchos. Zaderatski, sin embargo, se libró de tan cruel destino al ser recluido en un campo maderero. «Ni tan siquiera allí pudo resistir a la tentación de seguir componiendo», me dijo Vsévolod con manifiesto orgullo.

Y no sólo eso. Según Valentina, al final de la jornada de trabajo, Zaderatski contaba historias a sus compañeros y a sus guardianes, sentados todos juntos alrededor de la hoguera, especialmente sobre la antigua Roma, y también sobre derecho y lo que se decía en los códigos. Según parece, quiso contribuir a que allí, al resplandor de la hoguera, sus compañeros de infortunio comprendieran por qué habían sido condenados. Gracias a estas «clases» se granjeó también la simpatía de sus vigilantes. A veces hasta lo eximían de realizar trabajos forzados, por respeto, sobre todo si estaba enfermo o simulaba estarlo. Y lo que era más importante aún: con su ayuda logró hacerse con un lápiz y papel para poder escribir sus composiciones. Aparte de una pila de formularios de telegramas, disponía de un pequeño cuaderno de 9,5 por 19,5 centímetros y unas cuantas hojas arrancadas de una libreta de dimensiones incluso inferiores. A falta de una goma de borrar se vio obligado a acertar a la primera. Así nacieron sus *24 preludios y fugas para piano*, un ciclo cuya estructura reflejaba la de *El clave bien temperado* de Johann Sebastian Bach. Con ello se sumó a la tendencia de evocar de forma audible formas y estilos musicales del siglo XVIII en las composiciones, aunque nadie se percató de ello, puesto que los preludios no se interpretarían hasta décadas más tarde. Para entonces ya se le habían adelantado otros compositores, entre ellos Hindemith. Tras su liberación, Zaderatski transcribió cinco de sus preludios y fugas a pluma sobre papel pautado, copió dos de ellos tal cual y mejoró los tres restantes. Descubrí varias interpretaciones de esos preludios y fugas en YouTube. Reconozco a Debussy y a Skriabin. Impresionismo ruso del bueno.

Mientras tanto, en Moscú, Valentina se pasó dieciocho meses haciendo cola, a diario y durante horas, ante un anexo de la sede de los servicios de seguridad del Estado, el NKVD, en una calle transversal de la plaza Lubianka, con la esperanza de recabar información sobre la suerte de su marido. En este sentido no se diferenciaba de la poetisa Anna Ajmátova, que hizo lo mismo en Leningrado, en su caso por su hijo, una experiencia terrible, que plasmó en un largo poema que lleva por título *Réquiem*.

Al principio, los esfuerzos de Valentina no parecían dar ningún resultado, pero en otoño de 1938, cuando ya habían sido ejecutados muchos cientos de miles de detenidos, consiguió, por fin, entregar su petición. Según me comentó Vsévolod, lo que ocurrió después continúa siendo un misterio hasta el día de hoy. En cualquier caso, Zaderatski fue liberado en julio de 1939.

Existen dos posibles explicaciones para su liberación. La primera es que los verdugos, de los que dependía la ejecución de miles de ciudadanos de Yaroslavl, habían sido detenidos y ejecutados. Esta versión encaja perfectamente con una historia sin fundamento protagonizada por Shostakóvich, a quien, por esa misma época, le hicieron saber un viernes que al lunes siguiente tenía que presentarse en la prisión de Lubianka. Sin embargo, al llegar allí le dijeron que el oficial que lo había convocado había sido ejecutado un día antes, tras lo cual le dieron permiso para marcharse.

La segunda explicación podría ser que Zaderatski fuera uno de los 290.000 convictos afortunados a los que Stalin indultó en aquellos días. En su biografía, Vsévolod recoge el certificado que le expidieron a su padre: «Se certifica que el ciudadano Zaderatski Vsévolod Petróvich fue condenado y recluido en un campo de trabajos forzados del 17 de julio de 1937 al 21 de julio de 1939 y que fue liberado del SEVVOSTLAG NKVD en virtud de un acuerdo alcanzado en relación con su caso. Está autorizado a regresar a Yaroslavl».

Zaderatski se convirtió de pronto en un hombre libre, aunque eso no significaba que las autoridades se encargaran de organizar su regreso a casa. Primero tenía que buscarse la vida para llegar a Magadán, la capital de Kolimá. Desde allí podría viajar en barco a Vladivostok para luego tomar un tren hacia Yaroslavl. Un compañero de campo, un criminal empedernido, sacó un anillo de oro que había mantenido oculto en su mejilla durante su cautiverio y se lo dio a Zaderatski para que pudiera costearse el viaje. No se me ocurre una muestra más conmovedora de respeto y admiración.

A los seis meses de su liberación, a comienzos de 1940, Zaderatski finalmente llegó a casa y, como si nada hubiera pasado, al día siguiente retomó su trabajo. Me lo imagino contando sus peripecias a su esposa entre susurros, por miedo a ser escuchado, una práctica muy habitual en aquellos tiempos. También cabe la posibilidad de que guardara silencio, convencido de que alguien que no hubiera estado recluido en un campo no sería capaz de comprender lo inconcebible.

Tardó poco en poner punto final a *La viuda de Valencia*, una ópera que ya había dejado prácticamente terminada en 1934. También escribió sonatas para piano, canciones y una sinfonía de cámara para piano y cuerdas que interpretó en diciembre de 1940 como director y pianista. «Mi padre era extraordinariamente alegre por naturaleza –recordó su hijo mientras tomaba otro café–. A pesar de todas sus desgracias sintió la imperiosa necesidad de seguir componiendo. No dejó de hacerlo en ningún momento, ni tan siquiera cuando estuvo recluido en un campo de trabajos forzados».

El hecho de que Zaderatski fuera evacuado a Kazajistán con su familia y otros destacados miembros de la *intelligentsia* local con motivo de la invasión de la Unión Soviética por parte del ejército alemán, el 22 de junio de 1941, demostró que pertenecía de nuevo a la élite artística. No volverían a casa hasta enero de 1944. Su siguiente parada fue la recién liberada Krasnodar, en la región agrícola de Kubán, al sur de Rusia. Además de impartir clases en la Academia de Música local, Zaderatski fue nombrado director de la Filarmónica de la región, una orquesta que daba conciertos en el frente, cuyos límites se extendían hasta el mar Negro. Fue entonces cuando compuso *El frente*, su ciclo para piano, y también *El aliento de la guerra*, su único ciclo de canciones.

Estas canciones se dieron a conocer al público de Krasnodar, pero en ningún otro lugar, ya que, de nuevo, le fue denegado el permiso para publicar la partitura. Zaderatski debió de comprender de una vez por todas que las restricciones que pesaban sobre su vida lo acompañarían para siempre.

Tan pronto como la derrota alemana fue un hecho, la familia regresó al norte. A partir del verano de 1945, los Zaderatski se instalaron en Zhitómir, Ucrania, donde estaban las raíces del compositor, que también en esta ocasión encontró trabajo en la Academia de Música local. Hubiera preferido establecerse en la animada Kiev, donde se concentraban las grandes orquestas y teatros, pero no se lo autorizaron. No le quedó más remedio que conformarse con la provinciana Zhitómir. La guerra había devastado la ciudad. La mayoría de las casas habían sido destruidas, por lo que los Zaderatski se alojaron en el edificio de la Academia de Música. Y no fueron los únicos. Aunque había ruido hasta altas horas de la noche y a Zaderatski le costaba concentrarse, logró componer algunas obras nuevas también en esas circunstancias.

Un año después, Zaderatski regresó a Yaroslavl con su esposa y su hijo, sobre todo porque la vida musical en Zhitómir se le quedaba corta. Retomó sus clases en la Academia de Música de la ciudad. En los dos años siguientes amplió su repertorio, entre otras obras con un ciclo de canciones inspiradas en poemas de Tvardovski.

Ni siquiera a esas alturas de su existencia pudo disfrutar de una vida artística tranquila. Tras la guerra, el Estado reanudó su lucha contra el formalismo y volvió a prohibir cualquier forma de innovación musical. Así fue como todas las esperanzas de Zaderatski de que algún día pudiera interpretar sus composiciones se desvanecieron. Eso quedó patente en febrero de 1948, cuando fue invitado a asistir al Primer Congreso de Compositores Soviéticos en Moscú. ¿Por qué lo invitaron?, porque era el único miembro de la Unión de Compositores de Yaroslavl.

En Moscú fue testigo de la campaña de denigración que lanzó Andréi Zhdánov, ideólogo del Partido, contra destacados compositores soviéticos. Él mismo se salvó, gracias a la amarga suerte de que su música nunca había sido interpretada. A ojos de los dirigentes soviéticos seguía siendo un compositor relativamente desconocido e insignificante. Sin embargo, de regreso en Yaroslavl, le jugaron otra mala pasada: la Academia de Música organizó una reunión especial para censurar sus composiciones más recientes. Entonces, cuando el director de la Academia de Música de Zhitómir le ofreció la posibilidad de volver a dar clase en sus instalaciones, Zaderatski no se lo pensó dos veces. Acompañado de su esposa y su hijo, regresó de inmediato a la ciudad que en su día había dejado por Yaroslavl.

También en Zhitómir resultó ser el único miembro de la Unión de Compositores. Se puso en contacto con los compañeros de Kiev, entre ellos Borís Liatoshinski, a quien consideraba un compositor de talla internacional. Cuando el Comité Central puso a Liatoshinski en el punto de mira y condenó públicamente su obra, Zaderatski salió en defensa de su apreciado colega. Sorprendentemente, no hubo represalias. Al contrario, en el verano de 1949 Zaderatski fue ascendido a un puesto en el Conservatorio de Lvov, la principal ciudad del oeste de Ucrania. Además de ocuparse de la asignatura optativa de piano, enseñó música de cámara e historia de la música para piano.

Su música era tan desconocida que, en un primer momento, ninguno de sus colegas sabía de su extensa obra como compositor. De vez en cuando, Zaderatski recibía visitas de la KGB, que se encargaba de recordarle que no estaba permitido interpretar su música. Eran reuniones rutinarias, en las que se ratificaban las normas. Con toda probabilidad, Zaderatski se limitó a asentir educadamente mientras escuchaba el veredicto.

Pese a su elevado prestigio en el conservatorio, el compositor vivía permanentemente en estado de alarma, sobre todo por su mujer y su hijo. De niño, Vsévolod había sentido ese temor casi a diario. Siempre estaba atemorizado, me contaba como si fuera ayer. «Cuando íbamos por la calle, mi madre y yo apenas nos atrevíamos a hablar por temor a ser escuchados. Yo siempre intentaba pasar inadvertido. Por eso fingí creer firmemente en Stalin». Me miró con ojos ansiosos mientras exclamó: «¡Lo único que yo quería era vivir!».

A pesar de la mirada acechante de la KGB, en Lvov, Zaderatski se sentía como en casa. Antes de 1918 la ciudad formaba parte de Austria y se llamaba Lemberg; treinta años más tarde aún se respiraba en sus calles un ambiente europeo. Los colegas de Zaderatski lo trataban como uno más y mostraban respeto hacia su persona y su música, aunque algunos de ellos sólo la habían escuchado en la intimidad. Sin duda, esa actitud era en parte debida a que el Conservatorio de Lvov era un crisol de tradiciones culturales polacas, ucranianas occidentales y rusas. Zaderatski, que representaba la tradición rusa, conjugó todas estas corrientes en sus nuevas composiciones. De ese modo, esperaba responder a las nuevas exigencias de las autoridades musicales: sencillez, accesibilidad, fidelidad a la tradición clásica e integración de la música popular. En 1948 y 1949 compuso dos conciertos de piano para niños, el segundo de los cuales incluía temas ucranianos, bielorrusos y rusos. Con ese *Segundo concierto para piano* acudió al encuentro regional de la Unión de Compositores de Ucrania, que se celebró en Lvov en 1950. La obra causó sensación y la Unión de Compositores de Ucrania decidió incorporarla a la programación de su sesión plenaria de Kiev.

La respuesta oficial llegó dos meses después, cuando una delegación de musicólogos de Moscú se presentó en Lvov decididos a asumir el papel de directores de orquesta invitados. De hecho, habían sido enviados por la Unión de Compositores de la Unión Soviética para detectar y eliminar a los formalistas y a otros compositores contestatarios. El concierto infantil de Zaderatski recibió un aluvión de críticas y fue completamente desechado, como apunta su hijo en su biografía. Aun así, no está claro si los musicólogos se desplazaron a Lvov especialmente para arremeter contra su padre o si, una vez allí, descubrieron en su música a un enemigo del pueblo, que les impidió no tener que volver a Moscú con las manos vacías.

Ese nuevo ataque a su obra supuso para Zaderatski el golpe definitivo. Aquí, en las provincias lejanas, lejos de Moscú, siempre se había sentido más libre y podía componer lo que le viniera en gana, aunque no obtuviese reconocimiento alguno por ello. Aquella humillación pública fue la gota que colmó el vaso. Consciente de lo que le esperaba, se apresuró a retirar su concierto infantil del programa de la sesión plenaria de la Unión de Compositores de Ucrania, viendo cómo se esfumaba la oportunidad de presentar su música, por primera vez en su vida, en un contexto oficial.

Con todo y con eso, Zaderatski no se dio por vencido. Como no tenía nada que perder, escribió una carta abierta a Tijon Jrénnikov, el poderoso secretario general de la Unión de Compositores de la Unión Soviética. Decía: «Como compositor hace tiempo que estoy muerto. Mi música no se interpreta ni se publica. Agarrar a un muerto por el cuello para matarlo es absurdo».

Su desesperado intento no dio resultado. «La prohibición no se levantó –me comenta su hijo–. Y si su música se interpretaba en algún sitio, su nombre no aparecía en las reseñas. Su *Poema de un soldado ruso*, de 1946, con letra de Tvardovski, se publicó en Moscú como una "obra de un compositor ucraniano"».

Cuando le pregunté a Vsévolod por el papel destructor de Jrénnikov en la escena musical de la posguerra, me sorprendió la indulgencia con la que valoró al verdugo de su padre y tantos otros compositores: «Se vio obligado a navegar entre Escila y Caribdis. No hay que olvidar que, en última instancia, ayudó a mi padre a llevar su música a la gran pantalla».

En una carta dirigida a Mariyan Koval, redactor jefe de la revista *Sovietskaia muzika*, Zaderatski volvió a la carga, esta vez en respuesta a una reseña extraordinariamente mordaz de su concierto infantil, realizada por uno de los coeditores de Koval. Zaderatski alegó que el crítico no había entendido su obra y exigió que se retractara.

Las autoridades de Moscú contraatacaron de inmediato, e instaron a la delegación de la Unión de Compositores de Ucrania a que pusieran a Zaderatski en su lugar. Le amenazaron con expulsarlo si volvía a enviar misivas de ese tipo.

A Zaderatski le daba igual. Había declarado abiertamente la guerra a sus verdugos y estaba dispuesto a afrontar las consecuencias. Su esposa no se explicaba a qué venía esa repentina beligerancia, abocada a la autodestrucción. Al fin y al cabo, se trataba de una pieza corta e insignificante que no era representativa de su obra.

Según Vsévolod, su padre se enfureció porque se había sentido muy a gusto en Lvov, la ciudad más occidental de la Unión Soviética. Gracias al aprecio de sus colegas se había olvidado de los tentáculos de Moscú, y cuando estos volvieron para atraparlo, estalló.

Curiosamente, Zaderatski no fue expulsado de la Unión de Compositores, ni siquiera en esa ocasión. El motivo más evidente parece ser, de nuevo, el interés de las autoridades en tenerlo controlado para poder vigilarlo mejor. Sus colegas de Lvov, escandalizados por la despiadada censura de su obra por parte de los dirigentes moscovitas, hicieron todo lo posible para consolarlo. Y a modo de compensación le prestaron un hermoso piano de cola, y el conservatorio le asignó dos habitaciones en una *kommunalka*, lo cual era un lujo.

Durante el resto de su corta vida, el Conservatorio de Lvov continuó siendo para Zaderatski un refugio seguro, donde componía una obra tras obra, incluida una sinfonía que terminó en 1952 y un concierto para violín que dejó inacabado. Era muy querido por sus alumnos y le gustaba vivir en una ciudad donde había una orquesta sinfónica digna de ese nombre. Todo ello le sirvió para relativizar la noticia que le dieron los médicos: había desarrollado una afección cardíaca.

La noche del 31 de enero de 1953 trabajó en su concierto para violín. Durante el día había hecho una pausa para celebrar el cumpleaños de su esposa. Sin embargo, nada más terminar de tomarse el té y la tarta volvió corriendo a su mesa de trabajo. Tenía prisa: su salud se deterioraba cada día y era consciente de que probablemente no le quedara mucho tiempo.

A medianoche se sintió mal y perdió el conocimiento. Falleció a la una de la madrugada. Los médicos llegaron tarde; la causa de su muerte fue un infarto fulminante.

El funeral de Zaderatski se celebró el 3 de febrero. En la Gran Sala del Conservatorio de Lvov, la orquesta sinfónica de la Filarmónica interpretó una misa de réquiem abierta al público. A continuación, el cortejo fúnebre recorrió la ciudad hasta el cementerio de Lichakov. Una multitud le rindió sus últimos respetos en medio de un frío intenso. Al mes siguiente sería el turno de Iósif Stalin, responsable de haber infligido un sufrimiento inenarrable a su pueblo y de haberles hecho la vida imposible a miles de artistas.

Cuando llegó el momento, el joven Vsévolod, apenas recuperado de la conmoción por la muerte de su padre, no sabía qué pensar de las noticias sobre la muerte del tirano: «Al principio no entendía lo que estaba pasando –dijo después de dar un sorbo a su enésimo café–, pero cuando se confirmó que Stalin había muerto, me llevé una gran alegría».

Ahora bien, ni la muerte del tirano ni el periodo de deshielo cultural instaurado bajo el sucesor de Stalin, Nikita Jrushchov, cambiaron el destino de Zaderatski. La música del compositor, que no tenía nada que envidiar a la de Prokófiev y Shostakóvich, seguía prohibida y no parecía que eso fuese a cambiar. Ello no fue un pretexto para que su hijo la interpretara ocasionalmente. «En 1959, en mi examen final en el Conservatorio de Lvov, toqué un preludio y una fuga de mi padre. Mis profesores quedaron encantados. Además, para mi sorpresa, conocían las obras. En los años sesenta interpreté sus piezas para piano en Novosibirsk. Me confundieron con mi padre, creían que seguía vivo. Al fin y al cabo, me llamo igual que él».

De vez en cuando, Vsévolod continuó interpretando, impertérrito, las obras de su padre. «En Kiev saqué un disco con las romanzas para piano que compuso en los años treinta. También salí en busca de sus partituras. Fue entonces cuando descubrí que todas las composiciones anteriores a su detención en 1926 habían sido destruidas».

Las labores de búsqueda de Vsévolod no cesan. Poco antes de nuestro encuentro, una de las composiciones de los años treinta apareció en un archivo de la ciudad siberiana de Tiumén. «Provenía de un archivo que había sido evacuado a la Siberia occidental junto con otros documentos en el transcurso la Segunda Guerra Mundial», me explicó.

Tan mancillado estaba el pasado de su padre que Vsévolod tuvo que guardar silencio durante veinte años. Pero un día se hartó: «Por entonces yo era director adjunto del Conservatorio de Kiev y quería escribir la biografía de mi padre. Cuando les comuniqué mi plan, las autoridades me dijeron que no era necesario. Con todo, empecé a escribir, aun a sabiendas de que posiblemente el libro nunca fuera a publicarse».

Mientras tanto, la carrera del joven Vsévolod prosperó. Consiguió un puesto de profesor en el Conservatorio de Moscú, pero en 1985 dimitió, disgustado por la creciente influencia de la ideología comunista en la vida musical. «En aquella época, las canciones propagandísticas copaban gran parte del plan de estudios de historia de la música, lo que suponía una simplificación de la labor educativa. Los músicos y los musicólogos cumplían escrupulosamente lo que dictaban las autoridades. Ahora eso sería inimaginable».

Para terminar nuestra conversación, le pregunté qué era exactamente el formalismo. Su respuesta fue tan convincente como impactante. «En realidad, nadie sabía lo que era. Cuando en 1946 quise interpretar a Debussy, no me dieron permiso. De hecho, incluso Debussy era formalista. Debió de ser idea de un funcionario excesivamente celoso al que no se le ocurrió nada mejor que prohibir su música para complacer a las autoridades». Nos reímos y olvidamos por un momento aquellos años terribles en que las vidas de tantas y tantas personas con talento quedaron destrozadas.

Cuando nos despedimos, Vsévolod hijo me dijo: «La próxima vez te vienes a casa y cambiamos el café por algo más fuerte».

4

La Vera Lynn rusa

En el Museo de la Gran Guerra Patriótica de Moscú, la Segunda Guerra Mundial comienza con dos años de retraso. Nadie lo diría cuando cruza la vasta y helada plaza del Parque de la Victoria de Moscú, en la colina de Poklónnaya, en dirección al megalómano edificio. En el espacio expositivo de hormigón de doscientos metros de ancho, la guerra se exhibe con sumo detalle, de batalla en batalla, de asedio en asedio, para terminar con la toma de Berlín y el desfile de la victoria en la Plaza Roja.

Era diciembre de 2008 y la temperatura era de 15 °C bajo cero. La plaza se había convertido en una pista de hielo. Del brazo de mi menuda amiga moscovita Yulia me dirigí a la ostentosa entrada. Apenas conseguíamos mantenernos en pie. En un primer momento nos dejamos impresionar por ese enorme homenaje de 14.000 m^2 de exposición, hasta que nos dimos cuenta de que en esta pomposa representación sobre el triunfo y el heroísmo ni siquiera mencionaba el Pacto Mólotov-Ribbentrop de 1939. Este tratado de amistad entre la Alemania nazi y la Unión Soviética allanó el terreno para que Hitler invadiera Polonia el 1 de septiembre de ese mismo año, tras lo cual Stalin pudo anexionar la Polonia oriental y los tres países bálticos independientes. Curiosamente, el pacto se firmó en la actual residencia del embajador de los Países Bajos en Moscú, que por aquellas fechas acogía la embajada alemana.

Pregunté a la responsable, una señora regordeta cuyo peinado me recordaba a un algodón de azúcar, por qué no había rastro de aquel infame tratado. Me respondió con aspereza: «Se dice algo al respecto en uno de los vídeos, en el de ahí al fondo en la esquina, pero, por desgracia, en este momento el monitor está roto».

En cualquier caso, los documentales que podían verse en los otros monitores sugerían que no me estaba perdiendo gran cosa. No eran más que imágenes de archivo sin una historia que las acompañara.

Todo ello no impide que el Pacto Mólotov-Ribbentrop constituya, junto con la Guerra Civil española, uno de los episodios más relevantes de los antecedentes de la Segunda Guerra Mundial. Sin ese «pacto del diablo», Hitler probablemente no se hubiera aventurado a emprender la guerra contra los ingleses y los franceses en 1940.

Ese tratado significaba que Stalin y Hitler no podían agredirse mutuamente durante dos años mientras expandían su territorio a expensas de Estonia, Letonia, Lituania y Polonia. Después de 1945, la alianza entre ambos ya no encajaba en la narrativa oficial y, por lo tanto, pasó a ser objeto de una esmerada operación engañosa. En la Rusia actual, el Kremlin sigue negando el verdadero motivo del pacto.

Yulia recordaba cómo en su adolescencia la hostigaban con películas de guerra. «Por culpa de esos largometrajes tenía pesadillas sobre la llegada de los fascistas –rememoraba–. Tanto es así que en la primavera de 1985, durante la glásnost, estaba aterrorizada por la perspectiva de que fuera a estallar la guerra».

En la Sala de la Memoria y el Dolor, donde se camina bajo un cielo de lágrimas, hay unas vitrinas en las que están expuestos los libros de los muertos. Las cifras hablan por sí solas del sufrimiento del pueblo soviético en la Segunda Guerra Mundial: 190.000 soldados caídos en la provincia de Tambov; 273.500 en la de Sarátov; 262.698 en la de Rostov, y 199.975 en la de Volgogrado. Y así sucesivamente, hasta sumar más de ocho millones de soldados caídos.

A ellos deben añadirse los diecinueve millones de muertos civiles, poco presentes, puesto que el Museo de la Gran Guerra Patriótica gira en torno a los héroes. Estos se abalanzan sobre el visitante en el Salón de la Fama, donde pueden leerse los nombres de 11.695 Héroes de la Unión Soviética, en letras doradas, repartidos por setenta y dos columnas.

Tampoco se hace alusión a la Orden 277 de Stalin, que prohibía a los soldados batirse en retirada. El que lo hacía era ejecutado por el NKVD. En la batalla de Stalingrado, que tuvo lugar entre el 21 de agosto de 1942 y el 2 de febrero de 1943, 23.000 soldados rusos corrieron esa suerte. En una de las salas, el drama de Stalingrado se escenifica como una gran celebración de la victoria. El inmenso cuadro de M. I. Samsonov representa las últimas horas de la batalla, en la que se enfrentaron dos millones de soldados. A pocos metros de donde se encuentra un militar alemán, con la mirada perdida, los rusos se deshacen en vítores.

La batalla supuso un punto de inflexión en la guerra. Pese al mando caótico, hizo que las tropas rusas se armaran de valor y avanzaran paso a paso hacia Berlín.

«No pienso traer a mi hija –me comentó Yulia, decepcionada, mientras recorríamos los largos pasillos hacia la salida–. Para mí, la guerra tiene que ver sobre todo con el sufrimiento de la gente de a pie, y eso aquí no se ve en ninguna parte».

En una de las últimas salas oigo de repente una sensual música de baile. Resuena la voz de una mujer que canta sobre el anhelo de un soldado y un amor que ha dejado atrás.

–Qué voz tan bonita. ¿De quién es? –le pregunté a Yulia.

–Klavdia Shulzhenko –me contestó–. Sus canciones son lo único bonito de la guerra.

Al día siguiente, me acerqué a Transilvania, mi tienda de CD favorita, situada en un patio de la calle Tver. Tienen de todo, desde el *heavy metal* más salvaje y Abba hasta el rock soviético de Ala Pugachova. Suelo visitar el pequeño nicho al fondo del establecimiento, donde está la música clásica, pero en esta ocasión me detuve ante la enorme sección de música popular rusa en la que abundan los CD de la cantante folclórica Liudmila Zíkina. Serguéi, mi vendedor habitual, cuyos conocimientos de la música clásica son asombrosos, no pareció sorprendido cuando le pregunté por Shulzhenko. «Era la heroína de mis padres –me dijo–. Recuerdo que en verano, con las ventanas abiertas, su voz resonaba por todo el patio. No hay que olvidar que en la Unión Soviética nos machacaban con la Segunda Guerra Mundial. Todos los días podía verse en la televisión un largometraje sobre la grandiosa batalla del invencible Ejército Rojo contra los fascistas». Se reía de sus propias palabras, aunque por otra parte se las creía. No es de extrañar, teniendo en cuenta que las películas bélicas rusas suelen ser de muy buena calidad. Shulzhenko y su homólogo masculino Mark Bernes, uno de mis cantantes favoritos de música ligera, participan en muchas de ellas.

Serguéi me recomendó un CD de la serie «Cantantes rusos», que lleva por título *Zabitii Vals. Forgotten Waltz*. Contiene las veintiséis canciones más célebres de Klavdia Shulzhenko. De vuelta en casa puse el disco una y otra vez, durante días, mientras me dejaba llevar por la historia de una vida que corría paralela a uno de los periodos más funestos de la historia soviética.

Unas semanas después, en el club Masterskaia, situado en un callejón frente al cuartel general del Servicio Federal de Seguridad (FSB), que se halla en la plaza de Lubianka, descubrí que Shulzhenko continuaba gozando de una gran popularidad. En Masterskaia se puede comer, beber, bailar y escuchar actuaciones en directo de varios grupos musicales. Esperé a que diera comienzo la actuación de una banda de música étnica *klezmer*, de la que forman parte algunos amigos míos. Acababan de regresar de Estados Unidos, donde habían tocado para adinerados compatriotas judíos que abandonaron la Unión Soviética en los años ochenta y prosperaron magníficamente en su país de adopción. «Allí ganamos en un mes lo suficiente para vivir seis meses en Rusia», me dijo el pianista y cantante Lev Sandiuk. A continuación, comenzaron a tocar canciones de Shulzhenko, empezando por «El pañuelo azul», que conocía de mi CD. Los doscientos espectadores, de edades comprendidas entre los diez y los ochenta años, no tardaron en ponerse a cantar a pleno pulmón. Todos ellos se saben la letra de memoria.

A mi lado había una mujer robusta de unos cuarenta años. Cuando le pregunté a qué se debía tanta devoción, ella me respondió: «Aquí en Rusia todo el mundo la conoce. Es nuestra amiga, porque dio a nuestros abuelos la victoria en la guerra. Sus canciones son tan bonitas que siempre puedes cantarlas, con independencia de tu estado de ánimo. Adoro a Shulzhenko, al igual que mis hijos, y también la adorarán mis nietos. Podrás escucharla dondequiera que vayas en Rusia, porque la conocemos todos».

Desde luego, en la Unión Soviética ha habido pocas personas tan famosas como Klavdia Shulzhenko. Me pregunto si la delirante arbitrariedad con la que el régimen intentó destruir a compositores de la talla de Prokófiev o Zaderatski se aplicaba también al repertorio más ligero, la llamada «Estrada», el término que se emplea en Rusia para referirse a la música de variedades. No en vano cantantes populares como Aleksandr Vertinski y Piotr Leshchenko habían abandonado el país tras la Revolución de 1917, junto con la mayor parte de su audiencia. Continuaron sus carreras en los círculos de emigrados rusos de París, Berlín y Constantinopla sin que nadie los molestara. Eran héroes para los emigrados antibolcheviques. A raíz de su popularidad en esos ambientes, sus tangos y foxtrots se prohibieron en la Unión Soviética en la década de 1930, nada menos que por iniciativa de

Maksim Gorki. El escritor calificó la música de cacofonía maníaca, producida por criaturas mitad animales, mitad humanas e interpretada por una «orquesta de negros». «Es una música para personas corpulentas», escribió en *Pravda* el 18 de abril de 1928, refiriéndose a la élite prerrevolucionaria.

Al igual que Prokófiev, Shulzhenko se vería obligada a hacer juegos de equilibrio durante buena parte de su vida porque estaba decidida a seguir actuando, costara lo que costara. Si bien la Segunda Guerra Mundial le confirió la inmortalidad, ella también tuvo que someterse a las normas estilísticas del Comité Central. Peor aún, numerosos títulos de su repertorio fueron prohibidos después de 1945.

Klavdia Shulzhenko nació en 1906 en Járkov, en el noreste de Ucrania. Su padre trabajaba como contable en los ferrocarriles zaristas. Apasionado de la música, enseñaba a su hija canciones populares ucranianas en su tiempo libre. La pequeña Klavdia ofreció su primer concierto desde el balcón de la casa de sus padres. En sus memorias escribe sobre aquella actuación: «Encendí todas las luces de la habitación, abrí las ventanas y empecé a cantar. De repente oí aplausos: "¡Venga! ¡Sal al balcón!". Como no podía ser de otra manera, acabé asomando la cabeza por entre las cortinas. Y aplaudieron aún más. Aquello me infundió una suerte de valentía, de coraje, y por eso me atreví a seguir cantando».

En la escuela demostró tener un gran talento dramático, que alcanzaba su máxima expresión cuando recitaba poemas de Pushkin y Lérmontov. Le gustaba actuar delante de sus compañeros de clase. Sus padres no tardaron en darse cuenta de sus aptitudes y la llevaron al conservatorio local, donde la admitieron en cuanto la oyeron cantar.

Sin embargo, en un principio Shulzhenko no quería ser cantante, sino actriz de cine mudo, el sueño de todas las chicas en una época que vio nacer la gran pantalla. En aquel momento no podía imaginar que unas décadas más tarde, con la invención del cine sonoro en los años treinta, la combinación de canto e interpretación le abriría muchas puertas.

Después de graduarse, probó suerte en el teatro de variedades, donde conjugaba su talento como actriz y cantante en pequeños musicales.

No obstante, en 1919, Lenin impuso severas restricciones a los salones de música y el circo para purgarlos de «elementos malsanos».

Ambos mundos escénicos fueron sometidos a la misma supervisión ideológica y administrativa, y ponían tantas trabas a los artistas debutantes que les resultaba prácticamente imposible actuar. Por ejemplo, ya no se podía cantar en el café de los teatros de vodevil, paseándose entre las mesas mientras los clientes comían y bebían, como hacía Aleksandr Vertinski en tiempos del zar. Para muchos rusos de a pie se acabó la diversión.

La música ligera es un género muy apreciado en Rusia, independientemente de la edad y la condición social. Me di cuenta de ello el día en que mi mujer, una mezzosoprano que además de música barroca canta canciones de Kurt Weill, Barbara, Vladímir Visotski y Aleksandr Vertinski, actuó en el club moscovita Bilingua. Henchido de orgullo, me senté en el palco entre obreros y policías musculosos y profusamente tatuados que acudían al lugar a disfrutar de su tiempo libre. Abajo en la platea descubrí a un ministro y a un célebre escritor, en compañía de sus jóvenes novias, sentado entre elegantes señoras entradas en años que en los Países Bajos sólo frecuentan el Concertgebouw de Ámsterdam.

Aun antes de que mi esposa entonara las últimas notas de la canción de Vertinski «Mi señora, ya se están cayendo las hojas», los hombres estallaron en aplausos. Se subían a las sillas y casi se les explotaban los bíceps de tanto aplaudir. Uno de ellos rugió con una voz arruinada por el tabaco que le parecía estupendo que una extranjera cantara en su idioma. Consideraba que era «una prueba de respeto». Hacía tiempo que las relaciones entre los Países Bajos y Rusia no eran tan fluidas.

Al igual que Vertinski, Shulzhenko se centró en la combinación teatral de canto e interpretación. Sus canciones se convertían así en pequeñas obras de teatro en las que contaba una historia convincente con toda la mímica que hiciera falta. Obviamente, trataban sobre el amor, el deseo y los celos.

En 1923 fue contratada en un teatro de Járkov, donde la acompañó al piano el entonces aún desconocido Isaak Dunaievski. También consiguió papeles en operetas y protagonizó una versión teatral de *El idiota*, de Dostoievski. Así y todo, su mayor talento residía en cantar romanzas.

Dunaievski le aconsejó que creara su propio repertorio. La presentó a compositores soviéticos que le proporcionaron un buen número de canciones sentimentales. En adelante cambiaría las romanzas gitanas, los foxtrots y los tangos –géneros que habían hecho famosos a Piotr Leshchenko antes de la Revolución de 1917– por la música socialmente comprometida del nuevo cancionero de la Unión Soviética.

Uno de esos compositores con talento era Pável German. Sus canciones, con títulos proletarios como «La canción de la fábrica de ladrillos», «Ladrillos» y «Pozo de mina n.° 3», catapultarían a Shulzhenko a la fama.

Quien crea que la música soviética de variedades era una representación musical seria y sombría de la Unión Soviética industrializada se equivoca. La industria, con sus máquinas palpitantes y las chimeneas de las fábricas arrojando inmensas columnas de humo, era sólo un telón de fondo. Las letras y las melodías eran tremendamente sentimentales y casi siempre hablaban del amor, un tema constante en las películas, obras de teatro y en la vida privada soviéticas.

El público de los clubes de clase trabajadora, donde Shulzhenko solía actuar en los años veinte, perdía la cabeza de emoción. «Ladrillos» era un tema tan popular que, después de la actuación, muchos le pedían que les escribiera la letra.

En mayo de 1928 triunfó definitivamente cuando actuó en el Teatro Mariinski de Leningrado con motivo de un concierto conmemorativo en honor de la prensa soviética. Una vez más, la audiencia estaba tan entusiasmada con sus solos que, tras escuchar canciones como «Amapola», «Zhorzhe y Ketti», «Grenada», «Nunca», «La chica del cigarrillo» o «Procesión de octubre», no paró de gritar «¡otra!».

Como consecuencia de ese éxito Shulzhenko consiguió trabajo en el Teatro Music Hall de Leningrado, cuyo director era Dunaievski, quien había sido su mentor.

En octubre de 1931, Shulzhenko actuó con Leonid Utiósov en el espectáculo teatral *Ushlovno Ubiti* (Asesinato condicional). Al igual que German y Dunaievski, Utiósov, por entonces el cantante de variedades más famoso de la Unión Soviética, se apercibió enseguida de su talento. Le recomendó que compusiera un repertorio lírico, entre otras razones porque el público jamás sería capaz de memorizar ni de bailar sus canciones revolucionarias.

En sus memorias, Shulzhenko cuenta que el secreto de sus canciones residía principalmente en la combinación de una melodía elegante, libertad rítmica, la presencia de héroes con rasgos bien definidos y un final inesperado y alegre. Según ella, el final de cada canción tenía que hacer reír al público, o al menos arrancarle una sonrisa.

Pero debe de haber algo más que eso, ya que el éxito de una canción depende de su intérprete. Vean si no los innumerables vídeos de YouTube protagonizados por jóvenes rusas que, con su interpretación, convierten «El pañuelo azul» en una broma de mal gusto. O cómo Frank Sinatra confirió a su «My way» ese encanto extra que hace que la canción sea tan hermosa.

Para averiguar cuál era el secreto del éxito de Shulzhenko visité a Leonid Rusanovski, violista judío ruso de setenta y un años, que en 1979 emigró a los Países Bajos a causa del creciente antisemitismo en la Unión Soviética. Se instaló en Ámsterdam y tocó con la Orquesta de Cámara de los Países Bajos hasta su jubilación. De joven asistió a numerosas actuaciones de Shulzhenko.

Había nieve en el camino cuando pedaleaba hasta la casa de Rusanovski en el linde del bosque de Ámsterdam. Una vez sentado a la mesa de la cocina, que a la vez hacía de sala de estar, su esposa Irina me ofreció té y tarta de Kiev. Cuando empezamos a hablar de la Unión Soviética, en ruso, pensé por un momento que estaba en una de las cocinas moscovitas en las que acostumbraba a quedarme con mis amigos rusos hasta altas horas de la noche, charlando sobre la vida y acompañados de una botella de vodka, un salchichón y un enorme trozo de queso.

«El escritor W. Somerset Maugham escribió una vez que el actor de una obra de teatro nunca debe permanecer en silencio si no hay razón para ello –dijo Rusanovski cuando le lancé mi pregunta–. Y si permanece en silencio tiene que hacerlo todo el tiempo que pueda. Lo mismo ocurre con Shulzhenko. Era una actriz portentosa. Tenía el aspecto de una campesina rusa, pero en eso residía parte de su fuerza». Para demostrarlo muestra en su iPad un vídeo de YouTube de una de sus actuaciones de posguerra. «¡Qué sentido del ritmo! ¿Se da cuenta? –dice–. Eso mismo sucede en la música de Miaskovski, Jrénnikov y Prokófiev. Todos la escuchaban con mucha atención, no sólo a ella sino también a Vadim Kozin».

En el vídeo en blanco y negro, Shulzhenko mueve las manos con gracia, lleva un largo vestido de lentejuelas, como una Mata Hari rusa. Una mujer de pecho exuberante y cara redonda. «Cuando hacía acto de presencia, a todo el mundo se le ponía la piel de gallina –prosigue Leonid–. Tenía una forma de andar sensacional, como si se deslizara sobre patines».

A principios de la década de 1930, la Asociación Rusa de Músicos Proletarios (RAPM) empezó a ocuparse también de la música ligera. Los tangos y los foxtrots fueron objeto de críticas. Si en el teatro de variedades existía cierta moderación en las coacciones, ello era debido a la afición de Stalin por la música ligera. En consecuencia, la represión fue menor que en la música y la literatura clásicas. Además, no se podía emprender gran cosa contra unas melodías relativamente sencillas y unas letras bastante simples sobre los jóvenes y el amor, si se necesitaba precisamente a esos jóvenes para construir el socialismo. Aun así, los intérpretes no podían bajar la guardia, porque nunca sabía qué iba a depararles el día de mañana.

Shulzhenko tenía muy claro que quería seguir actuando, así que, como tantos otros compatriotas artistas, decidió adaptarse inmediatamente. Empezó a incluir en su repertorio canciones populares, un género que contaba con la aprobación de la RAPM. No le supuso un gran esfuerzo, puesto que con el tiempo se había hartado de las clásicas romanzas sobre cíngaros y aristócratas aquejados del mal de amores. Las canciones populares, escribió en sus memorias, expresaban las «emociones cotidianas» de la gente con la que se cruzaba por la calle día tras día. Eran motivo de consuelo en un clima asfixiante en el que la RAPM parecía decidida a erradicar toda muestra de espontaneidad humana. Al año siguiente, con la disolución de la RAPM y su sustitución por la Unión de Compositores en 1932, la escena musical quedó completamente subordinada a la propaganda estatal. Así pues, se permitió que la música fuera más alegre y espontánea, y un suspiro de alivio recorrió no sólo el mundo de la música clásica, sino también el del teatro de variedades.

Y la carrera de Shulzhenko volvió a tomar impulso. A mediados de los años treinta se enamoró del joven y talentoso músico judío Vladímir Koralli. De su matrimonio nació un hijo. Comenzaron a actuar juntos y, en 1935, grabaron su primer disco, que incluía «La canción de Tania», tomada de la comedia cinematográfica *De vacaciones*.

De 1936 a 1939, bajo el terror de Stalin, mientras políticos y miembros de todas las ramas de la *intelligentsia* temían por sus vidas, Shulzhenko recorrió la Unión Soviética con la orquesta Skomorovski

Jazz. Después, acompañada de un acordeón, grabó su segundo disco con más canciones, entre ellas las populares improvisaciones de *jazz* «La nota», «Andriusha» y «Rendez-vous». Era una música de baile melancólica, para quien deseara escapar por un momento de la amenaza de la guerra, el terror o la rutina de la economía planificada.

Para promocionar su nuevo álbum, Shulzhenko emprendió de nuevo una gira. El 22 de junio de 1941, durante su estancia en Ereván, en Armenia, se enteró de que había estallado la guerra con la Alemania nazi. Enseguida tomó un avión de regreso a Leningrado, donde al día siguiente, junto con otros 42.000 artistas, fue destinada a un regimiento encargado de entretener a las tropas en el frente. No dejarían de actuar hasta el final de la guerra.

En el frente de Leningrado, asediado por los alemanes, la música de Shulzhenko fue para muchos un bálsamo para el alma. Se llegó a decir que sus canciones eran tan importantes como todo el arsenal de bombas y granadas soviéticas juntas.

En varios vídeos de YouTube puede verse que la cantante se vuelve cada vez más afectada y amanerada. Aun así, su complexión ligeramente robusta, su cabello abundante, las pálidas mejillas empolvadas, el pintalabios rojo brillante y las cejas depiladas hacían que muchas mujeres se reconocieran en ella. Klavdia Shulzhenko era Katia, Nadezhda, Yulia, Vera, Irina, etcétera. Era a la vez la hermana, madre e hija de todas ellas, así como la amante de sus esposos.

En 1941, Shulzhenko se unió a una de las 3.800 compañías de espectáculos de variedades, teatro y circo que habían sido creadas para entretener a las tropas. El mando del ejército la consideraba tan importante para levantar la moral de los soldados que se acondicionó una sala de ensayos en unas dependencias del Ejército Rojo en Leningrado solo para ella y su equipo. A ningún otro artista se le concedió semejante privilegio.

Shulzhenko viajaba por el frente en autobús o en un tren blindado. Hacía paradas por el camino para ofrecer breves conciertos de unos treinta minutos para evitar así ser tiroteada por los cazas alemanes. Cantó a treinta grados bajo cero en el helado lago Ladoga, que como única vía de escape desde Leningrado sufría constantes bombardeos. En aquellas circunstancias no quedaba más remedio que improvisar el escenario, para el que juntaban las cajas de carga de dos camiones. En esos conciertos, Shulzhenko y su público arriesgaban sus vidas más que en cualquier otro escenario del frente. A ella le daba igual mientras los soldados disfrutasen con su música, como afirma en sus memorias: «Los soldados recorrían kilómetros y kilómetros por carreteras destrozadas, soportando bombardeos, sorteando disparos, sin apenas dormir, comiendo lo mínimo, sólo por verme a mí, y así olvidarse de su terrible situación y hasta de sí mismos. Allí, en el frente, comprendí cuál es el máximo honor para una artista como yo: la sonrisa, el cariño y el reconocimiento de unos soldados para los que, con toda evidencia, tu arte es absolutamente esencial».

Shulzhenko sentía una profunda compasión por los efectivos del Ejército Rojo. Un día, actuó en un hospital militar, ataviada con un vestido de gala blanco, y sintió cómo se fundía con la masa de vendas blancas de sus admiradores heridos. Apenas pudo contener las lágrimas. A partir de entonces nunca volvió a ponerse ese vestido en el frente.

El repertorio de canciones que interpretó durante los años de la guerra giraba en torno a la lealtad hacia el amado ausente, que luchaba por la patria, aunque también rebosaba patriotismo y camaradería. Sobre el escenario, Shulzhenko traducía en música un mundo de ensueño, cuajado de pura belleza, en el que no había lugar para el mal. Eso era exactamente lo que sus fans necesitaban para poder olvidarse por un momento de la miseria que los rodeaba. Si se vestía de uniforme por solidaridad con los soldados, estos se llevaban una decepción. Querían verla con vestidos adornados con perlas, como en los viejos tiempos, cuando las armas callaban. En cuanto a ese anhelo de *glamour*, ni Marlene Dietrich ni Vera Lynn podían hacerle sombra.

Solo por «El pañuelo azul», millones de soldados la adoraban. Todo el mundo debía de conocer y de cantar o tararear esta canción. No me extraña, pues la melodía es la de un vals melancólico y la letra habla de una mujer a la que se le cae de los hombros un pañuelo azul, que recoge su amado, que está a punto de marcharse al frente. La mujer le promete que lo guardará cual tesoro en la cabecera de su cama hasta que los fascistas sean derrotados y él regrese del frente. Además de ser el símbolo del amor de una mujer por su esposo ausente, «El pañuelo azul» refleja la fe en la victoria sobre los alemanes.

El origen de la canción es igualmente romántico. Un día de la primavera de 1942, Shulzhenko fue abordada en el frente del Volga por un teniente llamado Mijaíl Maksimov, que había escrito una nueva letra para una canción ya existente llamada precisamente «El pañuelo azul». De ese modo, la historia sentimental de un pañuelo se convirtió en un canto de esperanza por el regreso del ser querido que lucha por la patria en el frente. Y Shulzhenko transmitió esa esperanza como nadie.

«El pañuelo azul» fue para los rusos lo que «Lili Marleen» de Lale Andersen para los alemanes y «We'll meet again» de Vera Lynn para los británicos. Animaba a los soldados. Hubo incluso un oficial veinteañero que animaba a sus hombres con el grito de guerra «¡Por el pañuelo azul!», en lugar de los habituales «¡Por la Madre Patria! ¡Por Stalin!».

El documental *Una noche con Klavdia Shulzhenko* (1983) incluye un fragmento de un 9 de mayo, Día de la Victoria, de comienzos de la década de 1970 en el que Shulzhenko está sentada en un plató de televisión entre veteranos de guerra de la Marina. Los oficiales recuerdan un concierto que ella ofreció en el hospital militar de Novorosíisk, en el mar Negro. Estaban heridos, pero deseaban fervientemente oírla cantar. La canción «Las manos» les llegó al alma. Las manos eran esenciales para todo, desde escribir y amasar, hasta sostener el fusil o acariciar a una amante. Por eso le piden que vuelva a cantarles la canción, y ella accede a la petición. Una vez más admiro su secreto: el hechizo no se limita a su voz y sus canciones, sino que encierra también los elegantes movimientos de sus manos, casi parece que Shulzhenko me atraiga hacia sí y me abrace.

Por sus actuaciones durante la guerra, que la llevaron a recorrer no solo todo el Frente Occidental, sino también al Cáucaso y Asia Central, la cantante recibió una condecoración tras otra, entre ellas la Orden de la Estrella Roja, reservada a oficiales de alto rango. Esas muestras de honor la animaron a seguir cantando hasta el final de la guerra.

La euforia por la victoria sobre Hitler fue abrumadora, igual que el dolor por el sufrimiento causado por los alemanes. Toda la parte europea de la Unión Soviética estaba en ruinas. Grandes ciudades como Minsk quedaron reducidas a escombros. En el bando soviético habían muerto veintisiete millones de personas, entre ellas ocho millones de soldados. Todos mis amigos y conocidos rusos perdieron al menos a un familiar entre 1941 y 1945.

Pude intuir y sentir el alcance de ese sufrimiento generalizado cuando asistí al Desfile de la Victoria en la Plaza Roja el 9 de mayo de 2011.

Fui uno de los pocos periodistas occidentales en conseguir un puesto de pie frente al escenario donde estaban sentados los veteranos de guerra, de edad avanzada, engalanados con uniformes repletos de medallas de hojalata. Nada más pisar la Plaza Roja, mientras se dirigían a sus asientos, habían sido recibidos entre aplausos por los soldados. Veinte mil efectivos, en filas y en posición de firmes, chicos de diecisiete años en uniforme de combate, con el fusil al pecho.

A las siete de la mañana, yo y otros quinientos periodistas, en su mayoría rusos, nos habíamos presentado en el edificio del Estado Mayor Presidencial, en la época comunista sede del Comité Central. Dos horas después de recibir nuestra acreditación, nos llevaron en autobús a la Plaza Roja. Allí, los vigilantes de seguridad nos guiaron hasta la acera, frente a la tribuna. «Espacio para la prensa», gritó uno de ellos en tono adusto.

En el estrado descubrí a la exespía Anna Chapman, que por entonces tenía veintinueve años, y un veterano de otra guerra. Ella y otros nueve espías rusos fueron capturados en Estados Unidos un año antes como miembros de una red de espías durmientes, y recientemente habían sido repatriados como parte de un intercambio de prisioneros.

Fueron llegando más veteranos en carritos de golf. Algunos iban acompañados de sus nietos, que también vestían el uniforme militar para la ocasión. Y luego estaban los cadetes, adolescentes en formación. La increíble variedad de uniformes, grandes y pequeños, verdes, blancos y azules, demostraba que Rusia continuaba siendo un país altamente militarista.

Para los veteranos fue un día inolvidable, como si revivieran la victoria sobre Hitler por última vez. Me acuerdo de mi anciana amiga Aleksandra Ivanovna Proligina, que cavó trincheras cerca de Moscú en 1941, saltó dentro y defendió su ciudad con el fusil en la mano. La llamé para felicitarla por el 9 de mayo e informarle de que estaba en la Plaza Roja. «Me siento orgullosa de ti, hijo mío –dijo cuando descolgó–. Me alegra saber que estás ahí».

A las diez en punto comenzó el desfile. Ocho oficiales de la guardia de honor desfilaron por la plaza pertrechados con una bandera rusa y el estandarte de la victoria de la Unión Soviética. Los instrumentos de la banda militar, compuesta por mil quinientos músicos, hicieron sonar, amenazantes, las notas de la marcha conocida como «La Guerra Santa». Sólo esta parte era, ya de por sí, mucho más impresionante de lo que yo estaba acostumbrado a ver en la televisión.

La tensión fue en aumento, incluso entre los generales que estaban en la acera junto a mí, como si, a pesar de la meticulosa planificación, algo pudiese salir mal. El ministro de Defensa felicitó a todos los regimientos por esa sexagésima sexta conmemoración de la victoria durante la Gran Guerra Patria. El multitudinario «¡hurra!» de los soldados inundó la plaza como un tsunami. A continuación, tomó la palabra el presidente Medvédev. Su rostro mostraba la melancólica expresión de quien sabe que está asistiendo a su último desfile como jefe de Estado. Habló de la libertad, de la estabilidad en el mundo, y prometió destinar más dinero al ejército. Al contrario del año anterior, tuvo palabras conciliadoras para los aliados. Por aquel entonces aún faltaban tres años para la anexión de Crimea y la nueva Guerra Fría que esta provocaría.

Sonó el himno nacional, comenzó la marcha militar. Los veteranos se levantaron de sus sillas plegables y saludaron a las tropas como si estuvieran de nuevo al mando. Por la plaza rodaron tanques, carros blindados, sistemas de lanzacohetes y misiles intercontinentales Tópol-M. Nunca antes había visto ese material militar de cerca. Eran armatostes viejos, remendados hasta donde se podía, en no pocos casos a base de una simple mano de pintura. Eran sintomáticos del mal estado en que se encontraban las fuerzas armadas rusas. Después del desfile se me acercó una veterana y se quejó de que era una vergüenza que no se cuidara mejor al ejército.

El acto finalizó a las once en punto. Los veteranos se dispersaron por las calles del centro de Moscú bajo una lluvia de claveles rojos y besos de mujeres jóvenes. Algunos sostenían ramos en toda regla. En las estaciones de metro sonaban canciones de guerra de elevada carga sentimental. Por la noche, los estudiantes rusos siguieron cantándolas, y un cosaco del Don también las cantó en la residencia de un diplomático neerlandés, junto a los Estanques del Patriarca. Se montó una gran fiesta popular en toda la ciudad, acompañada de una masiva embriaguez pública. Como si la victoria sobre el enemigo fuese una hazaña reciente. Y en todas partes sonaba «El pañuelo azul». No solo emergía de los cientos de altavoces suspendidos de árboles y farolas, sino también de innumerables voces de jóvenes y mayores.

Un año antes había asistido a la ceremonia de entrega de premios de un concurso de redacción para estudiantes de secundaria sobre la época de aquella victoria. La activista de derechos humanos Liudmila

Alekseieva, que entonces tenía ochenta y tres años, relató con voz entrecortada por las lágrimas cómo había vivido el final del conflicto bélico. «Cuando me enteré de que la guerra había terminado, corrí a la Plaza Roja. Las calles estaban repletas de gente. Todo el mundo estaba contentísimo. No porque venciéramos a los alemanes, sino porque la guerra había terminado. Ganamos nosotros, el pueblo. Por eso ahora siento vergüenza al ver carteles de Stalin por todas partes. El final de la guerra fue una hazaña nuestra, no suya».

Alekseieva, que falleció en 2018, dio en el clavo. Lo que ella sintió entonces también debieron de sentirlo Shulzhenko y esos millones de soldados. Fueron ellos quienes le habían dado la victoria a Stalin y, a cambio, exigieron mayores libertades civiles y el fin del terror. El dictador, por su parte, percibió ese anhelo popular como un ataque a su posición de poder. Así que apretó aún más las tuercas, y tramó una nueva oleada de purgas encaminada a sofocar el descontento social antes de que fuera demasiado tarde. A la postre, el miedo se come el alma de cualquiera.

De pronto, la prensa soviética empezó a cargar contra los tangos, los foxtrots y los valses, alegó que era una música «decadente», sospechosa de pervertir a los jóvenes. Los toques de *jazz* presentes en los foxtrots también fueron blanco de las críticas. En 1946, las canciones de variedades incluso pasaron a ser objeto de un estigma oficial. El entretenimiento «sin dogma» suscitó la reprobación del Comité Central, al igual que las canciones líricas. Se publicó una lista negra de trescientas obras ideológicamente «indeseables» o «insustanciales», entre ellas «La nota», «Las manos», «El reloj», «Rendez-vous», «No me arrepiento de nada» y «El pañuelo azul» de Shulzhenko. Cada vez resultaba más difícil encontrar discos con esas canciones. Se iban agotando y ya no se lanzaban ediciones nuevas. De un día para otro, en la Unión Soviética se le negó el derecho de existir al repertorio completo de variedades, por la sencilla razón de que era un género que se consideraba frívolo y sentimental, y despreciaba la ideología comunista.

Entonces, una vez más, Shulzhenko se vio obligada a reinventarse. Esta vez le costó un mayor esfuerzo y no lo hizo de buena gana, lo cual no es de extrañar. Por una parte, el Estado la alababa como la mejor cantante que jamás había dado el teatro de variedades, pero, por otra, la criticaban por sus canciones «superficiales».

Además de su repertorio, Shulzhenko también adaptó su estilo interpretativo. Una de las soluciones que se le ocurrieron fue que, en adelante, sólo la acompañaría el piano, y no el conjunto de *jazz* de su esposo Koralli. Sin las alegres licencias tonales que ofrecía el *jazz*, sus canciones de siempre adquirieron, de repente, un tono mucho más serio y sutil. Empezó a cantar sobre la vida estudiantil, y cambió el amor y la añoranza por la caótica vida de los jóvenes a punto ya de entrar en una edad adulta más formal. De esa manera tan sofisticada consiguió salir indemne de los últimos años previos a la muerte de Stalin en 1953, aunque hubo que esperar a finales de los cincuenta y principios de los sesenta para que retomara su antiguo repertorio y volviera a ser ella misma sobre el escenario. De hecho, en 1956 anunció que en el futuro sólo cantaría canciones que fueran de su agrado. En ellas la poesía desempeñaba un papel fundamental. Cuando, en la década de 1960, las baladas románticas volvieron a estar de moda, Shulzhenko no tardó en triunfar en los escenarios con nuevas versiones de su primer repertorio.

En 1962, la televisión local de Leningrado retransmitió uno de sus conciertos. Lo busqué en internet y me dejé llevar a la época en que gobernaba Leonid Brézhnev, con sus espesas cejas negras, y todo el mundo parecía estar más o menos contento gracias al alto precio del petróleo.

El programa que Shulzhenko cantó aquella tarde se titulaba «Canciones de amor». Como en un documental, la cámara lleva al espectador desde el jardín de verano del zar Pedro el Grande, con sus hermosos árboles y numerosas estatuas, a lo largo del río Nevá, con sus magníficos puentes y majestuosos palacios de la antigua nobleza, hasta el presentador Ígor Gorbachov, que recita un poema sobre el amor mientras pasea. Se detiene ante el cartel de la fachada de la sala de conciertos en el que aparece el nombre de la popular cantante, y termina diciendo con gesto desenfadado y la gorra ladeada sobre la cabeza: «No sé tú, pero yo adoro a Shulzhenko». Esta es la Unión Soviética en su versión más romántica.

La propia Shulzhenko, acompañada por un trío de piano, guitarra y contrabajo, se muestra en todo su esplendor. El idólatra Gorbachov, que se encarga de presentarla al espectador, no escatima en elogios. El rubio cabello aparece teñido de negro. Puede parecer robusta si se tiene en cuenta que por entonces tenía cincuenta y seis años, pero en la Unión Soviética de aquella época semejante complexión era bastante común entre las mujeres de su edad. Como siempre, luce un hermoso vestido largo, en esta ocasión rematado por una estola de seda echada sobre los hombros. Un collar de perlas y unos pendientes largos le adornan el cuello, y lleva el pelo recogido. El halo de autoconfianza que rodea a Shulzhenko sugiere que, después de todos estos años, se ha superado a sí misma.

Solo ahora me doy cuenta de la cantidad de mujeres que por aquel entonces debieron de identificarse con ella, y soñaron con llevar algún día un traje y unas joyas tan bellos como aquellos. En la sala abundan las parejas, jóvenes y mayores, y también los militares. Antes de que Shulzhenko haya entonado la primera nota, irradian admiración. Están ahí por su ídolo, y también por nostalgia, ese sentimiento que está indisolublemente unido a Rusia, con independencia del momento histórico.

Entre canción y canción, Gorbachov relata la vida de Shulzhenko. Van insertándose imágenes de célebres grabaciones de los años ochenta, por ejemplo, de la rubia cantante que interpreta «El pañuelo azul». Después se retoma el concierto y Shulzhenko canta «*Davai, zakurim*» (Fumemos juntos). En ese instante entiendo por qué, con sus canciones, logra seducir a tantos compatriotas. No son sus ojos, que entorna como para evitar que le entre el humo del cigarrillo, sino sus manos, con las que lía un pitillo imaginario. A ello se suma que coquetea con la cámara y el público. Lo mismo sucede cuando entona «La nota». Canta como si fuese leyendo la letra mentalmente. Su lenguaje corporal es tan expresivo que sobra el sonido.

En el momento de la grabación, Shulzhenko llevaba ya siete años divorciada de Koralli. Ni él ni ella se habían tomado demasiado a pecho el naufragio de su matrimonio. Con los años se habían distanciado como amantes. Quizá el único inconveniente fuera que Shulzhenko, al volverse a registrar como soltera, tenía que vivir en una *kommunalka*.

Dos años más tarde, en 1957, se volvió a casar. El afortunado novio era su admirador Gueorgui Yepifanov, de treinta y nueve años, con quien mantenía una correspondencia epistolar desde hacía algún tiempo. Sin embargo, tampoco ese matrimonio tuvo un final feliz; las reiteradas peleas acabaron con él en 1964.

Después de esa experiencia, Shulzhenko siguió soltera y se volvió más vulnerable que nunca. Su soledad se tradujo en una combinación de volubilidad y perfeccionismo, como ocurre a menudo con las primas donnas. Tal era su grado de exigencia que espantaba a sus amigos, temerosos de no ser capaces de satisfacer sus desorbitadas expectativas.

Su único consuelo fue el reconocimiento oficial que recibió en mayo de 1971 cuando fue nombrada Artista del Pueblo de la Unión Soviética, el mejor galardón que podía desear una cantante.

Como antiguo combatiente, Leonid Bréznev era un gran admirador suyo y sentía especial preferencia por su canción «La nota». Ello hizo que un día, después de un concierto al que él había asistido, Shulzhenko se armara de valor y se le acercara para quejarse de lo difícil que le resultaba encontrar una vivienda adecuada. El líder del Partido la escuchó pacientemente y prometió ayudarla. Poco después, le asignaron a la artista un piso confortable de nueva construcción en una calle elegante. En 1976, con motivo de su setenta cumpleaños, su potentado admirador le otorgó la medalla de la Estrella de Oro.

El concierto conmemorativo por su aniversario la puso de nuevo en el punto de mira en todo su esplendor, de pie en la Sala de Columnas de la Filarmónica de Leningrado llena a rebosar. Shulzhenko continuó actuando durante varios años. Su popularidad, especialmente entre un público mayor, era indiscutible. Sin embargo, tuvo problemas con los nuevos medios de comunicación, como la radio y la televisión, que obstaculizaban el contacto directo con el público. Sobre todo la televisión, porque las retransmisiones eran constantemente interrumpidas, incluso para dar cabida a las últimas noticias de *hockey*.

Su estado de salud y su memoria se deterioraron en los últimos años. Nada de eso se percibe en el documental *Una noche con Klavdia Shulzhenko*, en el que, un año antes de su muerte, canta igual de bien que siempre, aunque su voz ha decaído un poco. El documental comienza con un hombre muy amable que pasa a recoger a la cantante por su apartamento para llevarla al estudio de la discográfica Melodiya, muy cerca del Conservatorio de Moscú. Shulzhenko está ensayando con su pianista cuando entran las cámaras. El decorado es típico de la élite soviética de la época: muebles y lámparas de pie antiguos y manifiestamente *kitsch*, papel de seda dorada pintado de flores, espejos y un piano. Al fondo, se ven retratos de la artista en sus años de juventud.

Sentada en el asiento trasero de un volga –en aquellos días era, junto con el Lada, el coche que más se estilaba en las calles de Moscú–, es conducida al estudio de la iglesia anglicana de San Andrés, en la calle Voznesenski. El edificio de ladrillo rojo, que data de 1883 y lo mismo podría estar en Cambridge o en Exeter, perdió su función religiosa tras la Revolución de 1917 y no reemprendió su actividad como iglesia hasta la visita de Estado de la reina Isabel II en 1994.

Para mí es un lugar familiar, porque además de ser una visita obligada para los creyentes anglicanos es también la sala de ensayo del Coro Internacional de Moscú, del que formó parte mi esposa, como miembro del coro y solista, durante los cinco años que vivimos en la capital rusa. El hecho de que muchos grandes músicos soviéticos grabaran un disco entre sus paredes confiere al edificio un aura casi mágica.

En el documental, Shulzhenko rememora su época en Leningrado durante la guerra, pero también recuerda aquel concierto conmemorativo de 1976 en la Sala de Columnas de la Filarmónica. Con un suspiro relata que fue ahí donde actuó por primera vez, en 1939, en un concurso para artistas de variedades. A continuación, se suceden unas cuantas grabaciones de archivo de sus apariciones en tiempos de guerra, en las que ofrece conciertos a los soldados. Los hombres vestidos de militar la escuchan relajados y admirados, al aire libre, en una sala de conciertos o en un hospital. Las imágenes muestran que en aquellos años Shulzhenko fue, gracias a sus canciones, la novia de todos.

Cuando murió el 17 de junio de 1984, toda la Unión Soviética, desde Brest-Litovsk hasta Vladivostok, estuvo de luto. Fue despedida con un funeral de Estado y escoltada por miles de admiradores hasta su última morada en el cementerio del monasterio de Novodévichi. Todos los años se depositan flores en su tumba.

Todavía hoy, el repertorio de Shulzhenko goza de enorme popularidad. Las interpretaciones actualmente en boga, protagonizadas por chicas jóvenes con uniformes militares, son la mejor prueba de ello. Como dijo la propia Shulzhenko: «Mientras la gente me recuerde, seguiré viva». Y así es, porque basta con encender la televisión rusa el 9 de mayo para volver a oír «El pañuelo azul».

Conocí a Shulzhenko aquella tarde de diciembre en el Museo de la Gran Guerra Patriótica. Desde las primeras notas me enamoré de su música. Después de nuestra visita bailé por la inmensa plaza del brazo de Yulia, hacia los tres lugares de culto: una sinagoga, una mezquita y una iglesia ortodoxa, que representan las tres religiones de Rusia.

San Jorge, patrón del ejército, nos contemplaba desde lo alto de su enorme columna en el centro de aquella superficie ancha y espaciosa.

Sin dejar de cantar, nos deslizamos por el hielo colina abajo, en dirección a la parada de metro. En nuestros pensamientos, nos creíamos rodeados por el enemigo alemán, pero estábamos a salvo, gracias al pañuelo azul.

5

Castigado por ser judío

Escuché por primera vez la música de Moiséi Vainberg (1919-1996) en el largometraje ruso *Pasaron las grullas*. Sus melodías ligeras, dramáticas y románticas acompañaban la conmovedora historia de dos jóvenes amantes moscovitas cuya felicidad se vio truncada por la Segunda Guerra Mundial. Tuve la ocasión de ver este drama del director Mijaíl Kalatózov, de 1957, en el cine Rialto de Ámsterdam a finales de la década de 1980, cuando, a raíz de la perestroika de Mijaíl Gorbachov, se proyectaban en las salas neerlandesas toda clase de tesoros cinematográficos de la Unión Soviética. La escena inicial, en la que los dos protagonistas corren por el muelle del río Moscova al amanecer, después de una noche de diversión y, de repente, observan una bandada de grullas, se me ha quedado grabada en la retina desde entonces. Aun hoy, esa música hace que mi corazón palpite más rápido y que añore estar en Moscú una mañana de verano.

Sin embargo, no comencé a interesarme por la persona de Vainberg hasta años más tarde, cuando leí en una biografía de Dmitri Shostakóvich que este anteponía los cuartetos de cuerda de su joven colega a los suyos propios. Escuché su música y enseguida me percaté de una gran similitud entre las composiciones de uno y otro.

Mi conocimiento sobre Vainberg se amplió en verano de 2019, después de asistir a un concierto que el Muziekgebouw aan 't IJ de Ámsterdam dedicó al músico ruso con motivo del centenario de su nacimiento. El violinista letón Gidon Kremer y su orquesta de cámara Kremerata Baltica se inspiraron en la poderosa y emotiva música de Vainberg para crear el sobrecogedor espectáculo *Chronicle of Current Events*, sobre la vida y el destino del compositor, en el que se trazaban paralelismos a veces aterradores con la Rusia actual. De esto último se había encargado el director Kiril Serébrennikov, que en aquel momento se encontraba bajo arresto domiciliario en Moscú y nunca dejaba escapar la ocasión de criticar el régimen de Putin en sus actuaciones.

El título del espectáculo se había tomado prestado de la revista disidente rusa del mismo nombre, *Crónica de Acontecimientos Corrientes*, que se distribuía en formato mecanografiado y que contaba lo que realmente ocurría en la sociedad soviética de los años sesenta y setenta. A base de música, actuaciones y vídeos se mostraba la trayectoria de Vainberg y se ponía de relieve cómo la ideología comunista influyó en su vida y en su obra. La Kremerata Baltica hizo resonar los horrores de la Segunda Guerra Mundial en cuanto interpretó los apesadumbrados diálogos de cuerda de la *Sinfonía n.º 21* (*kadish*) de Vainberg.

Por primera vez pude ver su rostro vulnerable, con la mirada introspectiva y las cejas finas y arqueadas. Todo en él rezumaba miedo, una impresión que su música parecía realzar. No había ni rastro de la esperanza expresada en las romanzas de Klavdia Shulzhenko durante los años de la guerra.

Deduzco por el apellido que Vainberg tiene orígenes judíos. Además, el hecho de que unas veces aparezca como Mieczysław Weinberg y otras como Moiséi Vainberg remite a Polonia, donde los apellidos judíos solían referirse a ciudades alemanas.

En busca de indicios del Vainberg judío consulto a mi amigo Mijaíl Zemtsov, un ruso de cincuenta y un años, violista y director de orquesta, procedente de una familia de músicos judíos rusos emigrados a Occidente. Lleva viviendo veinte años en los Países Bajos, donde solía dirigir la sección de viola de la orquesta Residentie y ahora enseña viola en los conservatorios de La Haya y de Utrecht. Lo pillo en plena grabación de un CD de un trío de Brahms, en compañía de la pianista Hanna Shibaieva y la violonchelista Timora Rosler, en una iglesia reconvertida en estudio de música en Ámsterdam Norte.

Según Mijaíl, Vainberg es un compositor fantástico con un estilo propio muy definido. «Puede que no todas sus piezas tengan el mismo nivel, pero eso ocurre con cualquier compositor –afirma–. En mi opinión, su *Trío para cuerda* y su *Quinteto para piano* son verdaderas obras maestras. Es innegable que en su música se percibe la influencia de Shostakóvich, pero lo contrario también es cierto. Así, el uso que Shostakóvich hace del folclore judío se debe en gran medida a las influencias de Vainberg».

Pregunto a Mijaíl por el antisemitismo en la Unión Soviética. ¿Alguna vez llegó a experimentarlo en persona? Su respuesta es breve y clara: «En la Unión Soviética se aplicaban a los judíos básicamente las mismas normas que bajo los zares. Por ejemplo, había cuotas de admisión para estudiantes judíos en las universidades y en los conservatorios. La quinta sección del pasaporte era temible, porque mencionaba la nacionalidad. También interfería en los procesos de selección de personal. Por eso muchos judíos cambiaron sus apellidos judíos por apellidos rusos o ucranianos, porque estaba demostrado que eso ayudaba, o como dice un famoso refrán: "Te dan un puñetazo en la cara, pero no en el pasaporte"». En ese sentido, la situación de Vainberg debió de ser doblemente desafortunada.

Poco a poco fui comprendiendo que Moiséi Vainberg había tenido una vida trágica. Se marchó de Polonia justo a tiempo para escapar de los nazis. Una vez en la Unión Soviética, no tardó en triunfar, como pianista y compositor, en parte gracias a Dmitri Shostakóvich, que se dio cuenta enseguida de sus grandes dotes de músico. Sin embargo, en 1948, Vainberg cayó presa de la campaña antiformalista y anticosmopolita de Stalin, dirigida ante todo contra la *intelligentsia* judía. Hasta la muerte del dictador, en 1953, estuvo bajo la vigilancia de la policía secreta, que incluso lo encarceló brevemente en dos ocasiones. En ambos casos fue su amigo Shostakóvich quien salió en su defensa y consiguió su liberación.

La reputación de Vainberg no se restableció hasta la década de 1960, cuando se inició un periodo de deshielo cultural bajo el mandato del sucesor de Stalin, Nikita Jrushchov. De repente, su obra fue interpretada por los grandes de la música soviética, como los directores Kiril Kondrashin, Kurt Sanderling y Rudolf Barshái, los solistas Emil Guilels y Leonid Kogan, y el Cuarteto Borodín, algunos de los cuales, como Vainberg, tenían raíces judías. El *Quinteto para piano*, en particular, era una de las obras favoritas del repertorio de muchos músicos.

Debido a su extraordinario talento, Vainberg tocaba a menudo con otras figuras prestigiosas de la escena musical soviética. En 1967 acompañó a Galina Vishnévskaia, Mstislav Rostropóvich y David Oistrakh en el estreno de las *Siete romanzas basadas en poemas de Alexander Blok, opus 127*, de Shostakóvich y en un estudio de grabación interpretó, con el propio Shostakóvich, la versión a cuatro manos de la *Sinfonía n.º 10 para piano*. Cuando ya no podía tocar el piano debido a la tuberculosis vertebral que había contraído durante los años de la guerra se dedicó en exclusiva a la composición.

Sorprendentemente, a diferencia de Shostakóvich y Prokófiev, Vainberg apenas se dio a conocer en Occidente durante el periodo comunista, en parte porque era un judío polaco –a los refugiados de Polonia no se los consideraba «rusos»–, y también por su reticencia a enseñar en los conservatorios de Moscú o Leningrado, como solían hacer otros grandes músicos de la época. En consecuencia, su nombre era poco conocido. En la jerarquía de embajadores culturales, enviados a Occidente con fines propagandísticos en apoyo de la causa de la utopía socialista ocupaba, por lo tanto, un peldaño inferior al de sus colegas rusos.

Aun así, en los años setenta EMI grabó su *Sinfonía n.º* 4, su *Concierto para violín* y su *Concierto para trompeta*, bajo licencia de la discográfica estatal rusa Melodiya. Pese a ello, como nadie lo había visto actuar, permaneció invisible en Occidente.

Después de su muerte, todo cambió. De pronto se le equiparó con Shostakóvich. En 2019, con motivo del centenario de su nacimiento, se organizaron simposios, lanzamientos de CD y conciertos en todo el mundo. Nada que ver con 1994, año en que Vainberg, catorce meses antes de morir, celebraba su setenta y cinco cumpleaños si bien su música parecía llevar enterrada ya mucho tiempo. Salvo un puñado de amigos, nadie se acordaba de él. El declive había comenzado veinte años antes, en la década de 1970. Al igual que Shostakóvich, en aquella Unión Soviética anquilosada Vainberg dejó de despertar el interés de la audiencia, ansiosa por asistir a conciertos modernos. Más que por alguien como él, los amantes de la música se sentían atraídos por una generación de jóvenes compositores *underground*, como Alfred Schnittke y Sofiya Gubaidúlina.

En Occidente ocurrió justo lo contrario: Vainberg no saltó a la fama hasta después de su muerte. Entre 1994 y 2000 el sello Olympia editó sus obras más importantes en formato CD. Se produjo un auténtico renacimiento de Vainberg en las principales salas de conciertos occidentales. Gracias a ello, al fin, alcanzó renombre fuera de Rusia. A partir de 2006 se organizaron congresos en su nombre, su obra podía escucharse en todas partes y se publicaban estudios sobre él en inglés, alemán, polaco y ruso. En el mundo de la música clásica, Vainberg, cuyo nombre volvía a escribirse a menudo como Weinberg, acabó siendo una referencia ineludible.

La familia judía de Vainberg procedía por parte paterna y materna de la gobernación rusa de Besarabia, la actual Moldavia. En aquella época

Vainberg aún se escribía como Weinberg, al estilo alemán. No sólo los dos abuelos del músico, sino también dos de sus bisabuelos fueron asesinados en la capital Kishiniov, ahora Chisináu, durante el sangriento pogromo de 1903. El padre de Vainberg, Samuíl Weinberg, escapó a la masacre al haber abandonado la ciudad poco antes. Con todo, él también moriría asesinado, en 1943, junto con su esposa Sara y su hija Ester, dos años mayor que Mieczysław, no a manos de cosacos rusos y del populacho local, sino presumiblemente de los nazis y sus cómplices polacos en un campo de concentración.

Si Mieczysław se libró de ese destino fue porque huyó a tiempo a la Unión Soviética. Como muchos otros judíos que sobrevivieron al terror nazi, se sintió culpable durante el resto de su vida por no haber evitado el atroz asesinato de sus padres y su hermana. Según afirma en sus memorias, ese insoportable tormento se convirtió en el principal motor para no dejar de componer. Así, conmemoraba permanentemente a sus familiares, día tras día, decidido a mantener viva su memoria.

A principios del siglo XX, Samuíl Weinberg se ganaba la vida como compositor, violista y director de la pequeña orquesta del Teatro Judío de Varsovia. Se hallaba en esa ciudad cuando estalló la Primera Guerra Mundial en agosto de 1914. Por aquellas fechas, Varsovia tenía una población de 800.000 habitantes, de los cuales 300.000 eran judíos. Gracias a esa nutrida presencia –en 1929 vivían casi tres millones de judíos en toda Polonia, más del diez por ciento de la población total–, Varsovia contaba con una próspera vida cultural judía.

Fue en ese ambiente artístico donde nació Mieczysław Weinberg el 8 de diciembre de 1919. En sus memorias, el compositor relata cómo a la edad de seis años acompañaba a su padre al teatro para escuchar su música. Pronto aprendió a tocar el piano. Él mismo recuerda que con diez u once años se sentaba al teclado con su padre durante las funciones en el Teatro Judío. Además, ya por entonces lo sustituía con cierta frecuencia al frente de la orquesta. Años más tarde se beneficiaría de esas experiencias para componer su música cinematográfica.

A los doce años, Mieczysław se matriculó en el Conservatorio de Varsovia por recomendación de su profesor de piano, que estaba profundamente impresionado por su excepcional talento. Recibió clases del célebre pedagogo y pianista Józef Turczyński, que daba conciertos por todo el mundo. El joven Weinberg no tardaría en convertirse en uno de sus dos discípulos más aventajados. En esos años escribió sus primeras composiciones, incluidas varias canciones para el Teatro Judío que no se han conservado. No se dedicó realmente a la composición hasta que no se estableció en la Unión Soviética. Mientras tanto, su vida giraba en torno al piano.

El 6 de septiembre de 1939, cinco días después del estallido de la Segunda Guerra Mundial, Weinberg tocó por la noche en el Café Adria, una popular sala de baile de Varsovia. Pocos polacos vieron de qué preocuparse, puesto que el Gobierno aseguraba que el ejército lograría contener a las tropas alemanas. Sin embargo, de vuelta en casa, Mieczysław oyó por la radio que las cosas no pintaban nada bien: el enemigo avanzaba hacia Varsovia y a todos los hombres se les había ordenado que abandonaran la ciudad. Cincuenta años más tarde escribió en sus memorias: «A la mañana siguiente salí de Varsovia con mi hermana menor, hacia el este. Sus zapatos le causaban rozaduras en los pies, así que al poco volvió a casa; yo, en cambio, proseguí mi camino».

Durante diecisiete días marchó hacia el este en medio del fragor de la guerra. No estaba claro dónde terminaría su viaje. Apenas tenía nada que comer ni beber, y más de una vez se escapó de la muerte por los pelos. En una ocasión vio a un militar alemán que preguntaba a un grupo de judíos por una dirección; cuando se alejaba de ellos, les lanzó una granada de mano, y los mató a todos.

El 27 de septiembre, el Gobierno polaco capituló ante los alemanes. Para entonces las tropas soviéticas habían violado la frontera oriental de Polonia para anexionarse los territorios polacos situados en el oeste de Ucrania, tal y como habían acordado con sus entonces aliados alemanes en virtud del Pacto Mólotov-Ribbentrop. En los días siguientes, miles de polacos y judíos refugiados se reunieron en la frontera polaco-soviética, a la altura de la ciudad rusa de Brest. Con las ametralladoras alemanas apuntándoles a la espalda suplicaron que se les autorizara a entrar en tierras soviéticas. Tuvieron suerte: llegó la autorización y la frontera se abrió.

Sin embargo, antes de poder entrar en la Unión Soviética, los refugiados tenían que registrarse. Fue entonces cuando a Mieczysław Weinberg le cambiaron el nombre. Tras preguntarle si era judío, las autoridades soviéticas le comunicaron que en adelante no se llamaría Mieczysław, sino Moiséi. A juzgar por sus propias palabras, su respuesta fue sencilla: «Moiséi, Abram, como quieran, con tal de que me dejen entrar en territorio soviético». En aquel momento no era consciente de que nunca más volvería a Polonia.

Una vez en la Unión Soviética, Vainberg se trasladó a Minsk, la capital de Bielorrusia. En esa ciudad, que sería arrasada durante la guerra, se le permitió continuar su educación musical en el conservatorio a expensas del Estado. Recibió clases del famoso Vasili Zolotariov, discípulo de Rimski-Kórsakov. Y tuvo la fortuna de no tener que alistarse en el ejército debido a su delicada salud.

Poco más se sabe de su estancia en Minsk. No le sobraba el dinero, pero tampoco padecía hambre, y la música le hacía olvidar las miserias.

Fue entonces cuando escuchó por primera vez la música de Shostakóvich, una experiencia que le cambió la vida. Aparentemente, reconoció en esa música algo de su propio yo. Sucedió un día en el que estaba previsto que, en Minsk, se interpretase la *Sinfonía n.º 5*. Sin embargo, en la orquesta no había nadie que pudiera tocar las partes de piano y de celesta. Vainberg se hizo cargo y quedó prendado.

A partir de entonces realizó grandes progresos como compositor y se convirtió en uno de los dos alumnos predilectos de Zolotariov. Probablemente esa fue la razón por la que fue enviado a Moscú en 1940 para representar a la República Soviética de Bielorrusia en el congreso llamado «Primera Década de la Literatura y el Arte Bielorrusos».

En ese encuentro conoció al compositor Nikolái Miaskovski, por el que sentía una gran admiración. Tras su traslado definitivo a Moscú, tres años más tarde, le enviaría sus nuevas composiciones para su evaluación. Hasta el día de su muerte habría en su mesilla de noche una fotografía con una dedicatoria de Miaskovski, del mismo modo que en el escritorio de Chéjov lucía un retrato de Chaikovski.

El 21 de junio de 1941, Vainberg recibió su diploma de graduación en un acto en el conservatorio, donde la orquesta sinfónica de la Filarmónica de Minsk, dirigida por Iliá Musin, interpretó su *Poema sinfónico*. Como joven compositor no podría haber deseado una graduación más hermosa. Sin embargo, su felicidad se vio empañada esa misma noche, cuando la Alemania nazi invadió la Unión Soviética.

En los primeros días de la guerra, nadie en Minsk podía imaginar la inconmensurable tragedia que se cernía sobre el país. Durante la sesión de matiné en la Casa del Ejército Rojo, el Teatro de Arte Antón Chéjov de Moscú ofreció una representación de la comedia costumbrista de Richard Sheridan *La escuela del escándalo*, y la orquesta sinfónica de la Filarmónica tocó música de compositores bielorrusos en el parque de la ciudad. En medio de tanto júbilo se acercó corriendo el ayudante de orquesta, para anunciar que Mólotov, el comisario del Pueblo para Asuntos Exteriores, estaba dando un discurso por la radio. Todo el mundo se precipitó hacia los altavoces del sistema de retransmisión por cable en las calles principales de la ciudad, porque las declaraciones de un alto cargo como Mólotov no solían augurar nada bueno.

La situación amenazaba peligro para la amplia comunidad de judíos que residía en Bielorrusia. Muchos se trasladaron de inmediato a lugares más seguros. Buena parte de los que decidieron quedarse murieron asesinados en los años siguientes.

Vainberg también quiso huir. Sin embargo, al tener la nacionalidad polaca no lo tenía fácil, porque como refugiado extranjero carecía de permiso oficial para salir de Minsk. Afortunadamente, un profesor del conservatorio le consiguió, en el último momento, una plaza en un tren de mercancías que lo llevó hacia el este.

Tras un viaje caótico de dos semanas, Vainberg llegó a Tashkent, capital de la República Soviética de Uzbekistán, adonde ya habían sido trasladados decenas de actores, músicos, escritores, científicos y artistas que habían sido evacuados de Leningrado y Moscú. En octubre se esperaba un tren con compositores moscovitas, entre ellos Shostakóvich, Jachaturián, Jrénnikov, Kabalevski y Shebalín, así como la mayoría de los miembros del Teatro Bolshói. Sin embargo, el enfermizo Shostakóvich no duró mucho en aquel tren atestado de pasajeros y se apeó en la ciudad de Kúibishev, a orillas del Volga, la actual Samara, donde permanecería hasta la retirada de los alemanes.

Desde principios de siglo, Tashkent gozaba de una próspera vida cultural. Además de un teatro de ópera, contaba, desde 1938, con su propia orquesta sinfónica. En la capital uzbeka habían actuado orquestas y compañías de ópera de toda Europa. Precisamente por haber ido a parar a ese importante centro cultural, Vainberg no tardó en encontrar trabajo de apuntador en la ópera, donde conoció a numerosos compositores jóvenes, entre ellos Israel Finkelshtein y Yuri Levitin, ambos refugiados de la Unión Soviética occidental. También entabló amistad con músicos uzbekos, como el compositor Tojtasin Dzhalilov, que dirigió la Orquesta Filarmónica de Tashkent de 1937 a 1940. Todos ellos dejaron su impronta en la obra de Vainberg.

Dado que muchos de los músicos y estudiantes del Conservatorio de Leningrado habían acabado en Tashkent, la orquesta alcanzó cotas insospechadas. En junio de 1942 se interpretó la *Sinfonía de Leningrado* de Shostakóvich en el edificio de la filarmónica local. Isaak Glikman, amigo del compositor, había viajado especialmente de Tashkent a Kúibishev para recoger la partitura.

Un día, en la cafetería de un bloque residencial de los científicos, Vainberg conoció a una joven llamada Natalia Vovsi-Mijoels. Era la hija del famoso actor judío Solomon Mijoels (nacido Solomon Vovsi), quien se había hecho un nombre como director del Teatro Judío Estatal de Moscú.

Se casaron un año más tarde y se mudaron a una de las dos habitaciones asignadas a la familia Mijoels. En la otra habitación vivía Mijoels, su segunda esposa –su primera mujer, la madre de Natalia, había muerto en 1932– y la hija de ambos.

Mijoels ejerció una gran influencia sobre la obra de su yerno. Se percibe especialmente en el alegre ciclo de canciones infantiles, inspiradas en poemas del poeta judío de origen polaco Itzik Leib Peretz, que, en 1943, poco antes del regreso de Vainberg a Moscú, se estrenó en Tashkent. Su primera obra publicada gozaría de una enorme popularidad.

En un primer momento, el Pacto Mólotov-Ribbentrop exacerbó el antisemitismo en la Unión Soviética, pero después del 22 de junio de 1941 la situación cambió de forma abrupta para los judíos, porque Stalin necesitaba imperiosamente a la *intelligentsia* judía, que desempeñaba un papel importante en muchos sectores de la sociedad. En otoño de 1942, el dictador aprobó incluso la creación de un comité judío antihitleriano, que en abril pasó a llamarse Comité Judío Antifascista (JAC). Mijoels fue elegido presidente.

El objetivo principal del JAC era hacer propaganda contra los nazis en el extranjero y recaudar fondos en beneficio del esfuerzo bélico soviético. Para tal fin, Mijoels y otros miembros del JAC viajaron a Estados Unidos para reunirse con la comunidad judía estadounidense. Al terminar la guerra, pagaría muy caro este viaje, ya que después de 1945, Stalin tachó a los estadounidenses de nuevos enemigos de la Unión Soviética.

En aquellos días, Israel Finkelshtein, que antes de la guerra había sido ayudante de Shostakóvich en la clase de composición que este impartía en Leningrado, quedó tan impresionado por la música de Vainberg que se lo comunicó a Shostakóvich en una carta. Finkelshtein animó a Vainberg a que le enviara la partitura de su *Sinfonía n.º 1* desde Tashkent, a través de Mijoels. Uno o dos meses después Shostakóvich le envió una invitación para que lo visitara en Moscú.

En otoño de 1943, Vainberg y Natalia regresaron a la capital rusa. De nuevo se mudaron a casa de los Mijoels –que para aquel entonces habían regresado a Moscú–, un gran piso del bulevar Tver, muy cerca de la casa de Shostakóvich. Vainberg tocó su *Sinfonía n.º 1* a Shostakóvich, el cual quedó muy impactado y se deshizo en elogios. Gracias a él, Vainberg pudo instalarse definitivamente en Moscú.

Aquel encuentro fue el comienzo de una amistad para toda la vida. A partir de entonces, Vainberg sometería cada una de sus composiciones al criterio del gran maestro. Además, ambos solían sentarse juntos al piano para poder captar mejor la esencia de la música. Bach, Beethoven, Músorgski y Mahler fueron los amores incondicionales de Shostakóvich.

Si bien Vainberg nunca fue oficialmente alumno suyo, Shostakóvich no escatimó esfuerzos para presentar la obra de su amigo a otros compositores de renombre. Por lo tanto, no es exagerado afirmar que de ese modo contribuyó de forma significativa al éxito posterior de Vainberg.

En los dos años siguientes, Vainberg compuso entre otras obras su tercer y cuarto cuarteto para cuerda, un trío para piano, un quinteto para piano, dos ciclos de canciones y tres ciclos de piezas infantiles para piano. Entre esos ciclos de canciones figuran las *Seis canciones judías, opus 17*, inspiradas en poemas de Shmuel Halkin sobre el destino de los judíos durante la guerra. En la quinta canción se refiere a la masacre de judíos en el barranco de Babi Yar, cerca de Kiev. Más tarde transformó esa canción en una versión para orquesta y la integró en el cuarto movimiento de su *Sinfonía n.º 6*. Asimismo, dedicó su *Sinfonía n.º 21* a las víctimas del levantamiento del gueto de Varsovia, en el que murieron muchos de sus amigos y conocidos. Trabajar en esa sinfonía debió de ser muy duro para él, pero consideraba que tenía que hacerlo. Desde luego, si alguien podía recrear el ambiente de la capital polaca, ese era Vainberg.

La guerra se había cobrado un alto precio en Rusia. Veintisiete millones de ciudadanos soviéticos habían perdido la vida como resultado del conflicto bélico. Gran parte del país se hallaba en ruinas y la pobreza se situaba en niveles similares a los de los tiempos de la revolución y la guerra civil. Además, por aquellas fechas Stalin temía por su supervivencia en el poder, porque a su paso por la Europa Central millones de soldados soviéticos habían experimentado en su propia piel lo bien que se podía llegar a vivir sin el comunismo. Si antes sólo se había utilizado a Shostakóvich, Jachaturián y Prokófiev en la propaganda ideológica fuera del país, ahora se dio una oportunidad a otros compositores. Vainberg fue uno de ellos. Su pertenencia a la Unión de Compositores le permitió dedicarse a la composición sin que nadie lo estorbara. Sin embargo, en no pocas ocasiones su música era rechazada por motivos no artísticos, relacionados principalmente con sus orígenes judíos. Para eludir las críticas, el siempre optimista compositor decidió dedicarse a la música de cine, un género que dominaba bien. Cuando, con los años, le fallaron los ingresos procedentes de esa actividad, pudo contar con el apoyo financiero de otros compositores, como Nikolái Miaskovski, que al igual que Shostakóvich seguiría siendo uno de sus mecenas.

Sin embargo, su utilidad para el régimen fue efímera. Y el hecho de que se avecinaban malos tiempos para Vainberg quedó patente en 1946, año en que se presionó a los candidatos judíos a las elecciones soviéticas de Moscú para que retirasen sus candidaturas. A esta acción antisemita vino a sumarse otra cuando Stalin dio orden a sus secuaces ideológicos, Andréi Zhdánov y Konstantín Fadéiev, para erradicar el cosmopolitismo y el antipatriotismo en las artes. La medida iba dirigida contra el JAC. De ser un aliado durante la guerra, que había servido para recabar apoyo en Estados Unidos y Gran Bretaña para la causa de la Unión Soviética, pasó de pronto al bando de los enemigos. El motivo era que, supuestamente, el JAC había sugerido que Crimea, adonde habían sido deportados los tártaros crimeos, colaboradores con los alemanes, se convirtiera en una república autónoma judía. Al parecer, Stalin se había tomado esa supuesta declaración como un intento de separar la península de la Unión Soviética. Así fue como emprendió, al amparo de la lucha general contra el cosmopolitismo y el sionismo, una campaña antisemita apenas disimulada, en la que afloraron los viejos sentimientos antijudíos. Al estar muy presente entre la *intelligentsia* artística, la comunidad judía se llevó la peor parte de la nueva oleada de represión.

Con el fin de realizar un ejercicio de autocrítica en el mundo de la música y de ese modo anticiparse a posibles acciones similares que habían sufrido los escritores, la Unión de Compositores celebró una reunión en Moscú del 2 al 8 de octubre de 1946. Vainberg fue uno de los primeros compositores en llevarse una reprimenda. Su instigador fue Lev Knipper, que se había forjado un nombre como compositor de música para el Ejército Rojo, pero que era un agente secreto del NKVD. Pese a que el trabajo de Vainberg y Jánis Ivanovs daba muestras de maestría musical, observaba en su obra una «riqueza de ideas» que nada tenían que ver con la música, lo cual era «una tendencia peligrosa». A pesar de sus críticas, Knipper reconoció que, en comparación con muchos de sus colegas, Vainberg había crecido en circunstancias inusuales y que tenía talento. Knipper no pretendía cuestionar su futuro, sino darle un impulso en la dirección correcta.

En aquel encuentro, Shostakóvich salió en defensa de Vainberg, y alegó que su amigo era un músico muy dotado en el que tenía depositadas grandes expectativas. Al mismo tiempo, ante el temor de que esos elogios fueran a jugar en su contra, propuso que se le ofreciera a Vainberg «una crítica amistosa y una ayuda fraternal» para prevenir que su música descarrilara. Ese temor no era del todo infundado, puesto que dos años más tarde, cuando las autoridades iniciaron su campaña contra el formalismo con un ataque a la ópera *La gran amistad* de Muradeli, el propio Shostakóvich cayó presa de las medidas difamatorias del Kremlin. También para él, 1948 iba a ser un *annus horribilis*.

Mientras tanto, Vainberg tenía otras preocupaciones, estrechamente relacionadas con los últimos acontecimientos políticos. El 13 de enero Solomon Mijoels había sido asesinado por la policía secreta durante un viaje oficial a Minsk. Aunque el motivo exacto del asesinato continúa envuelto en un halo de misterio, lo que probablemente ocurrió es que, después de cenar con un grupo de actores de una obra de teatro que había de evaluar como miembro del jurado del Premio Stalin, lo invitaran a una dacha, junto con su amigo Vladímir Gólubov-Potapov, crítico literario e informante de la policía secreta, donde fueron envenenados, apaleados y asesinados a tiros. Luego, los dos cadáveres fueron arrojados a una céntrica calle de la ciudad y atropellados deliberadamente por un camión para simular un accidente de tráfico. Después, quedaron abandonados en la nieve.

Ese mismo día Vainberg participaba en una reunión de compositores y musicólogos para discutir acerca de la advertencia de Zhdánov sobre las consecuencias de la ópera de Muradeli. Por lo tanto, en un principio no se enteró del pánico que reinaba en su casa. Su esposa Natalia Vovsi no paraba de recibir llamadas en las que se rogaba que su marido acudiera con urgencia al Teatro Judío. Al parecer, a los colegas de Mijoels les había llegado la noticia de que algo malo le había ocurrido a su director en Minsk. Al poco tiempo averiguaron lo que había pasado.

Inmediatamente después de que la noticia se hiciera pública, Shostakóvich acudió a casa de Solomon Mijoels para dar el pésame a sus amigos. El hecho de que Shostakóvich comentara que envidiaba al difunto director teatral es significativo del ambiente que se respiraba entonces. Los muertos ya no habían de temer al régimen. En aquellos días todo el mundo asumía que las cosas irían a peor.

Tras el funeral, la sobrina del miembro del Politburó Lázar Kaganóvich abordó a Natalia en un aparte. Ambas se encerraron en el baño, la única habitación de la casa adonde no llegaban las escuchas de la policía secreta. Además de transmitirle saludos de Kaganóvich, el único miembro judío del Politburó, su amiga le pidió encarecidamente a Natalia que no preguntara por la causa de la muerte de su padre, ya que eso no haría más que empeorar las cosas. Fue una clara advertencia, escribiría Natalia más tarde en sus memorias.

Pronto quedaría demostrado que la advertencia estaba justificada. De hecho, poco después el profesor Miron Vovsi, médico y pariente de Mijoels; Veniamín Zuskin, miembro destacado del Teatro Judío, y Borís Zbarski, patólogo responsable de la conservación del cadáver de Lenin, fueron arrestados. Los tres habían visto el cadáver de Mijoels antes de que Zbarski ejecutara la orden de ocultar los hematomas del rostro mutilado de Mijoels.

El asesinato del popular director de teatro judío, considerado uno de los miembros más ilustres de la comunidad judía de la Unión Soviética, que había conocido a Isaak Bábel y Ósip Mandelshtam, fue un primer paso descarado en la represión de la *intelligentsia* judía en la Unión Soviética. Años más tarde se descubriría que el propio Stalin había ordenado la liquidación de Mijoels.

A partir de la muerte de Mijoels, Vainberg y su familia estuvieron bajo constante vigilancia. El compositor incluso tenía que presentarse periódicamente ante la policía secreta. Este acoso terminó sólo doce días después de la muerte de Stalin en 1953. Más tarde, Vainberg comentaría a propósito de aquella época que le daba la impresión de haber estado cinco años en la cárcel: «No me daban permiso para viajar, me vigilaban constantemente y, a menudo, la policía se presentaba en mi casa o me citaba a que acudiera a sus dependencias. Era peor que la cárcel. Cuando por fin me encerraron sentí alivio, porque siempre supe que eso iba a ocurrir».

La muerte de su suegro le había impedido asistir al resto del debate de Compositores Soviéticos, incluido el discurso en el que el secretario general, Tijon Jrénnikov, criticó a Shostakóvich y Prokófiev para después instar a todos los presentes a respaldar sus argumentos. Cuando, luego, le pidieron a Vainberg que se sumara al oprobio general, este se negó.

Nadie sabe cómo se sentía Vainberg en aquellos días. A fin de cuentas, cualquier palabra que pronunciara en su casa podría acarrearle problemas. A cambio se sirvió de la música para expresar sus emociones. Fue entonces cuando compuso su *Sinfonietta n.º 1, opus 41*, que dedicó a la «amistad de los pueblos de la Unión Soviética», un tema seguro. Sin embargo, en la parte superior de la partitura había una cita de Mijoels sobre la igualdad de derechos de los judíos: «En los campos de los koljoses suena ahora también una canción judía, no una canción del pasado, llena de tristeza y miseria, sino una canción nueva y alegre sobre el trabajo y la ocupación provechosa».

Abundaban las conjeturas sobre las verdaderas intenciones del compositor. Según Natalia Vovsi, la *sinfonietta* tenía que leerse como una protesta de Vainberg contra el asesinato de su suegro: «Mi marido quería dejar claro que no se podía matar a nadie por el hecho de ser judío. Pero la cita de mi padre fue suprimida cuando se imprimió la partitura».

Quién sabe si tenía razón. Por su parte, el biógrafo de Vainberg, David Fanning, interpreta la cita como una simple propaganda soviética, y sostiene que en aquella época mucha gente bien podía recordar las exitosas labores de los colonos judíos en Crimea, donde habían sido enviados por las autoridades soviéticas a finales de los años veinte para trabajar en asentamientos agrícolas especiales. Aun así, no descarta que amigos y conocidos de Mijoels pudieran ver en ella un gesto de solidaridad.

En cualquier caso, lo cierto es que Vainberg utilizó canciones populares muy conocidas para conseguir la aprobación de su *sinfonietta*, consciente de que eso era lo que las autoridades esperaban de él. Confiaba en que este hecho, junto con la «amistad de los pueblos», merecería el visto bueno oficial. Al fin y al cabo, la cita recordaba un fragmento de la letra del elogiado ciclo de canciones de Shostakóvich *De la poesía popular judía*: «Antes solo cantaba canciones tristes, y sembraba los campos a desgana, pero ahora me siento en casa en el koljós, y soy feliz».

Las expectativas de Vainberg se vieron cumplidas. La *sinfonietta* recibió el *nihil obstat* de la Unión de Compositores. Desde su estreno, la obra triunfó en todo el país.

A pesar de su éxito, Vainberg no se libró de los efectos del Congreso de Compositores Soviéticos de 1948. En el segundo número de la revista *Sovietskaia muzika* se publicó una crítica de seis de sus obras, en la que se le apodaba «el pequeño Shostakóvich», y afirmaba que su obra contenía todos los «rasgos negativos característicos de la música soviética de nuestro tiempo». Los reproches se centraban sobre todo en el afán de originalidad de Vainberg.

Curiosamente, la propia crítica se mostró favorable con *Canciones infantiles, opus 13*, obra inspirada en la música folclórica judía, tanto por lo que respectaba a la melodía como a la temática. Sin embargo, las composiciones de piano para niños fueron objeto de duros ataques.

Fanning ve en esta aparente contradicción el resultado de un acuerdo secreto entre el crítico y Jrénnikov, y señala que sigue sin estar claro quién influyó a quién. El hecho de que más tarde Jrénnikov también elogiara las *Canciones infantiles* parece confirmar esta hipótesis. Según Jrénnikov, al estar inspiradas en la música popular judía, sus composiciones eran magníficas, Vainberg había logrado componer una «obra brillante», «llena de alegría de vivir y dedicación al trabajo libre y vivificante del pueblo judío en el país del socialismo».

La oscilante valoración de la obra de Vainberg muestra claramente las veleidades del régimen. Vainberg era amigo de Shostakóvich y estaba influido por él, pero se desconoce si esa relación de amistad fue realmente un motivo para condenarlo. Más bien parece que, a la larga, ya nadie debió de entender qué era o no era la música formalista y qué se podía componer o no.

Para corroborar mis sospechas sobre la veleidad de las autoridades musicales me puse en contacto con el pianista, compositor y musicólogo ruso Jascha Nemtsov, residente en Berlín. Nemtsov, gran conocedor de Vainberg, nació en 1963 en Magadán, en el extremo oriental ruso. En esta región inhóspita, donde suele llover o nevar la mayor parte del tiempo, se hallaban los campos de trabajo forzado del gulag, adonde fue a parar el padre de Nemtsov en 1938, en pleno apogeo del terror de Stalin. Como tantos otros millones de ciudadanos soviéticos, no imaginó la pesadilla que se le venía encima cuando su existencia cotidiana se vio trastornada por la acusación habitual de haber realizado actividades contrarrevolucionarias. Una vez liberado y rehabilitado tras la muerte de Stalin en 1953, siguió viviendo en Magadán.

Cuando Jascha cumplió dos años, la familia se marchó a Leningrado. Jascha se graduó *cum laude* en el conservatorio de la ciudad y emigró a Alemania en 1992, tras el colapso de la Unión Soviética. En la actualidad, es profesor de historia de la música judía en la Universidad Franz Liszt en Weimar, aunque en el momento de la entrevista, desde la pandemia de la COVID, reside en Berlín, donde su mujer Sarah y él ofrecen conciertos en Charlottenburg en los que interpretan música de compositores rusos del siglo XX, como Zaderatski, Shostakóvich y Vainberg.

Cuando le pregunté por el miedo que alguien como Vainberg debió de sentir bajo el régimen de Stalin, Jascha me contestó: «En los años cuarenta y cincuenta ese miedo lo sentían todos, fueran famosos o no, daba igual que se tratase de basureros anónimos o renombrados violinistas. Todo el mundo estaba aterrorizado. Por lo tanto, no es cierto que los músicos corrieran menos peligro que los demás. De hecho, no fueron pocos los que acabaron en el gulag. Como mucho, se puede decir que tuvieron la suerte de que la Unión de Compositores no llevara a cabo purgas como lo hizo la Unión de Escritores».

En mi opinión, el hecho de que no se llevaran a cabo purgas en la Unión de Compositores tuvo que ver con el papel protector que desempeñó el secretario general Tijon Jrénnikov. Defendía a sus miembros tanto como podía, aunque, de tanto en tanto, se viera obligado a apuñalarlos por la espalda para mantener la credibilidad ante los ojos de sus superiores en el Kremlin. ¿Acaso no dijo Vsévolod Zaderatski que Jrénnikov había protegido a su padre por mucho que se viera obligado a navegar entre Escila y Caribdis?

La postura de Nemtsov con respecto al formalismo no deja lugar a dudas. «En realidad, la música era lo de menos –dice–. Si uno tiene en cuenta qué compositores fueron rechazados y cuáles no, salta a la vista que la relación con la música era prácticamente nula. La ópera de Muradeli fue el motivo que desencadenó la campaña contra el formalismo, cuando se trata de una música muy tradicional y folclórica. Este hecho pone de manifiesto lo absolutamente arbitrarias que eran las cosas en aquel periodo. Si incluso la música folclórica se tildaba de formalista, ¿qué queda? ¿Qué tipo de armonías podía utilizar un compositor? El terror de Stalin carecía de lógica, y esa circunstancia incrementaba el miedo. Nadie estaba seguro.

»El hecho de que la campaña contra el formalismo fuera inicialmente contra los compositores privilegiados se debió a que Stalin quería demostrar que esos privilegios no protegerían a nadie. En la cafetería de la Unión de Compositores imperaba por entonces una auténtica sociedad de clases: en la primera clase se servía comida de calidad; en la segunda, la comida era pésima. Sin embargo, quienes fueron objeto de crítica fueron los comensales de la primera clase. Esta anécdota sirve para demostrar que el terror tenía en el punto de mira a la élite de los compositores».

Así y todo, en mayo de 1948, menos de tres meses después del demoledor Congreso de Compositores Soviéticos en Moscú, aparecieron en *Sovietskaia muzika* artículos elogiosos sobre los compositores que estaban incluidos en la lista negra. Es más, en diciembre de 1948, se interpretaron de nuevo obras del denostado Shostakóvich. Por si fuera poco, ese mismo año fue galardonado con el título de Artista del Pueblo de la República Soviética Federativa Socialista de Rusia, el segundo galardón de mayor honor que se podía recibir como artista en la Unión Soviética. A ello se sumaron tres Premios Stalin por su música cinematográfica.

Sin embargo, en 1949 las tornas volvieron a cambiar de manera brusca, aunque en esa ocasión el terror iba dirigido contra un grupo diferente. La campaña anticosmopolita de Stalin puso sus miras en los críticos de teatro, casi todos de origen judío, y también a los miembros del Comité Judío Antifascista del que había formado parte el pobre Mijoels. En el verano de 1952, Stalin intensificó la represión y ordenó ejecutar a trece intelectuales judíos, entre ellos cinco escritores, en la Lubianka. Poco después, se destapó una «conspiración» de médicos judíos que se había propuesto matar a los dirigentes del Kremlin.

La noche del 10 al 11 de noviembre de 1952, los quince médicos judíos más importantes de la Unión Soviética, que vivían en un edificio cerca de la avenida Arbat, fueron detenidos y trasladados a la Lubianka. Se les acusó de intentar planear el asesinato de destacadas figuras del Gobierno y de la cúpula del ejército mediante la aplicación de un tratamiento médico equivocado. Fue el comienzo de una pesadilla a la que algunos de ellos no sobrevivirían.

El 13 de enero de 1953, exactamente cinco años después del asesinato de Mijoels, la agencia TASS comunicó que se había desarticulado un complot de «médicos asesinos», liderados por el profesor Miron Vovsi, médico jefe del Ejército Rojo y primo de Mijoels. A Mijoels se le consideró un nacionalista burgués y agente de la organización de ayuda estadounidense Jewish Joint Distribution Committee (JOINT). Supuestamente, la organización le había transmitido órdenes para su primo Vovsi y le indicaron qué dirigentes del Kremlin debían ser asesinados.

Dos semanas después, la casa de la familia Vainberg-Vovsi fue registrada por la policía secreta a lo largo de veinticuatro horas. Los agentes, con sus abrigos de cuero y sus gorras azules, lo pusieron todo patas arriba. No quedó ni un solo cajón sin abrir. Retiraron los libros de las estanterías, lo sacudieron todo, arrojaron la ropa de cama de los armarios. Cuando, por fin, los agentes se marcharon, parecía que en la casa se hubiera perpetrado un pogromo.

El año 1953, que había empezado muy bien para Vainberg, con el estreno de su cantata *En mi patria* y la interpretación de su *Rapsodia moldava* por parte del violinista David Oistrakh en la Sala Chaikovski de Moscú, acabaría de manera catastrófica para él. Una tarde, mientras los Vainberg estaban charlando con una pareja de amigos acerca de la música que habían escuchado en directo aquella misma tarde en su piso del bulevar Tver, llamaron dos veces al timbre, con insistencia y apresuradamente. Natalia se levantó a abrir la puerta. Dos hombres irrumpieron en su interior para detener a Vainberg. Detrás de ellos venían un joven soldado asustado y la conserje, encargada de controlar que nadie abandonara el edificio. Los agentes les mostraron una orden de registro.

Vainberg dijo: «Queridos amigos, les aseguro que no he hecho nada ilegal...». Después se fue con ellos, poco menos que encogiéndose de hombros.

A propósito de lo que ocurrió después, su esposa Natalia escribe: «Después de que se llevaran a mi marido, varios oficiales de la KGB se quedaron en casa registrándolo todo hasta el amanecer. Precintaron su despacho y me comunicaron que, si era inocente, sería liberado en cuarenta y ocho horas. Cuando dos días más tarde me acerqué al Departamento de Información de la KGB, me dijeron que volviera en quince días porque aún no habían descubierto nada. Añadieron que dos veces al mes podía traer cien rublos para mi marido. El hecho de que no me devolvieran ese dinero era para mí la única prueba de que Moiséi seguía vivo».

Su corazonada era certera. En efecto, el dinero y los paquetes de comida se entregaban a los prisioneros mientras seguían con vida. Esa era la perversión de un sistema que estaba convencido de que actuaba con justicia.

Por muy esperanzado que estuviera Vainberg cuando salió de su casa, entró en pánico nada más pisar la Butirka, la tristemente famosa prisión de la KGB en Moscú. Más tarde confesaría a un amigo que se habría declarado culpable de cualquier cargo, por descabellado que fuese, de puro miedo a ser torturado.

Vainberg fue arrestado por ser judío. La denuncia se debía en parte a su *Sinfonietta n.º 1*, que supuestamente era una expresión del nacionalismo burgués judío. También se le acusaba de haber conspirado para crear un enclave judío en Crimea. De hecho, lo único que hizo Vainberg fue tratar algunas cuestiones culturales con representantes del JAC.

Al parecer, también hubo otras cuestiones que contribuyeron a su detención. Valentín Berlinski, famoso violonchelista del Cuarteto Borodín y amigo de Vainberg, atribuía el arresto no sólo al antisemitismo, sino también a la envidia de algunos colegas compositores que estaban ansiosos por deshacerse de un rival. Puede ser, pero, incluso así, el vínculo de Vainberg con Mijoels y el JAC es indiscutible.

El propio Vainberg se limitó a afirmar en 1995, en una entrevista con un periodista de la revista musical *Ruskoie utro* (El amanecer ruso), que el motivo de su detención había sido el parentesco con los «médicos asesinos» y que, por eso, la KGB lo acusó de nacionalismo burgués judío. Dijo haber replicado a los oficiales: «Como soy incapaz de leer ni escribir una sola letra en yidis y poseo dos mil libros en lengua polaca, ¿no sería más lógico que me acusaran de ser un nacionalista burgués polaco?». Según parece, la respuesta fue: «De eso nosotros sabemos más que usted».

De nuevo, Shostakóvich acudió en ayuda de su amigo. Una semana después de la detención escribió una carta a Lavrenti Beria, el temido jefe de la policía secreta, en la que describió a Vainberg como un joven compositor muy dotado y prometedor, que sólo se preocupaba por la música y nada más. Se comprometía a responder de su rectitud y señaló que el joven sufría problemas de espalda, lo cual era cierto. Además, fue a ver a Kliment Voroshílov, presidente del Soviet Supremo, quien más tarde dio la orden de levantar la detención de Vainberg.

El 25 de abril, más de mes y medio después de la muerte de Stalin, Vainberg fue puesto en libertad. Había pasado más de tres meses encarcelado. Según Natalia, la carta que le escribió Shostakóvich a Beria aceleró su liberación.

Sobre su estancia en prisión, Vainberg, en la misma entrevista publicada en *Ruskoie utro,* confesó: «Me pusieron en régimen de aislamiento, en una celda tan pequeña que sólo podía sentarme, pero no tumbarme. Por la noche, se encendía una luz potente que me impedía conciliar el sueño. Fue muy desagradable. En torno al 19 de febrero, el interrogador pronunció una frase enigmática: "Sus amiguitos cuidan de usted". Tomé nota, pero no hice preguntas: bien podría tratarse de una provocación. Si hubiera mencionado un nombre, sin duda habrían encarcelado a la persona en cuestión. Más tardc, Natalia Sołomonovna me contó que Levón Tadevósovich Atovmián y ella [...] entregaron una carta personal en la Lubianka, en la que Shostakóvich –desconozco los detalles– juraba por su vida o su nombre que yo era un hombre honesto y no pretendía hacer daño».

Uno puede adivinar lo que le habría ocurrido a Vainberg si Stalin no hubiera muerto el 5 de marzo de 1953. Apuesto a que Shostakóvich no habría vuelto a ayudarlo, porque habría sido demasiado peligroso para él.

Vainberg pasó aquel día sentado en su celda sin que nadie le informara de la muerte del dictador. Hasta que unas semanas más tarde se percató de que sus guardias lo trataban con mayor respeto. Lo que por entonces no sabía aún era que a partir del 4 de abril se procedió a la liberación de los médicos judíos, uno a uno. El último en ser liberado fue Miron Vovsi; salió de la prisión el 14 de abril. Once días después fue el turno de Vainberg. Salió de la prisión de Butirka con la cabeza rapada, severamente desnutrido y una expresión angustiosa en el rostro. Unos días después le visitó un amigo, y Vainberg le dijo lacónicamente: «Bueno, ¿todo bien?».

Me entero por Olga De Kort-Kulikova, musicóloga rusa que vive en los Países Bajos desde hace veintitrés años y escribe sobre compositores y músicos rusos en numerosas revistas musicales, de que Vainberg no se tomó su puesta en libertad tan a la ligera como se piensa. Me lo cuenta cuando me reúno con ella para una entrevista. «Estaba tan asustado que al principio se negó a salir de su celda –me cuenta–. Dijo a sus carceleros: "Soy un nacionalista judío y debo permanecer encerrado aquí". Tuvieron que llamar a su esposa para que lo animara a abandonar la Butirka».

Tras la muerte de Stalin, muchos albergaban la esperanza de que fuera a producirse un deshielo cultural en el que se concedieran mayores libertades. Sin embargo, Vainberg, seriamente afectado por su cautiverio, se mantenía al margen, alejado de la vida pública. A lo sumo hacía propaganda para la Unión de Compositores.

Shostakóvich, sin embargo, se esforzó de inmediato por plasmar en la música el giro intelectual que supuso la muerte del dictador. Así nació su *Sinfonía n.º 10*, que no compuso por encargo y que, por eso mismo, fue una manifestación de independencia artística. Shostakóvich pidió a Vainberg que tocara con él la versión para piano de su nueva obra. Vainberg aceptó, aunque sólo fuese en señal de gratitud. La libertad que Shostakóvich se había permitido en su nueva sinfonía suscitó duras críticas: se le reprochaba que mostrase escasa lealtad hacia el Partido. Los días 29 y 30 de marzo y 5 de abril de 1953, el asunto desencadenó encarnizados debates en la Casa Central de Compositores de Moscú. Tijon Jrénnikov, secretario general de la Unión de Compositores, calificó la obra de contraria a los ideales tanto de la música soviética como de toda la tradición musical rusa.

En esa ocasión fue Vainberg, junto con los compositores Sviridov, Kabalevski y Peiko, quien acudió en ayuda de Shostakóvich. Vainberg argumentó en defensa de su amigo que la sinfonía era uno de los géneros musicales fundamentales y que ya apenas merecía la atención del mundo capitalista. Además, reprendió a los críticos por ventilar sus frustraciones mediante argumentos superficiales en vez de evaluar la obra con objetividad. Pero se reservó sus palabras más duras para un orador que había comentado que las salas de conciertos en las que se interpretaba la obra de Shostakóvich atraían a «cierto público».

Vainberg despotricó contra su oponente, y afirmó que si la música de Shostakóvich contenía temas que no eran del agrado de sus críticos, no por ello tenían derecho a dirigirse con prepotencia y desdén a su público, formado por decenas de miles de amantes de la música, y tildarlo de panda de esnobs.

Después de ese enfrentamiento, Vainberg decidió dar otro paso atrás, y mantuvo su participación en la vida musical oficial prácticamente al mínimo. Era poco activo en la Unión de Compositores, raras veces actuaba como solista y no enseñaba en el conservatorio. «Tras su paso por la cárcel, lo único que quería era recluirse en su estudio para evadirse de la realidad –cuenta Olga–. Gracias a ese recogimiento se libró de las intrigas que se urdían en el seno de la Unión de Compositores. Además, realmente no era de este mundo, por decirlo con suavidad. Cada vez que se sentaba fuera, acudía a su mujer para preguntarle dónde estaba la sombra. Era ella la que le movía la silla porque él era incapaz de encontrar un lugar sombrío. Y si coincidía con otras personas en el ascensor del edificio de apartamentos donde vivía, guardaba silencio y se ponía en un rincón para no tener que hablar con los vecinos, por timidez».

Sin embargo, en 1955, cuando la Unión de Compositores lo invitó a entrar a formar parte de un comité encargado de reactivar la sección «Géneros para las masas», aceptó. La petición estaba relacionada con su anterior trabajo en la radio, el cine y el circo. Aparentemente, a juicio de las autoridades no existía mejor «compositor de masas» que Vainberg. Al mismo tiempo, el ofrecimiento podía interpretarse como una suerte de rehabilitación, algo que le daba la sensación de volver a ser un compositor de pleno derecho.

En adelante, Vainberg compondría principalmente música para el cine y el circo. En 1956 y 1957 se hizo cargo de la banda sonora del largometraje *Pasaron las grullas*, que lo catapultaría a la fama en Occidente. En cambio, el gran público de la Unión Soviética lo conocía sobre todo por el circo y por unos dibujos animados tremendamente populares como *Kanikuli Bonifatsia* (Las vacaciones de Bonifacio, 1965) y *Winnie-the-Pooh* (1969), ambos dirigidos por Fiódor Khitruk.

Olga De Kort se crio con estos dibujos animados en la Unión Soviética de los años setenta y ochenta. «Como todo el mundo, conocía su música sin haber oído nunca el nombre de Vainberg –afirma–. Todavía hoy me despierto a veces con la melodía de Winnie-the-Pooh, igual que aquí, en los Países Bajos, ocurre con las canciones de Annie M. G. Schmidt».

En su opinión, la música de cine fue la salvación de Vainberg. «A través de un medio tan sencillo como el dibujo animado logró transmitir su música al público y hacer feliz a la gente, a diferencia de su otra obra, que es más bien sombría y pesada. Resulta imposible escuchar sus composiciones serias sin tener en cuenta el lado oscuro de su historia personal».

Siempre según ella, el hecho de que Vainberg se retirase de la vida pública no significaba que pasara a ser pobre. «No hay que olvidar que ganaba mucho dinero con su música para el cine y el circo».

No es de extrañar, por lo tanto, que Olga no supiera de la existencia de Vainberg hasta que se mudó a los Países Bajos hace ya veintitrés años. «En la Unión Soviética nunca me topé con su nombre durante mis investigaciones como musicóloga. Los libros sobre la historia de la música rusa de las décadas de 1960, 1970 y 1980 no lo citan ni una sola vez. Incluso en *La historia de la música rusa patriótica de la segunda mitad del siglo* XX, bajo la redacción de T. N. Levaia, una obra de referencia de 2010, se le dedica tan sólo una página en la que, además, se destaca sobre todo la influencia de Shostakóvich».

Después del discurso secreto de Jrushchov en el Vigésimo Congreso del Partido, el 25 de febrero de 1956, en el que se mencionaron por primera vez los crímenes de Stalin, el deshielo cultural entró en una segunda fase. De pronto se permitieron los contactos culturales con Occidente y la música soviética recibió nuevas influencias, entre ellas el sistema de doce tonos. Eso no significaba, sin embargo, que todo fuera posible. El realismo socialista continuaba siendo la norma, aunque se podía representar hasta la ópera prohibida de Muradeli, *La gran amistad*. Lo mismo ocurrió con otras obras que habían dejado de escucharse en 1948, a pesar de que el formalismo todavía estaba considerado un peligro.

La salud de Vainberg, ya de por sí delicada, se deterioró aún más a finales de la década de 1950, y, como consecuencia, su producción musical disminuyó. El 11 de septiembre de 1957, Shostakóvich escribió a su amigo Isaak Glikman: «M. S. Vainberg está gravemente enfermo. Sufre insuficiencia cardíaca y está exhausto. Es una situación muy dura para él». A pesar de su mala salud, Vainberg siguió componiendo. En la segunda mitad de la década de los cincuenta compuso, sobre todo, cuartetos para cuerda, que se consideran entre sus mejores obras. Fueron interpretados por el Cuarteto Borodín. De sus diecisiete cuartetos, el n.º 8 formó parte del repertorio de numerosos conjuntos de música occidentales durante años.

En la década de los sesenta, Vainberg compuso, además, varios ciclos de canciones, un réquiem que no tiene nada que envidiar al *War Requiem* de Benjamin Britten, y dos sinfonías. Su *Sinfonía n.º 8* («Flores polacas») tiene como tema la guerra en su Polonia natal y está considerada una de sus obras maestras. En esta pieza, inspirada en un poema de Julian Tuwim, resuenan no sólo la pobreza anterior al conflicto bélico y la devastación nazi, sino también la esperanza de que acaben triunfando la libertad y la justicia. Al mismo tiempo, Vainberg hace hincapié en la solidaridad entre Polonia y la Unión Soviética, de lo que puede deducirse que no tenía conocimiento de la masacre a manos del NKVD de los oficiales, sacerdotes y profesores polacos en Katyn en 1940, ni de la traición de los soviéticos durante el alzamiento de Varsovia.

Me percato de que el trasfondo de esta obra es aún más desgarrador cuando vuelvo a visitar al violista judío ruso Leonid Rusanovski en Ámsterdam. Según me cuenta, es probable que los familiares de Vainberg fueran asesinados por polacos católicos y no por nazis. «De hecho, el suegro de Vainberg, Mijoels, nunca encontró ningún documento que demostrase que los nazis fueran responsables del destino de los familiares del compositor».

Además de su labor como compositor, y a pesar de su tuberculosis vertebral, Vainberg seguía actuando muy ocasionalmente como concertista de piano, sobre todo para hacerle un favor a Shostakóvich. El 23 de octubre de 1967 estrenó las *Siete romanzas basadas en poemas de Alexander Blok, opus 127*, del gran maestro en el Conservatorio de Moscú, junto con Mstislav Rostropóvich, Galina Vishnévskaia y David Oistrakh. Según los entendidos, el nivel de aquella interpretación nunca ha sido igualado.

A pesar de esos hitos en su trayectoria como músico, sufrió nuevos reveses en su vida privada. En 1968 se divorció de Natalia Vovsi-Mijoels. Cinco años más tarde contrajo matrimonio con Olga Rajalskaia, una compañera de estudios de su hija Viktoria de la que se había enamorado. «Olga era una chica de origen humilde que, gracias a su relación con Vainberg, entró en las altas esferas de la *intelligentsia*

–comenta la musicóloga Olga De Kort–. Cuando dejó a Natalia, Vainberg ya padecía la enfermedad de Crohn, una grave dolencia intestinal. Apenas podía comer. Natalia siempre lo había alimentado, pero Olga no hacía nada por él. Y por si fuera poco, se mudaron juntos a un nuevo piso que daba a la Butirka, donde él había estado encarcelado y donde la madre de Olga trabajaba como psiquiatra, lo que no decía mucho en favor de su nueva esposa».

Para colmo de males, después de que Natalia y Viktoria emigraran a Israel en 1972, el círculo de amistades moscovitas condenó a Vainberg al ostracismo. No tanto porque hubiera abandonado a Natalia, sino porque la familia de ella era un importante símbolo de decencia y dignidad para la intelectualidad soviética. Salvo Shostakóvich, todos rompieron su amistad con él.

El origen judío de Vainberg desempeñó un papel fundamental en su obra hasta el final de su vida. A sus ojos, lo más importante que había compuesto era *La pasajera*, una ópera escrita en 1968 que no se estrenó en versión concierto hasta 2006, diez años después de su muerte.

Estaba inspirada en la novela homónima de la escritora polaca Zofia Posmysz, sobre sus experiencias como prisionera en Auschwitz. En la historia, la antigua prisionera Marta confronta a su guardia de campo con su pasado. El punto culminante de la ópera es la chacona de Bach interpretada por los violines primero y segundo. En la novela, el amante de Marta toca esta misma pieza antes de morir.

Shostakóvich, que en un principio no tenía claro si la obra se convertiría en una sinfonía o en una ópera, quedó especialmente impresionado por la chacona de Bach. A propósito de la ópera, y tras escuchar por tercera vez la versión para piano, dijo que era una ópera de verdad, «un éxito para el que toda la música anterior de Vainberg había allanado el camino. Al margen de sus méritos musicales es una obra que hoy por hoy necesitamos urgentemente».

Los musicólogos no sólo observan grandes similitudes con *Lady Macbeth de Mtsensk* de Shostakóvich, sino también con óperas de Benjamin Britten y con *Wozzeck* de Alban Berg. Esta comparación podría haber llevado a Vainberg a la cima del mundo de la música. No fue así porque su obra, salvo pocas excepciones, nunca se representó en la Unión Soviética, aunque varios teatros de ópera llegaron a iniciar la producción. La razón es que las autoridades soviéticas temían que la Shoá eclipsara el sufrimiento de la población no judía.

A partir de finales de los años sesenta, la vida de Vainberg transcurrió sin sobresaltos. En 1980 recibió el título de Artista del Pueblo de la República Soviética de Rusia y en 1990 fue galardonado con el Premio Estatal de la Unión Soviética. Trabajó día y noche hasta el día de su muerte. Según Olga, su segunda esposa, la inactividad le deprimía y la idea de dejar de componer le asustaba. En eso apenas se diferenciaba de Shostakóvich, que también desplegaba una enorme capacidad de trabajo.

La mayoría de sus composiciones posteriores tienen como tema la Segunda Guerra Mundial. Debido al exterminio de su familia en Polonia era para él un deber moral componer sobre aquellos horrores. También en eso se parecía a Shostakóvich. La admiración mutua fomentó sin duda que se influenciaran el uno al otro.

Vainberg volvería a acudir una última vez en ayuda de su amigo Shostakóvich, fallecido de cáncer de pulmón en 1975 a la edad de sesenta y ocho años. La muerte de su amigo y protector le afectó profundamente. Estuvieron en contacto hasta el final, sin que Shostakóvich perdiera en ningún momento el interés por la nueva obra de su colega. En el libro conmemorativo publicado al año siguiente, Vainberg subrayó que la grandeza de la música de Shostakóvich residía en que era inseparable de los problemas más importantes que agitaban la conciencia de sus contemporáneos.

En 1979, cuando Solomon Volkov, ayudante de Shostakóvich emigrado a Estados Unidos, publicó las «memorias» que supuestamente le había dictado su maestro, Vainberg firmó una carta abierta a la *Literaturnaia gazeta* en la que tachaba el volumen de fraude. Aunque no se sabe si realmente lo leyó, su opinión ejerció una enorme influencia en la condena pública del libro.

Si bien es cierto que, con su juicio, Vainberg se enmarcaba en la línea trazada por las autoridades, es muy probable que tuviera razón al afirmar que Shostakóvich era un músico menos disidente de lo que hacía creer Volkov. Como Vainberg, había tenido que hacer equilibrios y concesiones artísticas para poder interpretar su música en público. Como Vainberg, no sentía interés por la política. Lo único que le importaba era su música. El hecho de que ambos, a diferencia de Prokófiev, consiguieran componer música que pudieran defender es, a la luz de la represión artística, bastante excepcional.

En los últimos años de su vida, el estado de ánimo de Vainberg decayó. La desintegración de la Unión Soviética, en diciembre de 1991, puso fin a la Unión de Compositores y, como consecuencia, también a las generosas subvenciones que se otorgaban a los miembros leales al poder. Para compositores como Vainberg, para quien los encargos de la Unión de Compositores eran su única fuente de ingresos, eso resultó desastroso. Cuando los productores cinematográficos empezaron a recurrir a compositores más jóvenes y modernos, la situación empeoró aún más para él. A ello se sumó, además, que Vainberg no tenía contactos ni en Occidente ni en el Gobierno a los que recurrir. A diferencia de otros compositores, tampoco daba clases, que habría supuesto una fuente de ingresos alternativa. Y su mala salud le impedía emigrar a Estados Unidos o a Israel.

No es de extrañar, pues, que con el tiempo todos se olvidaran de su existencia, salvo un puñado de amigos y conocidos. Que era una reliquia de la vida musical soviética fue dolorosamente obvio cuando, el 8 de diciembre de 1994, día de su setenta y cinco cumpleaños, ninguna autoridad oficial del mundo de la música le rindiera homenaje. Pertenecía definitivamente al pasado.

En los meses siguientes, Vainberg fue debilitándose cada vez más. De marzo de 1995 en adelante, un año antes de su muerte, se pasó prácticamente todo el tiempo postrado en la cama, con el corazón extenuado y las venas esclerosadas. Mes y medio antes de morir, el 26 de febrero de 1996, Vainberg recibió el bautismo en la Iglesia ortodoxa rusa. Fue un gesto hacia su esposa Olga, que, pese a ser de ascendencia judía como él, había frecuentado una escuela dominical moscovita. Según mi amigo Leonid Rusanovski, la cristianización de Vainberg fue sobre todo consecuencia de la mezquindad de Olga. «Para que pudiera enterrar a su marido junto a su madre, fallecida en 1991, era imprescindible que fuera ruso ortodoxo –me contó–. Así se ahorraba un dinero. En lugar de tener que comprar una lápida nueva, le bastaba con cincelar el nombre de Vainberg en la lápida de su madre. La mera idea de que la madre había trabajado como psiquiatra en la temible prisión de Butirka, donde había estado encarcelado el propio Vainberg... pues ya sabes qué clase de persona debió de ser... ¡Una bruja malvada!».

Cuando me pregunté en voz alta si la conversión de Vainberg supuso que renegara de sus familiares asesinados, Leonid me dijo a modo de consuelo: «Claro que no, Misha, recuerda que todas sus composiciones terminan en una tonalidad mayor. A pesar de todo, era un optimista».

6

El cantante desaparecido

Mientras que los alemanes pueden presumir hasta cierto punto de una lograda *Vergangenheitsbewältigung* entendida como una forma de superar el pasado, los rusos continúan luchando con su historia comunista. Son tantas las familias de la antigua Unión Soviética en las que hay criminales y víctimas del terror de Stalin que hablar de aquellos años sangrientos, que costaron la vida a millones de inocentes, es casi una especie de tabú.

A diferencia de las trayectorias vitales de Vsévolod Zaderatski y Moiséi Vainberg, la vida del exitoso cantante moscovita Vadim Kozin muestra hasta qué punto puede ser difusa la línea que separa al verdugo de la víctima. Hay algo más que hace especial a este músico. Tras cumplir su condena en Magadán, en el extremo oriental de la Unión Soviética, decidió no regresar a casa, al contrario que la mayoría de sus compañeros, que al igual que él habían sido condenados injustamente por haber realizado actividades contrarrevolucionarias. Destruida su carrera, ya no se le había perdido nada en Moscú. Pero ¿por qué Magadán, donde el sol se esconde casi la mitad del año y los bloques de apartamentos de hormigón corroídos por el mar sumen a sus habitantes en una depresión sin remedio?

Enseguida me doy cuenta de lo difícil que es trazar un perfil claro de Kozin. Las entrevistas que concedió a los medios de comunicación locales al final de su vida no son fiables. Y sus archivos, que se guardan en su pequeño apartamento atiborrado de papeles y libros en Magadán, aún no han sido puestos a disposición del público por los científicos. Entre ellos están sus diarios, que podrían arrojar un poco de luz sobre los numerosos enigmas que rodean su vida, o desmentir los mitos que él mismo difundió.

Vadim Kozin es una personalidad esquiva. Tengo una fotografía suya de cuando era joven. Su cara redonda, la nariz larga y afilada y los ojos ligeramente saltones de expresión suave e interrogante, me recuerdan al poeta Ósip Mandelshtam. Se nota que es vanidoso, aunque posiblemente no más que otros cantantes populares rusos de la primera mitad del siglo XX, como Aleksandr Vertinski y Piotr Leshchenko, algunas de cuyas canciones me sé de memoria. Quizá sea esa la razón por la que quiero saberlo todo sobre él.

La mayor parte de la información más importante sobre la vida de Kozin se halla en la biografía *Vadim Kozin*, publicada por su amigo Borís Savchenko en 2001. Savchenko entrevistó al cantante en reiteradas ocasiones a lo largo de los años y habló con muchos de sus amigos y conocidos. En 1968, a los veintisiete años, asistió por primera vez a un concierto suyo. La sala del Teatro Gorki de Magadán estaba llena a rebosar. El público tenía tantas ganas de volver a ver al famoso cantante y de escuchar sus canciones de los años veinte, treinta y cuarenta que incluso se vendieron entradas para los asientos en el foso de la orquesta.

Savchenko había conocido a Kozin un poco antes de ese concierto, en la biblioteca de Magadán, donde el periodista estaba trabajando en un artículo sobre el pintor Iliá Repin e Iván el Terrible. Dio la casualidad de que en la cola del mostrador de préstamos coincidió con el cantante, un hombre calvo de baja estatura. En cuanto Kozin se percató de cuáles eran los intereses del joven periodista, lo invitó a su casa para enseñarle algunos números de la revista *Kapital i gosudarstvo* (El capital y el Estado). Savchenko consideraba al cantante una leyenda viva, pero dudó, al recordar un incidente, en 1959, cuando la KGB sorprendió a Kozin en la cama de un hotel en compañía de un estudiante mientras estaba de gira en Jabárovsk. Se le pasó por la cabeza que ahora pudiera tener intenciones similares, pero al final decidió ir. No estaba dispuesto a dejar escapar esa oportunidad única de visitar la casa de una celebridad de la talla de Kozin.

El cantante vivía en el centro de la ciudad, en un apartamento de una sola habitación, repleto de libros, periódicos y revistas, y, en un lugar destacado, un tablero de ajedrez. Alrededor correteaban dos gatos. Ese fue el principio de una gran amistad que duraría hasta la muerte de Kozin. Savchenko entrevistaba a Kozin dos veces por semana en sesiones de tres horas. Al principio, el cantante se mostró reticente, pero poco a poco fue soltándose y acabó hablando abiertamente de su vida.

Cuando Savchenko puso al corriente a su redactor jefe de su encuentro con el cantante, este le sugirió que escribiera una biografía sobre él, pero no resultó una tarea fácil. Kozin figuraba en una lista oficial de personas, elaborada por las autoridades de Moscú, sobre las que no estaba permitido escribir. Lo realmente sorprendente es que, pese a ello, le dejaban actuar ocasionalmente en Magadán. Estaba claro que contaba con el beneplácito de las autoridades locales, que también le asignaron un piso y una pensión, por modesta que fuese. Eso no significaba, sin embargo, que se pudiera escribir sobre él en la prensa o que su nombre y su música se mencionaran en la radio o en la televisión. Kozin podía ser un héroe en las calles de Magadán, pero en la Unión Soviética de Brézhnev –el entonces líder del Partido– sencillamente no existía.

Eso cambió en enero de 1982. Savchenko, leal admirador de Kozin, publicó un artículo en la revista *Sovetskaya estrada i tsirk* (El teatro y el circo soviéticos) con el título «Todavía tantas canciones que cantar». Esto puso fin al tabú de escribir sobre él. Kozin recibió un aluvión de cartas de admiradores de todo el país. Durante los últimos cincuenta años, la gente había asumido que había sido pulverizado por el terror de Stalin.

Después de la publicación del artículo de Savchenko, otros periódicos y revistas siguieron su ejemplo. De repente, la música de Kozin volvió a sonar en la radio, y las tiendas volvieron a vender sus discos, que habían sido retirados de las estanterías décadas atrás. El 17 de diciembre de 1987, la televisión estatal emitió un programa sobre dos famosos cantantes de antes de la guerra: Izabella Yurieva y Vadim Kozin. Toda la Unión Soviética fue testigo de la resurrección de Kozin. Y toda la Unión Soviética se preguntó por qué narices había elegido vivir en la remota Magadán, mientras que Moscú había sido el epicentro de sus éxitos. Una vez más se hizo patente que nadie sabía lo que le había ocurrido al cantante.

En 1991 Savchenko publicó una breve biografía de Kozin con el título *El Orfeo caído en desgracia*. Habló con un exgeneral de la KGB, cuyo padre había participado en la condena de Kozin. El hombre de la KGB no podía entender por qué alguien escribía sobre el cantante. «Es un homosexual nato», exclamó, indignado. Le dijo a Savchenko que, aunque Kozin había sido acusado en virtud del artículo 58 del Código Penal (que penalizaba los errores políticos), la verdadera razón era la homosexualidad del cantante.

Uno de los misterios sobre Kozin tiene que ver con su año de nacimiento. Si bien en su pasaporte figura 1906, él mismo decía haber nacido en 1903. Aunque también podría ser 1905, ya que esa fecha es la que consta en el registro de nacimientos de la iglesia de San Mateo de San Petersburgo, y el propio Kozin la menciona en una carta a su hermana. Una explicación a tanta superchería podría ser que el cantante, confiando en su longevidad, esperaba llegar a 2003 para poder asistir a la grandiosa celebración del centenario de su nacimiento. Pero, de hecho, la verdad es mucho más sencilla. Después de la revolución, la madre había adelantado tres años la fecha de nacimiento de su hijo para obtener un mayor racionamiento familiar.

Otro detalle turbio de la vida de Kozin se refiere a las visitas a Stalin, en la década de 1930. El dictador lo había invitado a cantar para él. Tenía debilidad por la canción «Los sufrimientos de Pskov». Kozin no quiso revelar más detalles a Savchenko, a pesar de que había actuado con cierta frecuencia para el dictador en el Kremlin o en su dacha. Como si se avergonzara de ello. En cualquier caso, Stalin era un gran admirador de Kozin y en aquella época solía recurrir a músicos famosos para que le ofrecieran conciertos privados. Una negativa por parte de Kozin podría haber tenido consecuencias fatales.

Durante mucho tiempo, los orígenes del cantante también dieron lugar a especulaciones. En su autobiografía –la redactó mientras estaba en prisión preventiva tras su segunda detención en 1959–, él mismo afirmó que su padre había sido comerciante y su madre una mujer de origen romaní que cantaba en un coro mixto sinti-romaní. La famosa cantante romaní Varya Panina era prima segunda de su abuelo.

También en este caso la verdad es menos exótica, aunque interesante. Vadim Kozin procedía de una acomodada familia mercantil de San Petersburgo. Su abuelo tenía un lucrativo negocio de paños, de venta al por mayor, y fue uno de los pocos en poseer un automóvil, un Benz, y un teléfono en la San Petersburgo prerrevolucionaria. El padre de Vadim se especializó en baratijas y joyas en París y más tarde en Rusia.

El joven Vadim recibió clases en casa de la escritora infantil Klavdiya Lukashevich, que le inculcó el amor por la literatura. Lukashevich fue detenida durante el Gran Terror de Stalin y desapareció sin dejar rastro. Sus libros se esfumaron de las bibliotecas como si nunca se hubieran escrito.

En los años anteriores a su matrimonio, la madre de Kozin había cantado en un coro gitano y siempre mantuvo el contacto con sus compañeros de entonces. Cuando surgió la música ligera en los teatros a finales del siglo XIX, las canciones gitanas se hicieron inmensamente populares en Rusia. Incluso los propios compositores rusos contribuyeron al repertorio con canciones sentimentales como «En esa hora silenciosa», «En esa larga hora nocturna» o «La última hora».

El paso del tiempo desempeña un papel fundamental en esas romanzas de amor y de añoranza, que aparecen con regularidad en los cuentos de Antón Chéjov, magistral cronista de la vida cotidiana del ciudadano ruso común.

Los principales escenarios eran los teatros moscovitas Yar, Hermitage y Slavianski Bazar, sin olvidar el Buff de San Petersburgo, junto con cientos de cafés-restaurante. Intérpretes como Aleksandr Vertinski, Piotr Leshchenko, Yuri Morfessi, Varia Panina e Isa Kremer se convirtieron en celebridades nacionales muy queridas. La mayoría de esos cantantes frecuentaba la casa de los Kozin. Las contadas veces que hacía acto de presencia el renombrado Morfessi, Vadim corría a sentarse en su regazo. Años más tarde se referiría a él como su ídolo de la infancia. Sabía imitar a la perfección el canto y los movimientos femeninos de su cantante favorito.

El joven Vadim pronto descubrió que lo único que quería era cantar. Su madre le enseñó las canciones romaníes y sintis que ella misma había cantado en su juventud. También le enseñó a interpretarlas en el escenario: con movimientos femeninos y refinados, al estilo de Morfessi. En los años posteriores a la revolución, Vadim continuaría familiarizándose con esta misma estética en los cada vez más numerosos cafés-cantantes y teatros de variedades adonde lo llevaba su padre.

Todo eso se acabó cuando su padre, que había empezado a trabajar en una empresa estatal tras la nacionalización por parte de los bolcheviques del floreciente negocio familiar, murió repentinamente en 1922. En adelante le correspondería a Vadim –que por aquel entonces tenía dieciséis años– mantener a su madre y a sus cuatro hermanas, a falta del salario modesto pero regular que su progenitor traía a casa como contable. La guerra civil acababa de terminar y el trabajo cualificado escaseaba. Por eso, Vadim se conformó con un puesto de estibador en el puerto, adonde acudía en cuanto salía de la escuela. Por la noche seguía persiguiendo su sueño: cantaba en clubes de aficionados y acompañaba películas mudas al piano en el gran cine de la Casa del Pueblo, justo enfrente de la fortaleza de San Pedro y San Pablo. Tenía los dedos entumecidos de tanto tocar *ragtime* y *blues*.

Después de la película había espectáculo en directo. En concreto, se interpretaban canciones del repertorio de Aleksandr Vertinski, que fue inmensamente popular bajo el último zar y que había emigrado en 1920. El golpe de suerte de Kozin llegó cuando le pidieron que sustituyera a una célebre cantante que se había puesto enferma. El joven músico aprovechó la oportunidad, dio lo mejor de sí y su actuación fue un éxito. Fue el comienzo de su carrera profesional como cantante de música ligera.

En 1924 fue admitido en una agencia de Leningrado que ayudaba a los artistas a encontrar trabajo. Consiguió un puesto como cantante en tres grandes cines. Según su propio relato, él y su madre llenaban las principales calles de la ciudad con carteles de sus conciertos. El éxito de Kozin era cada vez mayor, entre otras razones porque hasta los años treinta las canciones gitanas eran un género predominantemente femenino. La novedad de ver en el escenario a un varón atrajo a un gran número de aficionados.

A principios de la década de 1930, la Casa de la Ilustración Política del distrito central de Leningrado, que actuaba como intermediaria, le ofreció un puesto en el Teatro Estatal de Variedades de Leningrado. Aquello supuso su consagración como cantante profesional. Le contó a Savchenko, lo orgulloso que se sintió al ver un cartel en la fachada del teatro que anunciaba: «EL FAMOSO INTÉRPRETE DE CANCIONES GITANAS VADIM KOZIN».

En 1936, Kozin decidió probar suerte en Moscú. La hambruna seguía haciendo estragos en el campo como consecuencia de la colectivización forzosa de la agricultura, que acabaría con la vida de cerca de seis millones de campesinos. Las ciudades tampoco se libraban del terror de Stalin. En lo sucesivo, muchos artistas serían detenidos y desterrados al gulag. Al mismo tiempo, familias campesinas hambrientas se desplazaban en masa a las grandes ciudades en busca de trabajo en las nuevas fábricas.

Moscú era la capital de la Unión Soviética desde 1918, y en esos dieciocho años parecía haberse convertido también en la capital cultural del país. Los artistas ganaban más allí que en Leningrado, un detalle nada desdeñable para alguien que, como Kozin, amaba el lujo. De hecho, nada más llegar se instaló en el elegante Hotel National, frente al Kremlin. Pronto se le acabó el dinero. Pero una actuación en el Parque Central de la Cultura y el Ocio (rebautizado Parque Gorki en 1936) le abrió las puertas del Kremlin. Después del concierto, el director de la orquesta de variedades lo presentó al director del parque, que le consiguió un empleo fijo.

Pronto Kozin empezó a ofrecer conciertos en solitario, que a veces duraban desde las nueve de la noche hasta la medianoche, de tantas veces que le pedían bises. Sin micrófono ni otro soporte técnico entonaba sus canciones más populares: «Kalitka» (La valla), «Moi Kostior» (Mi lumbre) o «Zhiguli». También actuaba en casa de Stalin, en recepciones regadas de vodka, en los que el tirano, gran amante de las canciones gitanas y populares, cantaba con él. Kozin acabó convirtiéndose en toda una estrella soviética, del mismo modo que el profusamente maquillado cantante soviético de música ligera Iósif Kobzón conquistó la Rusia de Putin.

Su fama aumentaba con cada nueva actuación. Durante sus giras por la Unión Soviética triunfaba con sus conciertos en solitario, acompañado por su pianista habitual, David Ashkenazi. La gente adoraba su voz. Sus discos vendían millones de copias. En todas las tiendas se podían comprar fotografías suyas. El retrato de Kozin acompañaba a los Lenin, Stalin y Marx en no pocos «Rincones Rojos», que era como se llamaba el lugar de los hogares comunistas donde se exhibían las imágenes de los héroes del socialismo.

El éxito amenazaba con verse interrumpido cuando la Asociación Rusa de Escritores Proletarios (RAPP) y la Asociación Rusa de Músicos Proletarios (RAPM) determinaron que cualquier tema apolítico en las artes podría desmoralizar a las masas. La música personal e íntima quedaba prohibida en los escenarios. A partir de entonces, todo debería centrarse en el optimismo colectivo del «brillante futuro del socialismo».

Kozin decidió incorporar, no sin astucia, elementos etnográficos a su repertorio. De ese modo, este adquiría carácter folclórico, ya que hablaba de ciudades rusas clásicas como Pskov y Arcángel. Con el tiempo, su repertorio llegaría a unas dos mil canciones, la mayoría rusas, aunque también las había sintis y romaníes, sin olvidar las canciones de compositores clásicos rusos o soviéticos. A ello se sumaban doscientas composiciones suyas.

Lo curioso era que los conciertos de Kozin jamás se retransmitían en directo por la radio porque se negaba a cantar con micrófono. Poco antes de sus actuaciones en Cheliábinsk y Kazán, los directivos de la emisora radiofónica comunicaron a sus decenas de miles de oyentes que no iban a escuchar al cantante porque la sola idea de tener que cantar con micrófono le ponía muy nervioso. A Kozin le daba igual que sus fans se llevaran una decepción mayúscula.

Kozin negociaba mucho sus honorarios. Por ejemplo, por un concierto en la ciudad de Molotovka, Kozin pidió 20.000 rublos, mientras que el director del teatro ya consideraba que 5.000 era demasiado. Tras un tira y afloja, el director accedió a pagarle 10.000 rublos. A Kozin le pareció poco y canceló la actuación.

Deseoso de escuchar su voz, pongo el CD de Vadim Kozin: *Vadim Kozin. The Last Concert* y escucho «Otoño», una de sus canciones más famosas. Habla de un hombre que quiere impedir que su amada lo abandone. «No te vayas, porque te amo». Son dos minutos y medio de nostalgia, en la más pura tradición sinti y romaní. Enseguida me doy cuenta de que Kozin es muy bueno. Logra expresar emociones como la alegría, la pena, la esperanza y el sufrimiento, incluso mejor que mi héroe Piotr Leshchenko. Podría decirse que la cantante Klavdia Shulzhenko es su homóloga femenina. No es casualidad que ella también actuara con el pianista David Ashkenazi.

Sin Kozin, la música gitana nunca habría sobrevivido a los posteriores ataques ideológicos de las autoridades soviéticas. Como no sabía solfeo, memorizaba todo su repertorio, por lo que era una biblioteca musical ambulante. Al final de su vida, todas las canciones fueron grabadas y transcritas para la posteridad. Y gracias a ello, otros pueden seguir cantándolas.

La invasión alemana del 22 de junio de 1941 cogió a Kozin tan por sorpresa como a la mayoría de los soviéticos. Ni siquiera Stalin esperaba que Hitler violara el tratado de no agresión, más conocido como Pacto Mólotov-Ribbentrop, que habían firmado dos años antes.

El cantante mostró su lado más patriótico, instando a la agencia estatal Mosconcert a crear de inmediato una brigada móvil de conciertos. De hecho, fue uno de los primeros músicos en desplazarse al frente para animar a las tropas y proporcionarles un momento sentimental en medio de los combates. Compuso especialmente para ellas las canciones «Otoño» y «Moscú». De camino al frente, muchos soldados cantaban «Otoño» a voz en grito, como si eso les infundiera un plus de valor.

Aquellos días, Kozin estaba en todas partes. Además de actuar en el frente de Crimea y en Kalinin, cantó en hospitales, buques de guerra, fábricas de armamento, en acorazados y en depósitos de suministros. Un tren habilitado para la ocasión le llevaba de un lugar a otro. Incluso grabó un disco con canciones de guerra, como «En el bosque junto al frente» y «Mi Leningrado». Mientras se requisaban los discos de otros artistas, porque el vinilo hacía falta en la industria bélica, los de Kozin seguían circulando.

La mejor prueba de que la fama del cantante se extendía más allá de las fronteras soviéticas es que el 30 de noviembre de 1943 cantó en el cumpleaños del primer ministro británico Winston Churchill en la Conferencia de Teherán. Ese día la Unión Soviética, Gran Bretaña y Estados Unidos se reunieron en la embajada soviética de la capital persa para negociar la continuación de la guerra contra los nazis y comenzar a dividir las esferas de influencia de Europa.

Era el cumpleaños de Winston Churchill y se había organizado una fiesta. Marlene Dietrich, Maurice Chevalier e Isa Kremer (una cantante internacionalmente conocida de canciones yidis que había emigrado a Occidente en los primeros días de la Revolución Rusa). El propio Churchill sugirió a Stalin que invitara también a Kozin. Stalin se mostró sorprendido, pero estaba de buen humor, así que dio órdenes de traer al cantante a Teherán. Esa misma tarde, Kozin llegó a su destino en un avión especial, para actuar unas horas después ante el primer ministro británico y volar de vuelta a Moscú al día siguiente. A cambio, se dice que el cantante pidió a Stalin que se evacuara a su madre y a sus hermanas de Leningrado, una petición que no se cumplió porque ya era demasiado tarde.

Hay algo extraño en esa actuación ante Churchill. ¿Ocurrió realmente? El pianista habitual de Kozin, David Ashkenazi, padre del concertista Vladímir Ashkenazi, sostiene que no, puesto que a él nadie le informó de un concierto en Teherán. De haber tenido lugar, él habría acompañado al cantante. Por otra parte, Kozin tocaba tan bien el piano que podía prescindir de un pianista. Aunque el cantante se había mostrado reticente a compartir detalles del concierto en Teherán con su biógrafo Savchenko, como si también en este caso quisiera alimentar el mito, este le siguió la corriente. Con independencia de que sea cierta o no, el mero hecho de que la historia exista dice mucho de la fama internacional de Kozin.

La guerra obligó a Kozin a hacer algunas concesiones. En 1944, por ejemplo, permitió que se encendiera el micrófono de la radio durante un concierto en Yaroslavl para que su actuación pudiera ser retransmitida en directo a sus admiradores. Del mismo modo dio su autorización para que se filmara un concierto suyo en Tashkent con la idea de emitir luego la grabación en todas las líneas del frente. Kozin estaba dispuesto a darlo todo con tal de que se derrotara al enemigo de la Madre Patria. Para el Ejército Rojo era, por lo tanto, un héroe. El Stalin más sentimental, que había cantado en un coro en su juventud, lo recompensaría por ello con la Orden de la Estrella Roja, la más alta condecoración de la Unión Soviética. No me sorprendería que Kozin hubiera cantado «Suliko», la canción georgiana favorita del dictador, con motivo de la entrega de la medalla en el Kremlin. Esos mismos días actuó en un banquete para los empleados del NKVD. El general que entonces brindó por él firmaría su orden de arresto un día después.

Kozin fue detenido el 16 de mayo de 1944. La noche anterior había actuado en el Teatro Estatal de Variedades. Su nombre desapareció de todos los carteles, sus fotos fueron retiradas de las vitrinas de teatros y salas de conciertos, su voz dejó de oírse en la radio. En el frente, su lugar fue ocupado por nuevas estrellas, siendo las más conocidas Mark Bernes y Klavdia Shulzhenko.

En el momento de su detención, Kozin se hallaba en la cúspide de la fama. Desde principios de año vivía en el Hotel Metropol, al igual que aquel otro venerado cantante de la canción ligera, Aleksandr Vertinski, que, en 1943, había regresado del extranjero a su Ucrania natal para contribuir a la victoria con sus actuaciones. En el lujoso hotel de fachada acristalada *art déco,* que tras la revolución había servido de cuartel general de Lenin, pero ahora era principalmente para huéspedes extranjeros, Kozin recibía a sus amantes homosexuales. Era muy arriesgado, ya que la policía secreta lo vigilaba día y noche. Mientras él se divertía en su habitación, en las calles de los alrededores del Metropol se sucedían las detenciones de ciudadanos que luego desaparecían sin dejar rastro. En 2007, trabajadores de la construcción excavaron en la calle detrás del hotel y descubrieron una fosa con los restos de varios centenares de personas ejecutadas. A diferencia de la provinciana Moscú, en la mundana Leningrado de los años veinte y treinta Kozin no había tenido necesidad de ocultar su orientación sexual. Es más, tras la revolución y la descalificación del matrimonio tradicional por parte de feministas como Aleksandra Kolontái, comisaria del Pueblo para el Bienestar Social, enemiga del matrimonio y defensora del amor libre, la homosexualidad parecía erigirse en uno de los nuevos estilos de vida. Desde luego, bajo el comunismo no existía inicialmente ningún artículo de ley que prohibiera la homosexualidad, hasta que en 1934 Stalin la criminalizó. Si un homosexual quería llevar una vida normal, más le valía asegurarse de tener buenos contactos en la policía secreta. Sin embargo, al igual que en la Rusia actual, la prohibición de la homosexualidad estaba cubierta por un manto de hipocresía. Bajo Stalin, muchas celebridades masculinas eran homosexuales, incluido el jefe del NKVD Nikolái Yezhov, que fue ejecutado en 1940. El pequeño parque junto al Teatro Bolshói, situado enfrente del Metropol, era en aquellos días un popular punto de encuentro para homosexuales.

El nuevo artículo de ley que criminalizaba la homosexualidad llevó a cerca de 10.000 hombres al gulag. Fue utilizado sobre todo como medio de venganza personal por parte de la élite del poder. El hecho de que todavía hoy apenas se sepa nada del destino de los homosexuales detenidos es debido a que los archivos del Servicio Federal de Seguridad (FSB) al respecto continúan herméticamente cerrados.

En 1959, de nuevo en prisión preventiva, Kozin argumentaría en una declaración escrita que, en 1944, había sido detenido a causa de un conflicto personal con Lavrenti Beria, el temido jefe de la policía secreta. La madre de Kozin y una de sus hermanas habían perdido la vida durante el sitio de Leningrado por parte de las tropas alemanas, a pesar de que se les había prometido que serían evacuadas a tiempo. Incluso esta vez, Kozin levantó una cortina de humo, puesto que al mismo tiempo adujo como motivo de su desavenencia con Beria que quería proteger de su galanteo a la célebre piloto Marina Raskova, que había hecho campaña ante Stalin a favor de la creación de unidades aéreas dirigidas por mujeres. Beria era conocido por ser literalmente un *ladykiller*, un mujeriego peligroso que secuestraba, violaba y liquidaba a mujeres jóvenes.

Un año antes de su muerte, Kozin contó al cineasta neerlandés Theo Uittenbogaard en el documental *Goud: Vergeten in Siberië* (Oro: Perdidos en Siberia) que un día, al ser convocado por Beria, el entonces jefe de la policía secreta, le dijo: «Cantas para Stalin. Es más, Stalin canta canciones populares contigo». Kozin asintió, a lo que Beria preguntó: «Pero ¿por qué cantas sólo canciones sobre Stalin? ¿Por qué no cantas ni una canción sobre Lenin?». Kozin replicó: «Eso no es cierto. También canto una canción sobre Lenin. Y esa canción la canto en todos mis conciertos. Canto canciones sobre Stalin y una canción sobre Lenin de Demián Bedni».

En ese momento el intérprete de Uittenbogaard le pregunta a Kozin cómo fue a parar a Siberia. El cantante se irrita. «No me haga ese tipo de preguntas –dice–, que tengo más de noventa años». Tras lo cual continúa: «Entonces Beria me pregunta: "¿Por qué?". Y yo le contesto: "Canto una canción sobre Lenin, escrita por Demián Bedni. Lleva por título 'Fue un día como todos los demás, envuelto en brumas grisáceas y sombrías'. A lo que Beria volvió a preguntar: "¿Sólo una canción?". Y Kozin respondió: "Sí"».

Cuando el intérprete insinúa que esa debió de ser, por lo tanto, la razón por la que fue desterrado, Kozin se molesta de nuevo. «Desconozco el motivo –dice enfadado–, pero tuve que marcharme inmediatamente al balneario de Magadán. Punto. Y fui a Magadán. Alguien vino y me dijo que tenía que irme a Magadán. También me dijo que no me encerrarían. Que podría vivir allí. Y me fui».

En ese lúcido documental de Uittenbogaard veo a Kozin por primera vez. Un hombre vanidoso y frustrado, que disfruta mientras los entrevistadores escuchan sus historias sobre los éxitos de antaño, pero que se enfada cuando le hacen preguntas sobre los episodios dolorosos de su vida. La grabación se realiza en su piso de una sola habitación, en la cuarta planta de un lúgubre y deslucido edificio soviético ubicado en el número 1 de la calle Shkolnaia Ulitsa de Magadán. El cantante está sentado al piano de la marca Krasni Oktiabr (Octubre Rojo) que había adquirido en 1956 y que había llegado en barco desde la fábrica de Kamchatka.

También resultan llamativos los comentarios sobre los encuentros con Stalin. Kozin solía actuar en el Kremlin, por ejemplo para el presidente estadounidense Franklin Delano Roosevelt y para Winston Churchill. Después de su actuación siempre le invitaban a quedarse. Y entonces aparecía Stalin para cantar una canción folclórica, acompañado por Kozin.

El entrevistador le pregunta si Stalin le caía bien, y el cantante responde: «Como persona se portó bien conmigo. No sé cómo trataría a los demás, pero conmigo era amable y bueno. Y tenía tacto, mucho tacto».

La irritabilidad de Kozin con algunas preguntas lo dice todo: incluso ante Uittenbogaard intenta perpetuar el mito de que no es homosexual. En realidad, el motivo de su condena no dejaba lugar a dudas. Los archivos de la policía secreta, puestos en parte a disposición de los investigadores rusos en la década de 1990, muestran claramente que el 10 de febrero de 1945 Kozin fue condenado a ocho años de prisión por un tribunal especial del NKVD, una troika, por agitación antisoviética y homosexualidad. En noviembre de ese mismo año, fue deportado a los campos de trabajo, situados a orillas del río Kolimá, en el extremo oriental de la Unión Soviética.

En sus diarios de viaje, publicados póstumamente y editados por Borís Savchenko, Kozin recuerda su estancia en la cárcel, en la ciudad de Ufa, donde pasó algún tiempo de camino a Magadán. Describe la celda, con el suelo de tierra y el humo del tabaco *makhorka*. Por todas partes había bandidos, asesinos, ladrones, presos políticos y prisioneros inocentes, sentados o tumbados. Algunos estaban completamente desconcertados, otros fingían absoluta normalidad. Uno rezaba sin cesar, otro contaba *El conde de Montecristo* de Alejandro Dumas a sus compañeros de infortunio. Por la noche, los carceleros llamaban a los que iban a ser transportados, y estos se preparaban y hacían mucho ruido, de modo que los presos no podían dormir. En la cárcel, Kozin tenía que estar siempre alerta para evitar que le robaran.

En una entrevista concedida en 1989 al periódico *Gudok*, Kozin confesaba que nunca habría sobrevivido al campo sin la ayuda de amigos y conocidos. También afirmó que ayudó a otros a sobrevivir con sus canciones. De hecho, no lo pasó demasiado mal en Kolimá. Dos años después de la entrevista para *Gudok*, declaró a otro periódico que había podido moverse libremente por Magadán, siempre que permaneciera dentro del área de los campos. A cambio, recorrió las minas de oro de la zona para dar conciertos.

Magadán, un conjunto de cabañas de madera y bloques de pisos encaramados a una montaña pedregosa, había sido excavado catorce años antes por trabajadores forzados y jóvenes comunistas. La ciudad sirvió de cuartel general para los nuevos campos construidos a lo largo del río Kolimá, bajo el control del NKVD. La zona que rodeaba ese enorme río era rica en minerales y albergaba el mayor yacimiento de oro del mundo. Aparte de los prisioneros, que tenían que extraer las materias primas en su condición de trabajadores forzados, se necesitaban también especialistas, sobre todo ingenieros y, por supuesto, mujeres casaderas para ellos. Los prisioneros cruzaban primero la Unión Soviética en tren hasta Vladivostok. Allí embarcaban en un barco, con capacidad entre 3.000 y 5.000 prisioneros, que los llevaba rumbo al norte, y bordeaba Japón a través del mar de Ojotsk. Una vez en Magadán, eran transportados en camiones a los campos, algunos de ellos situados a miles de kilómetros, por carreteras construidas también por trabajadores forzados. El paisaje inhóspito y estéril no era adecuado para el ferrocarril.

Todo el viaje podía durar hasta seis meses. De los 16.000 prisioneros enviados a Kolimá en el primer año, sólo 9.928 llegaron a Magadán con vida. Un ejemplo de alguien que no sobrevivió al viaje fue el poeta Ósip Mandelshtam. En 1938 fue condenado a una pena de cinco años en los campos de Kolimá, pero durante el trayecto murió de un ataque al corazón en un campo de tránsito cerca de Vladivostok.

Pronto hubo cerca de 30.000 prisioneros, todos ellos obligados a realizar trabajos forzados en Kolimá. Según Savchenko, a partir de 1938 se sumaron cada año entre 135.000 y 225.000 nuevos prisioneros. Entre 1937 –el comienzo del Gran Terror– y 1945, dos millones de trabajadores forzados pasaron por Kolimá, distribuidos entre ciento sesenta campos, de hasta 15.000 prisioneros cada uno. Decenas de miles de personas fueron ejecutadas. Oficialmente, cerca de 130.000 prisioneros murieron de hambre o enfermedad.

Pese a que los prisioneros estaban bien alimentados y tenían ropa de abrigo, las condiciones de vida en los campos eran duras. En los largos inviernos, la temperatura podía descender hasta sesenta grados bajo cero. La muerte siempre estaba al acecho. A veces se ejecutaba a los prisioneros de un barracón entero, sólo por ser «enemigos del pueblo».

Kolimá se convirtió en el símbolo de las penurias del gulag, del mismo modo que Auschwitz se convirtió en sinónimo de la masacre de los judíos por parte de los nazis. Sin embargo, a diferencia de Auschwitz, el gulag de Kolimá trajo también algo de la civilización a aquel lugar inhóspito y remoto, como señala en sus memorias la escritora Yevguenia Ginzburg, que estuvo recluida en un campo entre 1937 y 1949 y después, tras su liberación, tuvo que vivir cinco años más en Magadán. Se construyeron carreteras, se talaron bosques, se drenaron pantanos, se edificaron casas, ciudades y fábricas, y se construyeron vías férreas.

Como en todo el gulag también se fomentaba la vida cultural. Cada campo contaba con un departamento de educación cultural. Se organizaban fiestas en las que los conjuntos de canto y baile formados por músicos de orquesta, cantantes y actores entonaban las canciones favoritas de la cúpula directiva, entre ellas «La balada de Stalin» o

«La canción del NKVD». Los comandantes de los campos incluso competían entre sí para ver quién tenía la mejor orquesta. La acústica del teatro de la ciudad de Magadán era tan buena que muchos músicos realmente disfrutaban de sus actuaciones y no querían, por así decirlo, marcharse de allí.

Si bien los artistas recibían un trato preferente, este no era suficiente para aplacar sus temores. Sus compañeros de prisión a menudo eran peligrosos criminales. Giorgi Feldgun, por ejemplo, acostumbrado a actuar en las salas de conciertos de Leningrado, antes de ser detenido y deportado al extremo oriental ruso, se vio obligado a tocar a Vivaldi en un campo de tránsito para cincuenta delincuentes. La idea socialista subyacente era que la música podía transformar al peor villano en mejor persona.

En 1945, los campos del extremo oriental ruso se hallaban bajo el mando de Iván Fiodórovich Nikishov, más conocido como «el zar de Kolimá». Era el típico oficial del NKVD, reacio a mostrar compasión por sus prisioneros, al contrario que su amante, la mucho más joven Aleksandra Gridasova. Tanto es así que el escritor Varlam Shalámov, compañero de prisión de Kozin, inmortalizó a Gridasova en la figura de la culta Ridasova que aparece en el relato «Iván Fiodórovich».

Gridasova, miembro del movimiento juvenil comunista, Komsomol, había llegado a Kolimá como voluntaria. Se implicó a fondo en la vida cultural de los campos, contrató músicos y otros artistas para que entretuvieran a los presos. Gracias a sus esfuerzos, el Teatro Gorki de Magadán se convirtió en uno de los mejores teatros de la Unión Soviética. Vadim Kozin era uno de sus artistas favoritos.

Desde su llegada a Magadán, el cantante tuvo un trato preferente. Incluso antes. A bordo del SS Soviet Latvia, Kozin disponía de un camarote sólo para él y había podido llevarse el equipaje que quiso, mientras que los demás prisioneros viajaban con lo puesto en la bodega, como sardinas enlatadas.

Al desembarcar en el muelle de Magadán, fue recibido por Gridasova, que lo llevó inmediatamente en su coche al Teatro Gorki, donde le había organizado una fiesta sorpresa. Kozin subió al escenario vestido con su atuendo de siempre: un pulcro traje negro, zapatos de charol, camisa blanca almidonada y pajarita. Los músicos ya lo estaban esperando. Por fin podía volver a cantar ante el público. Fue un gran éxito.

El Teatro Gorki fue un proyecto del club cultural del NKVD, donde solían representarse obras teatrales. Como ese club carecía de una sede permanente, en 1938 se decidió construir un verdadero teatro al que se le dio el nombre del escritor Maksim Gorki, que había fallecido dos años antes. El edificio se inauguró oficialmente el 5 de octubre de 1941. Tenía un escenario con un foso para la orquesta y capacidad para seiscientas personas. También había un bufé. Pero eso no era todo. El teatro lo habían construido los mejores albañiles, carpinteros y artistas de Kolimá y gozaba de una extraordinaria acústica, rara vez igualada en otros lugares de la Unión Soviética. La fachada lucía estatuas de soldados, campesinos de koljoses, mineros y obreros, realizadas por los mejores escultores del país, encarcelados también en los campos. En el teatro llegaron a actuar músicos, actores y directores de gran renombre, tanto presos como voluntarios.

Curiosamente, el Teatro Gorki no era un teatro para los prisioneros de los campos. La audiencia estaba formada por carceleros y otros habitantes de Magadán. Los espectadores no sabían si los artistas que actuaban en el escenario eran presos o no. Acudían a ver una obra de teatro, un concierto, una opereta, una ópera o un ballet, como en cualquier otro lugar del país. Y las actuaciones solían ser de alto nivel y gran calidad.

Las funciones programadas en el Teatro Gorki tenían una estructura fija: antes del descanso se interpretaba música clásica, por ejemplo, un concierto para piano o una serie de arias de óperas famosas. La segunda parte estaba dedicada al teatro de variedades y a la música ligera. Entre la oferta figuraba la orquesta de jazz dirigida por Eddie Rosner, que era capaz de tocar dos trompetas a la vez y había acabado en Magadán en 1952, como prisionero, por supuesto. El broche final lo ponía Kozin.

En una ocasión, el programa varió. Aquel día, en que se celebraba un concierto para agentes de policía en presencia del comandante Nikisho, Kozin abrió la función en vez de cerrarla. A las pocas canciones, el público, fuera de sí, empezó a corear «¡Hurra!». Nikishov se asomó a su palco y vociferó: «¡¿A quién narices vitoreáis?! ¡Panda de maricones! Sólo se vitorea a la cúpula directiva. ¡No a ese idiota!». Y a Kozin le espetó: «¡Tú, lárgate de ese escenario!».

Al principio, Kozin no entendió nada y preguntó: «¿Quién? ¿Yo?». A lo que Nikishov respondió: «¡Sí, tú! ¡Bájate de ese escenario! ¡Al calabozo, ahora mismo!».

El director de teatro Leonid Varpakhovski intentó calmar los ánimos e invitó a la orquesta a entonar una melodía de *jazz*. Pero la orden estaba dada. Kozin se quedó perplejo. De repente, tomó conciencia de la arbitrariedad a la que estaba sometido como prisionero de campo. Entre bastidores, Gridasova se precipitó hacia él. «No se preocupe, Vadim Alexéievich –le dijo–. Olvídese del calabozo. Me aseguraré de que todo se arregle».

De hecho, gracias a su patrona, Kozin salió bien parado. Sin embargo, el arrebato de ira de Nikishov le aterrorizó de tal manera que, presa del pánico, intentó ahorcarse. En la segunda parte de *Archipiélago Gulag*, Aleksandr Solzhenitsin cuenta que al cantante le sacaron la soga del cuello en el último momento. Después de eso, Kozin pasó un mes en un sanatorio. Como si eso fuera lo más natural del mundo para un prisionero del gulag. Supuestamente, también esa estancia de rehabilitación se la debió a Gridasova.

En Kolimá, pocos estaban tan cómodos como Kozin. A diferencia de los demás prisioneros podía seguir vistiendo su propia ropa. Ese trato preferente se puso de manifiesto una vez más cuando, tras una refriega con unos trabajadores envidiosos del teatro, Gridasova consiguió que se le asignara una habitación individual con piano para que pudiese ensayar a cualquier hora sin que nadie lo molestara.

Durante sus años de cautiverio, Kozin era más o menos un hombre libre. Actuaba, se iba de gira con los músicos del Teatro de Variedades de Magadán y visitaba a amigos artistas y funcionarios del campo. Aun así, vivía en un estado de pánico permanente porque Gridasova le daba a entender que podía caer en desgracia en cualquier momento si no se mostraba lo suficientemente agradecido.

Kozin rara vez habló de sus años en el campo y de la época de su detención preventiva en Moscú. Durante sus labores de investigación para la biografía del cantante, Savchenko recibió a este respecto una carta de Aleksandr Yukhin, técnico superior en la fábrica de automóviles de Stalin en Moscú y compañero de prisión de Kozin en la Lubianka. Yukhin compartía una celda de quince metros cuadrados en la tercera planta del cuartel general de la policía secreta con otros tres prisioneros: un periodista del periódico militar *Estrella Roja*, un ingeniero jefe del Departamento de Guerra, y Kozin. Aunque en esa ocasión los cuatro vestían el uniforme penitenciario, también en aquel entonces el cantante recibía un trato privilegiado. Le traían libros y rara vez entraban a registrar la celda. Además, le llegaban con cierta regularidad paquetes de comida de sus amigos.

Kozin le explicó a Yukhin el motivo de su detención en los siguientes términos: a instancias de un general polaco accedió a actuar en Jabárovsk, en el extremo oriental de la Unión Soviética, ante los soldados de un recién formado cuerpo de ejército polaco que iba a ser evacuado. A raíz de esa actuación, las autoridades lo acusaron de querer huir a Polonia con ellos, lo que constituía un acto de alta traición. Después de dar otro concierto en Jabárovsk, pero en ese caso no para los soldados sino para los empleados del NKVD local, fue trasladado a la Lubianka.

La carta aporta algunos otros datos interesantes. Yukhin cuenta que Kozin, mientras salían a tomar el aire en uno de los patios del enorme edificio de la Lubianka, le cantaba canciones sintis y romaníes en voz muy baja, y que durante sus interrogatorios, que comenzaban todos los días a las diez de la noche y se prolongaban hasta la madrugada, confesaba todos los cargos que se le imputaban con tal de no ser torturado. En febrero de 1945, Yukhin y Kozin fueron separados.

La musicóloga Inna Klause sospecha, basándose en ese escrito, que la posición privilegiada de Kozin en Kolimá no estaba necesariamente relacionada con su fama, sino que podría tener que ver con su papel de delator en la Lubianka. Un papel que por otra parte volvería a asumir en Magadán, a juzgar por los testimonios de Varlam Shalámov, entre otros.

La víctima más famosa de la traición de Kozin en Kolimá fue el guionista y director de teatro Leonid Varpakhovski (1908-1976). El 22 de febrero de 1936 fue detenido en Moscú por el NKVD, probablemente porque su jefe, el célebre director de teatro Vsévolod Meyerhold, había sometido una evaluación negativa sobre sus convicciones políticas ante el Comisariado del Pueblo para la Guerra de Moscú. El 4 de abril, un tribunal especial del NKVD lo condenó a tres años de exilio en Kazajistán por «apoyar el trotskismo contrarrevolucionario».

Fue en Alma Ata, la entonces capital de la República Socialista Soviética de Kazajistán, donde su carrera teatral realmente despegó. El Gobierno kazajo incluso le entregó un certificado por sus méritos y obtuvo permiso para que su familia se reuniera con él.

Su vida discurrió sin sobresaltos hasta que el 8 de noviembre de 1937 fue detenido de nuevo. Tras una investigación exhaustiva del NKVD, fue condenado a diez años de trabajo forzado. Así comenzó para Varpakhovski una pesadilla que no hizo más que empeorar cuando el 9 de mayo de 1938 procedieron a detener a su esposa, la pianista Ada Milikovskaia, discípula de Heinrich Neuhaus, para luego condenarla a muerte el 16 de junio de ese mismo año acusada de espiar para Japón. En el momento de su ejecución tenía treinta años. Su hijo Fiódor, de tres años, fue criado por una hermana de Varpakhovski.

El propio Varpakhovski, que fue conducido a uno de los campos situados en la línea ferroviaria Baikal-Amur, fue trasladado a Kolimá en septiembre de 1940. No tardó en llamar la atención de un empleado del departamento de educación cultural, que lo relevó de los trabajos forzados y lo alistó en la Brigada Cultural de los campos de Kolimá. Aquel gesto le salvaría la vida.

En el verano de 1942, Varpakhovski asumió la dirección teatral y artística de la brigada, integrada en su mayoría por prisioneros políticos. Con gran autoridad puso en escena toda una serie de producciones en el Teatro Gorki de Magadán.

Durante uno de los ensayos, el director se enamoró de una prisionera del campo, la cantante Ida Ziskina. Ziskina cumplía una condena de ocho años como esposa de un «traidor del pueblo», detenido y ejecutado en 1936. Su condena expiró seis meses después del estreno de la obra. Varpakhovski, en cambio, no saldría hasta mayo de 1947. Una vez puesta en libertad, Ida se quedó a vivir en Magadán, donde dio a luz a una hija en 1949. La familia no obtendría permiso para abandonar Kolimá hasta la muerte de Stalin en 1953.

En octubre de 1947, cinco meses después de su liberación, Varpakhovski fue detenido de nuevo. Se descubrió que había sido traicionado por Vadim Kozin. Esa traición sienta las bases de «Iván Fiodórovich», el relato que Shalámov escribió en 1965. La trama está ambientada en un campo de internamiento comandado por Iván Fiodórovich. El comandante acaba de casarse con Ridasova, una chica del Komsomol de veinte años, mucho más joven que él, a la que pone al frente de una sección importante del campo. Desde su puesto, la muchacha siembra el terror entre miles de prisioneros.

Ridasova también muestra interés por el teatro. En un momento dado, Shalámov escribe lo siguiente a propósito de una reunión de la cúpula directiva del campo: «Se ha recibido una denuncia de un cantante, según la cual el director Varpakhovski se propone conferir al desfile del 1 de mayo aquí en Magadán el aspecto de una procesión, con iconos y estandartes religiosos. El denunciante sostiene que se trata de una acción contrarrevolucionaria encubierta».

Al principio, «Madame» Ridasova, como la suelen llamar, no ve nada objetable en los planes de Varpakhovski. Es más, dos años antes le había hecho un favor al traerlo a Magadán desde un campo especial, para que pudiera trabajar en el teatro, donde montaba un espectáculo tras otro. Y ahora bastaba con que se enamorase de una cantante judía para que fuera traicionado. Ridasova pide consejo a su marido, que se toma en serio la denuncia: «El denunciante no sólo habla de estandartes religiosos, sino que, además, afirma que Varpakhovski se ha ido a vivir con una judía, una de las actrices, y que le asigna papeles de protagonista; ella es cantante. ¿Qué clase de persona es ese Varpakhovski?». A lo que Ridasova responde: «Es un fascista, viene de un campo especial. Es director de teatro y ha trabajado con Meyerhold, ya me acuerdo, lo tengo por aquí».

Y sobre el chivato dice: «El cantante es una persona de confianza. Un homosexual, pero no un fascista». Como castigo, Iván incorpora a Fiódorovich Varpakhovski a la compañía itinerante que actúa para los presos en las minas de Kolimá. Supone una dura prueba física, sobre todo por las condiciones climáticas extremas y el terreno accidentado y de difícil acceso. Además, la amada de Varpakhovski, Dasha Ziskind –como Shalámov llama a Ziskina en su relato–, se queda atrás en el campo.

Al final de la historia, Varpakhovski escribe una súplica a Ridasova en la que le habla de sus sentimientos, con la esperanza de despertar su compasión. Pero no sirve de nada. Aun antes de terminar de leer la carta, Ridasova ordena nuevos castigos. Así, Varpakhovski es enviado a una mina, mientras que su amada acaba en un campo agrícola para mujeres. Al final, Iván Fiodórovich también cae en desgracia y es ascendido a ministro con el fin de quitarlo de en medio.

En realidad, Varpakhovski no fue condenado de nuevo por sus supuestas actividades contrarrevolucionarias, sino que pasó ocho meses en régimen de aislamiento. Después, se celebró un juicio en el que se le acusaba de haber utilizado música del *Réquiem* de Mozart para una escena sobre la ejecución de un partisano. Sin embargo, logró defenderse con éxito de esa acusación y fue absuelto por una instancia superior.

A continuación, Varpakhovski fue enviado a Ust-Omchug, un pueblo a tres mil kilómetros de Magadán. Allí puso en escena doce obras de teatro y veinte conciertos como director artístico de la Casa Central de Cultura. Tras la muerte de Stalin se mudó con su familia a Tiflis, donde trabajó como director teatral en el Teatro Griboiédov. A los cuatro años de la muerte del dictador regresó a Moscú, por fin rehabilitado.

El mundo del teatro moscovita lo acogió como a un hijo pródigo. Nada más llegar fue nombrado director jefe del Teatro Yermolova. Cinco años más tarde se cambió al Teatro Maly, hermano pequeño del Teatro Bolshói, donde se convertiría en uno de los grandes innovadores de la escena rusa. Había días que se representaban cinco obras suyas en varios teatros.

A principios de septiembre de 1950, Vadim Kozin fue puesto en libertad antes de tiempo. A modo de prueba mostró a su biógrafo Savchenko una declaración en la que constaba que en 1945 había sido condenado a ocho años de prisión y que, en 1950, había sido liberado por «buen trabajo y conducta ejemplar». Mientras señalaba unas líneas del texto dijo: «En el apartado "Artículo que motiva la condena" no hay nada. ¡Está vacío!». Y añadió: «Tampoco se hace alusión al sexo». Como si con ello esperase borrar cualquier referencia a su homosexualidad.

La gran pregunta es por qué Kozin permaneció en Magadán después de su liberación. Él mismo nunca quiso hablar con nadie sobre el motivo de esa decisión. Corría el rumor –entre varios otros– de que tenía muchos rivales en Moscú, quienes por temor a tener que competir con él, y en favor de su propia carrera musical, habrían recurrido a sus contactos políticos para amenazar de muerte a Kozin.

La única explicación que se le ocurre a Savchenko es que en Kolimá todos conocían y admiraban al cantante. Sin embargo, para Ida Ziskina, la esposa de Varpakhovski, la verdad estaba en otra parte. Según ella, tal como escribió Shalámov en su relato, Kozin desempeñó un papel pernicioso en la detención de Varpakhovski, después de que este en un ensayo de la *Sinfonía n.º* 6 de Chaikovski rindiera un pequeño homenaje a su primera violín, la alemana Sofia Gerbst, que se había suicidado. Pronto se rumoreó que había organizado una misa de duelo para protestar contra los campos soviéticos. Ese fue el motivo de su detención. Debido en parte a un comentario de Kozin, que no soportaba a Varpakhovski.

Al poco tiempo de recuperar la libertad, Kozin fue nombrado director artístico de la compañía de canto y danza F. Dzerzhinski, cuyos miembros eran principalmente policías. Cualquier actuación del conjunto comenzaba invariablemente con la canción «La sagrada bandera leninista». Siempre era Kozin el que cantaba al final de la velada.

En realidad, el nuevo trabajo lo convertía en colaborador de la policía secreta, lo cual suscitaba las sospechas de los presos. Siguió al frente del conjunto hasta 1953. Al año siguiente le asignaron un puesto en el Teatro Gorki, primero como bibliotecario, pero, luego, de 1955 a 1959 también como cantante de la «más alta categoría», de modo que cobraba un sueldo más que decente. En señal de agradecimiento escribió una oda a la ciudad titulada «Tardes de Magadán».

En los dos años siguientes a la repentina muerte de Stalin, a causa de una hemorragia cerebral el 5 de marzo de 1953, dos millones de presos regresaron con sus familias. En Kolimá ya sólo quedaban los voluntarios, interesados en ganar mucho dinero en poco tiempo: temporeros, cazadores y miembros del Komsomol, el movimiento juvenil comunista. También ellos demostraron ser fieles admiradores del cantante.

En 1955-1956, Kozin emprendió una gira por Siberia y el extremo oriental ruso, organizada por el Teatro Gorki de Magadán, que había caído en desgracia desde que Jrushchov, el sucesor de Stalin, había desmantelado el sistema del gulag. El cantante, que llevaba más de diez años sin actuar fuera de Kolimá, dio doscientos cinco conciertos en diez meses, incluso en lugares como Kamchatka y Sajalín. En los dos años siguientes volvió a actuar también en el centro de Rusia, y dio ciento noventa y tres conciertos en sesenta y dos ciudades en nueve meses. Las críticas favorables se sucedieron. La noticia de su éxito no sólo se recogió en la prensa local de ciudades como Vorónezh, Tiflis, Gorki, Sochi, Jabárovsk y Sverdlovsk, sino que llegó hasta los campos de Kolimá. Muchos se sintieron orgullosos de los triunfos de su «compatriota regional». Pero Kozin nunca llegaría más allá, al oeste, de lo que hizo en esta gira.

Del diario de viaje que escribió durante 1955-1956 se desprende que le habría gustado volver a la parte europea de la Unión Soviética, léase: Moscú o Leningrado. Al fin y al cabo, allí estaba la mayor parte de su público. Según anotó el 17 de junio de 1955, ni siquiera sabía qué autoridades lo retenían en el extremo oriental ruso, si las de Moscú o las de Magadán. Por lo tanto, es probable que recuperase la libertad antes de tiempo sólo en virtud de su rehabilitación como persona condenada injustamente por agitación antisoviética. Su condena por homosexualidad, en cambio, bien podría seguir vigente en Moscú.

Sviatoslav Richter en los años 1940.

Klavdia Shulzhenko en los años 1940.

Klavdia Shulzhenko rodeada de colegas del mundo de la música: la compositora Tamara Markova, Mijaíl Yanshin, Vera Orlova, y el pianista Borís Mandrus (años 1930).

Moiséi Vainberg en 1970.

Estreno de *El idiota*, última ópera de Vainberg, el 19 de diciembre de 1991 (Moscú). De izq. a dcha.: Aleksandr Medvédev (libretista), los dos actores principales en los papeles del príncipe Mishkin y Natasha Filípovna (protagonistas), el propio Vainberg y Borís Pokrovski (director de la orquesta).

Vadim Kozin (a comienzos de los años 1940).

Mariya Yúdina (en torno a 1920).

Aleksandr Mosólov en 1927.

Aleksandr Mosólov en los años 1950.

Tijon Jrénnikov en 1948.

Tijon Jrénnikov junto a su piano de cola (en torno a 1970).

Mstislav Rostropóvich en 1978.

Ello explicaría por qué no podía regresar a la capital, por mucho que lo deseara. Moscú, al igual que Leningrado, continuaría siendo terreno vedado hasta su muerte.

El hecho de que se le concediera de nuevo permiso para volver a los escenarios le daba la sensación de que estaba pidiendo perdón por «crímenes» que no había cometido. Le parecía ridículo que lo hubieran silenciado durante tanto tiempo –como escribió en su diario el 14 de julio de 1955– y ahora volviese a actuar en Jabárovsk por primera vez en quince años. El 16 de agosto de 1955, Kozin parece aún más enfadado, cuando anota que aborrece su trabajo, odia el escenario y aguarda con impaciencia el momento de retirarse. Llama canallas a los responsables de su amargura, sin mencionar nombres.

No esperaba nada bueno de su futuro y desconfiaba de todo el mundo, se sentía solo, ya no tenía perspectivas, no creía que le quedara mucho tiempo de vida y estaba cansado de los veinticinco conciertos que estaba obligado a ofrecer cada mes durante sus agotadores viajes. Tanto ajetreo tensaba y destruía su voz. Durante una de las giras de 1955 le ofrecieron un puesto en la filarmónica local de Kúibishev, la actual Samara, en el sur del país. Rechazó la oferta y regresó a Magadán, para morir, como él mismo decía.

En octubre de 1959, Kozin fue detenido de nuevo. Por aquel entonces trabajaba como archivero en un centro cultural de Magadán y llevaba una vida anónima.

A principios de febrero del año siguiente compareció ante el tribunal local. A partir de ese momento sus canciones dejaron de escucharse por la radio y su nombre dejó de aparecer en la prensa. El 25 de febrero, el juez dictó sentencia: Kozin fue condenado a tres años de prisión por actos homosexuales y seducción de menores con lascivia. Hoy por hoy, aún no está claro si efectivamente abusó de menores de edad y, por lo tanto, no se sabe si las nuevas acusaciones estaban justificadas.

En su prefacio a los diarios de Kozin de 1955-1956, Savchenko cita una declaración escrita que Kozin tuvo que preparar en el curso de su segunda prisión preventiva. En ese documento, el cantante habla con franqueza sobre su desarrollo y preferencia sexual. Su homosexualidad se remontaba a tiempos de la escuela, cuando una profesora abusó de él y le obligó a mantener una relación con ella. De nuevo, hay que tomarse las palabras de Kozin con cautela. A fin de cuentas, el cantante estaba sometido a una gran presión y temía por su suerte.

Después de su condena, su vida en Magadán apenas cambió. Aunque se desconoce si conservó su trabajo de archivero, estaba autorizado a seguir actuando como solista, por ejemplo, con la orquesta de *jazz* dirigida por Eddie Rosner. Eso sí, sólo en Magadán y sólo en directo. Su música jamás volvió a retransmitirse por la radio.

Tras su liberación definitiva en 1963, Kozin encontró trabajo como bibliotecario en la Biblioteca Pushkin de Magadán. Nunca más volvió al Teatro Gorki, salvo para alguna actuación ocasional. Cantaba para todo el que lo paseara en coche por la ciudad. De ese modo, mantuvo vivo su repertorio y su reputación entre las pocas personas de Magadán que aún lo conocían. Ya no tenía otra forma de hacerse oír como cantante. Todas sus grabaciones habían sido brutalmente destruidas por las autoridades. Los medios de comunicación no podían ni mencionar su nombre. Ya no se editaban discos con sus canciones. De estrella nacional había pasado a ser un simple cantante callejero.

Sin embargo, contrariamente a lo que él pensaba, el público soviético no lo había olvidado. En los años sesenta y setenta, recibió incluso visitas de toda clase de ciudadanos soviéticos, a cuál más importante, entre ellos el célebre poeta Yevgueni Yevtushenko, que lo visitó de incógnito en 1977. Se le había pedido que ofreciera una lectura en Magadán, y a cambio él exigió una reunión con Kozin, que le fue concedida sin problema. En Magadán, todos sabían que el cantante seguía vivo. Los aficionados de a pie pasaban a verlo y escucharlo en su pequeño piso de una sola habitación atestado de libros, periódicos, discos de vinilo y el piano. Normalmente, se lo encontraban trasteando con sus grabadoras de casete y los cientos de cintas en las que había grabado y seguía grabando sus canciones. Kozin y sus gatos estaban encantados de recibir a cualquiera que quisiera escucharlo.

En muy contadas ocasiones actuaba en vivo en Magadán, estrenaba alguna canción incluso. En 1965 participó en dos veladas en torno a la obra del poeta Serguéi Yesenin, que se suicidó en 1925, y del popular escritor Konstantín Símonov, respectivamente, e interpretó canciones inspiradas en sus obras.

En 1969, con motivo de su setenta y cinco cumpleaños y su cuarenta aniversario artístico, se celebró un concierto memorable. Antes y después del descanso, Kozin cantó diez nuevas canciones, veinte en total, acompañándose al piano. La mitad de las piezas eran suyas. Una parte, el ciclo *Amo este país*, estaba dedicada a Magadán y rebosaba patriotismo. Por supuesto, tampoco faltaban las romanzas romaníes y sintis.

Como era de esperar, fue una velada muy emotiva. El público oscilaba entre el silencio más profundo y los sollozos, debido en buena parte a la apasionada interpretación de Kozin. En 1970 ofreció otro concierto muy similar, igualmente emotivo. Tres años más tarde subiría por última vez a un escenario en Magadán.

En 1972 el violonchelista ruso Dmitri Ferschtman se hallaba de gira en Magadán con su orquesta. Según me contó cinco décadas más tarde en Ámsterdam, fue un encuentro muy especial. «Nuestro representante de entonces, homosexual, era amigo de Kozin y me lo presentó. Se enamoró de mí de inmediato. Estaba en compañía de otros dos exprisioneros, también homosexuales, al menos veinte años más jóvenes que él. Se comportaban como sus criados. Salía regularmente a cenar y a tomar copas con ellos».

Ferschtman, que ahora tiene setenta y cinco años, nunca había oído hablar de Kozin antes de aquel encuentro en Magadán. «¿Qué quieres? Sus discos no estaban a la venta en las tiendas. Había sido borrado del mapa, como muchos otros músicos homosexuales».

Sin embargo, mientras la mayoría de los prisioneros regresó a Moscú tras cumplir sus condenas, Kozin no lo hizo. «No era un luchador –me dijo Ferschtman cuando se lo comenté–. No era el tipo de persona que se esforzaba por volver. Estaba mancillado».

A principios de los años ochenta, la prensa nacional volvió a escribir sobre Kozin. En contra de lo que creía casi todo el mundo fuera de Magadán, el cantante seguía vivo. Cuando en 1985, tras una dura batalla con las autoridades, Melodiya volvió a editar los elepés con sus canciones, las tiendas de discos de todo el país se llenaron de quinceañeros y otros fans interesados en saber cuándo se iba sacar a la venta el nuevo álbum de su cantante favorito. Kozin no estaba muerto, Kozin estaba vivo y era venerado como una joven estrella del pop.

En 1985, el cantante recibió la visita de Edvin Polianovski, corresponsal del periódico gubernamental *Izvestia*. Durante mucho tiempo, el periodista también creyó que Kozin había muerto. Sin embargo, al enterarse del lanzamiento del nuevo álbum y tras averiguar que vivía en Magadán y gozaba de buena salud, decidió ir a verlo a su casa en los confines del mundo. Le impactó ver tanta pobreza.

Cuando Polianovski terminó su artículo, su periódico se negó a publicarlo, «debido al pasado del cantante». La entrevista apareció en 1990 en *Nedelia*, un periódico de corta tirada, así que prácticamente pasó desapercibido.

Dos años después de la visita de Polianovski, Anna Zelenskaia realizó un documental sobre Kozin titulado *Dos retratos y una banda sonora*. Fue entonces cuando el público nacional descubrió que su ídolo seguía vivo, lo que impulsó su proceso de rehabilitación. Aun así, el verdadero punto de inflexión en la suerte de Kozin se produjo tras el desmoronamiento de la Unión Soviética a finales de 1991. En el primer semestre de 1993, los periódicos *Izvestia* y *Vecherniaia Moskva* publicaron artículos elogiosos sobre él. En abril de ese mismo año, las autoridades culturales de la región de Magadán recibieron un telegrama de Moscú en el que se les comunicaba que el Ministerio de Cultura había nombrado al anciano cantante Artista del Pueblo de la Federación Rusa. Y cuando se creó en Moscú una Plaza de las Estrellas, equivalente al Paseo de la Fama de Hollywood, a Kozin se le asignó una estrella.

Pero ni siquiera entonces las cosas salieron como Kozin esperaba. Su nombramiento oficial como Artista del Pueblo no llegó a materializarse, del mismo modo que no fue declarado ciudadano honorario de Magadán. Cuando Polianovski fue a pedir explicaciones al comité de nombramientos del Kremlin, le comunicaron que la negativa era debida a la segunda condena de Kozin, de 1960, por abuso de menores. A modo de compensación, en marzo de 1993, se organizó un concierto en Magadán para conmemorar su noventa cumpleaños. En el homenaje, que duró seis horas, participaron numerosos artistas rusos de renombre, mientras el propio Kozin permaneció sentado en un trono en el escenario. Recibió una bonificación en efectivo, y gracias a la ayuda financiera de una empresa pesquera, el piso contiguo al suyo se convirtió en un salón de música, con alfombras rojas y un piano de cola, donde a partir de entonces podría ofrecer sus conciertos.

Kozin murió un año y medio después. En una nota necrológica, publicada en el periódico *Kultura* el 24 de diciembre de 1994, se afirmaba que era un gran cantante, un artista del pueblo, que había sido separado con mano dura de su público para ser internado en un campo. Todo eso era verdad.

Más tarde, en la década de los noventa, Kozin fue recordado tanto en Magadán como en Leningrado, por entonces rebautizada como San

Petersburgo. En su ciudad natal se barajó incluso la posibilidad de dedicarle un museo, aunque el proyecto no siguió adelante. Sin embargo, en 1999 la sala de música de su piso de Magadán se transformó en un pequeño museo, aunque nunca se ha organizado ninguna exposición ni nadie se ha preocupado de catalogar ni de mostrar al público el extenso archivo repleto de grabaciones desconocidas.

En la Rusia contemporánea, la relación con Kozin continúa siendo ambivalente, por más que su nombre esté inmortalizado en la Plaza de las Estrellas del nuevo teatro moscovita Rossia. Esta ambivalencia se debe a su homosexualidad, que todavía hoy está prohibida en el país. En Magadán, todo el mundo sabía que el cantante había sido condenado por pederastia en 1960, y que no era un preso político. Aun así, en 2003 un empleado del Museo Kozin citó su condena por agitación antisoviética como único motivo de su cautiverio. Ni una sola palabra a la condena por homosexualidad y abuso de menores, de la que nunca fue rehabilitado.

Savchenko, el biógrafo de Kozin, la menciona, pero intenta justificarla alegando que el menor de edad con el que el cantante supuestamente mantuvo relaciones sexuales era un empleado de la KGB, si bien, a fecha de hoy, no existe ninguna prueba que lo demuestre. Así, Kozin parece haber creado un mito sobre su vida incluso después de su muerte. Sea como sea, es un hecho que fue encarcelado bajo el mandato de Stalin, que nadie se acordó de rehabilitarlo bajo el mandato de Jrushchov y que cayó en el olvido bajo el de Yeltsin.

7
Monja, poetisa y pianista

Marzo de 1953. En el escenario de una sala de conciertos de Moscú, una atractiva mujer de cabello moreno, ataviada con un vestido de tafetán azul, interpreta el *Concierto para piano n.º 23* de Mozart. El público, muy serio, escucha embelesado y admirado. La música distrae a los presentes del terror que asola al país más allá de las puertas de la sala de conciertos. Por toda la capital rusa se detiene, tortura y ejecuta a personas al azar. Nadie puede sentirse seguro. Ni siquiera en la sala de conciertos, donde hay un agente del NKVD en cada esquina. Las manos a la espalda, la amenazante mirada bajo la gorra azul clavada en la orquesta y la solista, como si estuvieran a punto de darse a la fuga.

El concierto se retransmite en directo por la radio. Y de repente, el sonido del teléfono, en la sala de control. La secretaría de Stalin. El director de la sala debe volver a llamar al cabo de diecisiete minutos; es una orden. El miedo recorre el rostro del director, está tan nervioso que a duras penas puede apuntar el número de teléfono correctamente.

Tras diecisiete minutos, terminado el concierto, marca el número de Stalin con dedos temblorosos. «Quiero una grabación del concierto de esta noche», ordena el dictador. «Pasarán a recogerla». El director contesta que estará preparada. Sin embargo, cuando pregunta a los músicos si se ha grabado el concierto, la respuesta es negativa. El pánico es aún mayor. El director entra corriendo en la sala en un intento por retener a los espectadores, a punto ya de marcharse. Los tranquiliza, no los matarán. Algunos ya están en la calle. Los agentes del NKVD paran a transeúntes al azar, campesinos y obreros, que no tienen nada que ver con la música.

La pianista irrumpe en la sala de control. Se niega a volver a tocar el concierto. «¿Acaso prefiere que la maten a tiros, Mariya Veniamínovna?», le pregunta el director, dirigiéndose a ella por su nombre y el de su padre, conforme a los usos y costumbres rusos. «Como a mi padre y a mi hermano», responde con frialdad.

El director de la sala se dirige al director de orquesta y le pregunta si hay otro pianista disponible. El director de orquesta dice que eso no es posible, porque todo el mundo se percataría de la diferencia, incluso Stalin. «Espero que no nos estén escuchando», comenta la pianista. El director de orquesta empieza a temblar, consciente de su desliz, que bien merece una bala.

El director de sala hace otro intento y ofrece a la pianista 10.000 rublos. «Veinte mil», replica ella. En ese instante, el director de orquesta sufre un infarto y cae muerto. Se decide traer de inmediato a un nuevo director de orquesta. Vive en un edificio donde en ese mismo momento todos los residentes están siendo detenidos por el NKVD. Viste pijama y batín y da por descontado que pronto vendrán a por él. A modo de despedida, declara su amor a su esposa y le ruega que confiese todo lo que quieran oír de ella. Pero en lugar del NKVD, llama a la puerta un representante de Radio Moscú. El director de orquesta es conducido a la sala de conciertos. Dirige la orquesta en batín. Es el único director de orquesta con vida en toda Moscú.

Concluida la grabación del disco, el director de sala se lo entrega al oficial del NKVD que se encarga de llevárselo a Stalin. La pianista desliza una nota en la carátula de la grabación, y afirma que desea expresar sus sentimientos más íntimos hacia el líder.

El disco se entrega en la dacha de Stalin. El dictador está furioso por tanta demora. Pone el disco en el gramófono de su estudio, donde a veces se encierra durante días, para recortar fotos de periódicos y revistas y pegarlas a la pared. Por un instante le molesta un error de grabación, ya que los primeros compases suenan dos veces. Hasta que su mirada se posa en la nota de la pianista, que se ha caído de la carátula al sacar el disco. Dice: «Iósif Vissariónovich Stalin, has traicionado a nuestro país y has destruido a nuestro pueblo. Rezo por tu fin y pido al Señor que te perdone. Tirano». El dictador estalla en carcajadas ante tan osado lenguaje. De pronto se queda rígido y sufre un derrame cerebral. Cae al suelo. No tardará en exhalar su último suspiro.

Se trata de una escena clave del largometraje *La muerte de Stalin*, rodado en 2017 en lengua inglesa por el cineasta Armando Iannucci. En esta comedia negra, cómicos estadounidenses y británicos de la talla de Steve Buscemi, Adrian McLoughlin, Michael Palin y Simon Russell Beale interpretan a los esbirros del dictador. No hay mejor manera de retratar la locura que reinaba en el Kremlin por aquellos años. Buscenni interpreta al bromista Jrushchov, y Russell Beale es Lavrenti Beria, el jefe de la policía secreta de Stalin y principal rival de Jrushchov por los favores del dictador. Con su corpulenta estatura, Beria encarna la grotesca crueldad paranoica y sanguinaria que rodeó los últimos años de Stalin. Todos están aterrados por el gran líder, que los emborracha durante copiosas cenas y proyecciones de películas del Oeste en su sala de cine privada, para luego poder averiguar, entre los allí presentes, quién se va de la lengua y merece engrosar la lista de ejecuciones.

En *La muerte de Stalin*, la pianista Mariya Veniamínovna Yúdina es la única que no teme a nadie. Se nota en su magnífica interpretación del *Concierto para piano n.º* 23 de Mozart. El miedo parece incapaz de permear su cuerpo majestuosamente erguido, como si su traje de tafetán fuese una armadura. El papel de Yúdina lo interpreta la actriz ucraniana Olga Kurilenko, que antes fue chica Bond junto a Daniel Craig en *Quantum of Solace*, la película más violenta del agente 007 hasta la fecha. De ahí quizá la sangre fría con la que en esta nueva cinta desafía a la muerte como pianista.

Ahora bien, aparte de esa intrepidez, poco hay de cierto en la historia narrada en la película. La pianista que realmente tocó el *Concierto para piano n.º 23 en la mayor KV 488* de Mozart no se parecía en nada a la bella y joven Kurilenko, sino que era una mujer corpulenta de cuarenta y ocho años, de pelo moreno, despeinado, y de mirada sombría. En lugar de un traje de tafetán, vestía el hábito negro de las monjas de la Iglesia ortodoxa rusa. Calzaba zapatillas de deporte desgastadas. Lo cierto es que se llamaba Mariya Veniamínovna Yúdina y que una de sus interpretaciones del *Concierto para piano n.º 23* de Mozart se grabó tras una llamada de Stalin en la que el dictador supuestamente reclamó un disco del concierto. ¿En qué año ocurrió? No era 1953, sino 1944 según Shostakóvich, y en 1947 según mis propias pesquisas, si es que ocurrió de verdad, porque toda la historia de la grabación se halla envuelta en una nebulosa.

Que Stalin pusiera ese disco el día de su muerte, como sugiere la película, no se puede verificar. Es posible, pero no hay ninguna prueba de ello. En cualquier caso, que sufriera un ictus después de leer la demoledora nota de agradecimiento de Yúdina es pura ficción.

Mariya Yúdina ocupa un lugar especial entre los músicos soviéticos más prestigiosos. *La muerte de Stalin* demuestra que su vida se presta a la mitificación más que la de cualquier otro músico soviético. Esto se debe principalmente a que se veía a sí misma como una persona con una misión moral y religiosa, decidida a utilizar la música tanto para combatir el mal como para sanar el alma de la humanidad. Tocaba el piano como si estuviera amasando o lavando la ropa. Era puro esfuerzo físico, estruendoso y rudo. Su discípula y amiga Mariya Drozdova dijo de ella: «A diferencia de otros pianistas, nunca se preocupó en exceso por la técnica ni por las horas de práctica. Yúdina tocaba a otro nivel de conciencia».

Según sus admiradores, sus interpretaciones tenían una dimensión metafísica y reflejaban una visión musical extraordinariamente idiosincrásica, aunque al mismo tiempo presentaban numerosas contradicciones. Todo ello no hizo más que incrementar su fama, a la vez que algunos de sus colegas y especialmente las autoridades, que no compartían su forma de ver la música, la tildaban de «aberrante» y «enferma mental». Uno se siente tentado de darles la razón al leer los comentarios religiosos y filosóficos que la pianista anotaba al margen de sus partituras, entre ellos una referencia a los «Salmos de David» en las *Variaciones Goldberg* de Bach, susceptibles de transportar a más de uno a esferas sublimes.

En 1916, ella misma describió su vocación en su diario en los siguientes términos: «Todo lo divino y espiritual me ha sido revelado a través del arte, a través de la rama artística denominada música. Esta es mi vocación. Creo en ella y en los poderes que ella me confiere. Así es como mi vida cobra sentido. Soy un eslabón de la cadena del Arte».

Dmitri Shostakóvich, antiguo compañero de clase en el Conservatorio de Petrogrado, poco dado a las exaltaciones, quedó muy impresionado por su vigorosa interpretación. Después de oírla tocar sus preludios y fugas le escribió: «Esto no es en absoluto lo que yo escribí, pero, por favor, sigue tocándolo así. ¡Sólo así, te lo pido por favor!».

Al mismo tiempo, a Shostakóvich no le gustaba demasiado el aura religiosa que envolvía a la pianista. Así se lee en *Testimonio*, sus memorias publicadas póstumamente y, en este caso, bastante verosímiles, pese al tono sexista: «Algunas personas afirman que Yúdina tenía un enfoque único y profundamente filosófico de las obras que interpretaba. No sé, yo nunca he notado nada de eso. Al contrario, siempre he tenido la sensación de que su interpretación dependía mucho de su estado de ánimo. Algo habitual en las mujeres». O también: «Todo lo que Yúdina tocaba, lo tocaba "de forma diferente a los demás". Sus innumerables admiradores y admiradoras se dejaban llevar por su música. A mí, personalmente, me costaba entender realmente sus interpretaciones. Cuando le preguntaba por qué tocaba algo de determinada manera solía recibir respuestas del estilo: "Así es como lo siento yo". ¿Se puede saber qué tiene eso de filosófico?».

«Todo», habría respondido Yúdina de habérselo preguntado. No en vano salía a la calle como una predicadora, vestida de monja, con sus zapatillas desgastadas, dispuesta a proclamar su fe tanto en salas de conciertos como en la intimidad. Sólo había que oírla tocar. Shostakóvich señala en *Testimonio* que tocaba «como si estuviera pronunciando un sermón». Años después, el poeta Iósif Brodski se referiría a ella como la «pianista bíblica».

Vitali, uno de mis amigos moscovitas y concertista de piano, me aporta una visión mucho más terrenal cuando lo visito en su piso de una sola habitación en un suburbio de la capital y le pregunto por ella: «Sus interpretaciones de Mozart o Beethoven te ponían de los nervios durante los cinco primeros minutos –dice–. Pero a los diez minutos ya no oías sus *fortes* ni sus *mezzofortes* y te concentrabas en la melodía, que era muy especial. Tampoco hay que olvidar que era una típica representante de la *intelligentsia* rusa».

Según me cuenta Vitali, además de la música, la religión y la filosofía, a Yúdina le interesaban la literatura, el teatro y la historia. Sentía una gran pasión por la Antigüedad clásica, y en su juventud, después de terminar el conservatorio, llegó incluso a enseñar griego antiguo en San Petersburgo mientras estudiaba en la Facultad de Historia y Filología de la Universidad de Petrogrado. Como pude comprobar más tarde, esos intereses intelectuales se reflejan no sólo en sus ensayos y memorias, sino también en las cartas que escribió a personajes tan diversos como los compositores Dmitri Shostakóvich y Karlheinz Stockhausen, los filósofos Theodor Adorno, Mijaíl Bajtín y Pável Florenski, y los escritores Borís Pasternak y Nadezhda Mandelshtam. En el ámbito de la literatura sentía especial predilección por los libros, escritores y poetas prohibidos.

Me pregunto si acaso existe una relación entre sus preferencias literarias, por un lado, y su compromiso con la música contemporánea prohibida por las autoridades soviéticas, por otro. Al fin y al cabo, si alguien se convirtió en la encarnación del inconformismo en la cultura musical soviética a lo largo de los años fue Yúdina. Algunos dicen que sus conciertos posteriores podrían compararse con las protestas de los disidentes, algunos de los cuales se contaban entre sus amigos más íntimos.

Aun así, Yúdina vivía ante todo como una monja. Cuidaba de todo aquel que pudiera necesitarlo. Como una Francisca de Asís rusa repartía los honorarios de sus actuaciones y las pagas que recibía por sus clases entre los artistas menos afortunados. Como siempre le faltaba dinero para cubrir las necesidades ajenas, lo pedía prestado a sus conocidos. Su hermana Vera Yúdina dijo al respecto: «No tengo dinero, no tengo dinero, no tengo dinero... Siempre la misma cantinela. Cuando murió, tenía una deuda de 14.000 rublos. Pero a nadie se le ocurrió reclamar el dinero prestado, todos estaban encantados de hacer algo por un genio como ella».

Su precariedad económica también se reflejaba en las veladas literarias que organizaba en su casa. Yúdina no podía permitirse ofrecer aperitivos y vodka a sus invitados, así que acudía a la oficina de distribución del Conservatorio de Moscú a por un cupón de racionamiento, lo cambiaba por un par de zapatos, y luego vendía el calzado en la calle para poder comprar vodka y arenques.

Durante el terror de Stalin preparaba, además, paquetes de comida y ropa para los prisioneros del gulag, y, pese a que la policía secreta la vigilaba día y noche, nunca llegó a detenerla. Las autoridades no podían controlarla; su excentricidad parecía intimidarles. Era como si estuviera rodeada de un aura protectora.

Mariya Veniamínovna Yúdina nació el 9 de septiembre de 1899 en la ciudad bielorrusa de Nével. Era la cuarta hija de Veniamín Gavrílovich Yudín, un judío asimilado que había logrado salir de la pobreza de su *shtetl* natal y gozaba de un gran respeto como médico rural en Vitebsk, a la que pertenecía Nével. Tres cuartas partes de la población de la pequeña ciudad, rodeada de numerosos lagos y estanques en las estribaciones de las idílicas colinas de Valdái, era judía, siendo el resto bielorrusa, polaca y lituana. Todos los habitantes participaban de la floreciente vida cultural de Vitebsk.

La primera profesora de piano de Yúdina fue Frieda Levinson, alumna del famoso Antón Rubinstein. Al percatarse de que tenía talento, su padre la envió, con trece años, al Conservatorio de San Petersburgo, por entonces la capital del país. Allí acabó en la clase de piano del renombrado pedagogo Leonid Nikoláev.

Unos años más tarde conoció a Yevguenia Otten, famosa escritora religiosa, quien la introdujo en la sociedad medio religiosa, medio filosófica, llamada Resurrección, un grupo de intelectuales de izquierdas que se ocupaba de cuestiones literarias, religiosas y políticas relacionadas con la estética del comunismo. El semiólogo y crítico literario Mijaíl Bajtín fue uno de sus miembros. Yúdina, fascinada por ese ambiente, cayó bajo el hechizo del rito ortodoxo ruso y se convirtió en 1919. A partir de entonces, toda su vida giraría en torno a la fe. La música no sería sino un medio para acercarse a Dios.

Yúdina ya había conocido a Bajtín en Nével, donde había dado una conferencia sobre Kant y los filósofos neokantianos y había visitado la casa de sus padres. Pronto congeniaron. Discutían acerca de temas teológicos y religiosos y acabaron siendo amigos. Incluso llegaron a colaborar con la casa comunal de Nével, Bajtín con una conferencia, Yúdina con un concierto. Fue en esa época cuando la pianista comenzó a vestir las largas túnicas negras que se convertirían en su seña de identidad, que más tarde completaría con las inconfundibles zapatillas desgastadas y su inseparable familia de gatos.

A Shostakóvich le extrañó sobremanera su comportamiento monacal, como se deduce en *Testimonio*: «Era una música excepcional. Pero nunca llegamos a ser amigos de verdad, imposible. Yúdina siempre me ha parecido una mujer honrada, una buena persona. Pero su bondad era demasiado aparatosa. Sufría de histeria, una histeria religiosa. Es doloroso hablar de ello, pero así fue. A la mínima, Yúdina se ponía de rodillas o te besaba la mano. Fuimos juntos a clase con Nikoláev. A veces era realmente incómodo. Nikoláev le hacía un comentario y ella se echaba al suelo. Tampoco me gustaba su ropa, esas túnicas, esos hábitos monacales... Al fin y al cabo, era pianista y no monja. Entonces, ¿a qué venía ese atuendo? Desde luego, no era precisamente un signo de humildad».

En cualquier caso, el excéntrico comportamiento de Yúdina no fue obstáculo para que creciera como pianista. Cuando se graduó en 1921, el director del conservatorio anotó en su diploma: «Gran talento y notable virtuosismo. *Forte* a veces excesivo». La calificación rezaba: «Muy bien».

Sviatoslav Richter vio más tarde en ese *forte* expresivo una muestra de rebeldía. Durante la Segunda Guerra Mundial, su maestro Heinrich Neuhaus preguntó a Yúdina, al término de uno de sus conciertos, por qué tocaba el *forte* con tanta insistencia. Su respuesta fue: «Estamos en guerra».

Tras graduarse en el conservatorio, Yúdina estudió Filosofía. Se especializó en san Agustín y en las obras teológicas ortodoxas de Vladímir

Soloviov, Alekséi Losev, Lev Karsavin y Pável Florenski. Con este último llegó a entablar una estrecha amistad. El ideario del teólogo, filósofo, ingeniero, matemático y físico Florenski, que sería ejecutado en 1937 durante el terror de Stalin, se convirtió en el principio rector de su vida espiritual y artística.

Mientras tanto, Yúdina no descuidó su carrera pianística. En el mismo año en que terminó sus estudios de Filosofía realizó sus primeras actuaciones como solista, en las que interpretó los *Conciertos para piano n.º 4* y *n.º 5* de Beethoven, un concierto para piano de Nikolái Médtner, así como obras de Krenek y Hindemith. Dos años más tarde fue nombrada profesora del Conservatorio de Petrogrado.

Por aquel entonces ya era una mujer independiente y tenaz, que decía lo que pensaba. En junio de 1922 escribió una carta a las autoridades para solicitar la liberación del patriarca Tijon de Moscú, que se hallaba bajo arresto domiciliario en el monasterio de Donskoie por oponerse a la expropiación de los tesoros sagrados de la Iglesia por parte de los bolcheviques. Firmó la carta con «Su fiel y devota enajenada mental».

Cuando el patriarca Veniamín de Petrogrado fue ejecutado dos meses después por ese mismo motivo junto con algunos clérigos fieles, Yúdina comprendió lo que le esperaba. Sin embargo, se mantuvo fiel a sus principios. Eso quedó patente en 1925, cuando se le pidió oficialmente que se uniera y apoyara al Partido Comunista ruso y respondió que, aunque estaba de acuerdo con muchos aspectos con el Partido, no podía formar parte de él a causa de sus creencias ideológicas y religiosas.

Cualquier otra persona se habría enfrentado a graves repercusiones, pero Yúdina no. Una explicación podría ser que en aquellos días Stalin, centrado en consolidar su poder, dirigía su ira principalmente contra sus enemigos políticos más que contra los artistas excéntricos. Cinco años después, las cosas eran diferentes. El 9 de marzo de 1930, Yúdina ofreció un recital histórico en la Filarmónica de Leningrado, con la sonata *Claro de luna* de Beethoven, los *Intermezzi* de Brahms, la *Sonata para piano n.º 3 en si menor* de Chopin, la *Cuarta sonata para piano* de Prokófiev y los *Cuadros de una exposición* de Músorgski. Desde la avenida Nevski hasta la entrada de la sala de conciertos se formó una larga cola de admiradores con la esperanza de conseguir una entrada. Al final del concierto, el público, eufórico, colmó a Yúdina de ramos de flores y varios iconos. Esos iconos serían su perdición.

Dos días después, Yúdina fue convocada por el director de la Filarmónica, el joven Pável Serebriakov, que aún no había cumplido los treinta años, y se sabía que trabajaba para la policía secreta. Tras el concierto había recibido un aluvión de cartas que denunciaban a la pianista. En su afán por complacer a sus jefes, él mismo había escrito algunas de ellas. Aun a sabiendas de que Yúdina era una pianista extraordinaria, las órdenes eran órdenes.

Durante la reunión, Serebriakov preguntó a la pianista si creía en Dios. Ella dijo que sí, lo que era peligroso porque los bolcheviques habían prohibido la religión. Luego quiso saber si estaba difundiendo propaganda religiosa entre sus alumnos. Yúdina contestó que la Constitución no se lo impedía. Ambas respuestas determinaron su destino.

Pocos días después, el periódico *Krasnaia gazeta* (El periódico rojo) publicó un informe anónimo de aquella conversación, con el titular: UN HÁBITO MONACAL EN EL CONSERVATORIO. El texto iba acompañado de una caricatura que representaba a Yúdina como una monja rodeada de discípulos arrodillados. El pie decía: «Predicadores aparecidos en el conservatorio».

El 6 de mayo de ese año, Yúdina fue despedida como profesora del conservatorio. Las autoridades alegaron como motivo oficial que la pianista era una «exponente del misticismo».

De pronto, se había convertido en un blanco fácil y una presa segura. Sus amigos, conscientes de que corría un grave peligro, le consiguieron, en 1932, un puesto de profesora en el Conservatorio de Tiflis, la capital de Georgia, lejos del centro del poder. Allí permanecería hasta 1934. Después regresó a Moscú, donde pudo continuar su carrera sin que su manchada reputación se lo impidiera. Entre 1936 y 1946, además de seguir dando conciertos, enseñó piano, junto a Heinrich Neuhaus, en el Conservatorio de Moscú. De 1944 a 1960 impartió, también, clases de música de cámara en el Instituto Gnesin, donde también enseñó canto clásico entre 1947 y 1951.

En 1935, en una de sus giras, Yúdina interpretó, entre otras obras, el *Segundo concierto para piano* de Prokófiev. El compositor quedó tan satisfecho con su interpretación que le dedicó la composición *Cosas en sí mismas* en señal de gratitud. Ella volvió a tocar ese concierto para piano en la Casa de los Sindicatos de Moscú para repetirlo una vez más en 1938 bajo la dirección del propio Prokófiev en la Gran Sala del conservatorio de la capital. De este último concierto ambos salieron triunfantes, como se podía leer en la prensa del momento.

En aquellos días, las purgas de Stalin alcanzaron su punto álgido. Escritores, actores y artistas plásticos fueron detenidos en masa y asesinados a tiros o trasladados a los campos del gulag, acusados de agitación antisoviética. Yúdina hizo oídos sordos y siguió adelante. Interpretó obras de compositores contemporáneos como Prokófiev, Shostakóvich, Alban Berg y Stravinski, como si con ello quisiera incitar al público a la actividad intelectual y a la interpretación filosófica. En más de una ocasión quedó claro hasta qué punto esas obras le llegaban al corazón. En 1962, Yúdina asistió al estreno de la *Sinfonía n.º 13 (Babi Yar)* de Shostakóvich y, conmovida por esa música sobre la masacre de los judíos de Kiev a manos de los nazis en septiembre de 1941, sólo alcanzó a decir: «Todos arderemos en las páginas de esta partitura».

En los días del Gran Terror vivió una tragedia personal. Se había enamorado de un estudiante con mucho talento, el ingeniero Kiril Saltikov, quince años más joven que ella. Según sus amigos, iban a casarse. Sin embargo, en julio de 1939, Saltikov, un apasionado alpinista, perdió la vida durante una travesía por las montañas cercanas a Nálchik, en el Cáucaso. Las palabras de Pável Florenski, maestro espiritual de Yúdina: cuanto más se quiere a alguien, más se sufre, parecían más ciertas que nunca. Por lo tanto, no es de extrañar que, a raíz de la muerte de Saltikov, Yúdina encontrase aún más consuelo en la fe.

Durante los años de la guerra, Yúdina dio numerosos conciertos en el frente y en las fábricas. También pasaba muchas horas en los estudios de radio. Los soldados la adoraban y le enviaban cartas agradeciéndole la música que habían escuchado a través de la emisora.

Entre las orquestas con las que actuó hay que destacar el Cuarteto Beethoven, uno de los mejores conjuntos rusos de música de cámara de todos los tiempos. A pesar del toque de queda, tenía permiso para salir a la calle después de las diez de la noche para tocar en directo en un programa radiofónico, que se emitía para todo el mundo de una a cuatro de la madrugada. El único objetivo de la emisión era demostrar que todo iba bien en Moscú. Tocaban el *Quinteto* de Shostakóvich, seguido del *Quinteto La Trucha* de Schubert y el *Trío* de Chaikovski. A la una de la madrugada repetían el concierto en una emisión especial para Francia, y una hora más tarde era el turno de Inglaterra. En invierno recorría la ciudad desierta, calzada con sus zapatillas de deporte, desde su casa hasta el estudio de radio y viceversa.

Según relata su hermana Vera, durante la guerra Yúdina se volvió tan fanática que incluso estaba dispuesta a afiliarse al Partido Comunista si eso ayudaba a conducir a su país hasta la victoria: «Estudiaba enfermería y quería ir al frente. Sin embargo, pasó casi toda la guerra en la radio. Era una patriota en el verdadero sentido de la palabra».

La propia Yúdina escribió en sus memorias que, ante la constatación de que en el hospital sólo podía lavar a los heridos con sus lágrimas, decidió buscar otras maneras de aliviar el sufrimiento de sus compatriotas. Según recuerda su amiga Aleksandra De-Lazari en el documental *Mariya Yúdina. Retrato de una pianista legendaria*, de Yákov Nazarov (estrenado en el año 2000), Yúdina actuó, en enero de 1942, en la Sala Pequeña del Conservatorio de Moscú ante un público vestido con abrigos de piel y calzado con botas de fieltro. La propia pianista tocaba y tocaba, con los brazos desnudos hasta los codos y morados por el frío. De vez en cuando hacía una pausa para calentarse las manos en una estufa de leña.

En 1943, Yúdina incluso fue trasladada en un avión militar a Leningrado, sitiada por los alemanes desde hacía dos años, para tocar el piano y apoyar a la hambrienta población. Lo consideraba su deber, como parte de su abnegación religiosa y su entrega a Dios.

Después de la guerra una nueva oleada de terror se apoderó de la nación y generó un ambiente de paranoia, esta vez contra las influencias «extranjeras». Fue entonces cuando Yúdina interpretó el *Concierto para piano n.º 23* de Mozart en un concierto radiofónico dirigido por Aleksandr Gauk que se haría famoso. Para hacerse una idea de lo que realmente ocurrió, quizá la mejor opción sea recurrir de nuevo a *Testimonio* de Shostakóvich. Aunque muchos de los recuerdos recogidos por Solomon Volkov son cuestionables, en comparación con la excesiva dramatización de *La muerte de Stalin* –película por otra parte basada en *Testimonio*–, el relato de la grabación del disco podría ser hasta cierto punto veraz, aunque sólo sea porque resulta casi imposible inventar algo tan absurdo. Así, se supone que, en 1944 (según Shostakóvich) o en 1947 (según mis propias pesquisas), Stalin llamó a la dirección del Comité de la Radio, la emisora nacional, para preguntar por la grabación del *Concierto para piano n.º 23* de Mozart interpretado por Yúdina que había escuchado en la radio el día anterior. Shostakóvich escribió al respecto: «Le dijeron a Stalin que, por supuesto, el concierto había sido grabado, cuando ese no era el caso. No había disco. El concierto se retransmitió directamente desde el estudio. El problema era que les aterrorizaba la idea de tener que decir "no" a Stalin. Al fin y al cabo, nadie sabía cuáles podrían ser las consecuencias. Una vida humana no significaba nada para él. Lo único que se podía hacer era obedecer y demostrar sumisión. Decir que sí a todo. A un perturbado hay que decirle que sí».

Stalin quería que el disco se entregara cuanto antes en su dacha. El Comité de la Radio fue presa del pánico. Convocaron a Yúdina e improvisaron una orquesta. La grabación se realizó esa misma noche. Los músicos de la orquesta estaban aterrados. Yúdina, en cambio, mantuvo la calma en todo momento. Si había que grabar urgentemente un disco para el dictador, se hacía y punto.

Más tarde, Yúdina le contó a Shostakóvich que habían tenido que enviar a casa al director de orquesta porque estaba tan asustado que era incapaz de hacer nada. «Trajeron a otro director, pero no paraba de temblar y lo único que hacía era confundir a la orquesta. Hubo que llamar a un tercer director para terminar de grabar el concierto».

Al amanecer, la grabación estaba lista. Se imprimió un solo ejemplar y el disco se entregó a Stalin, que seguramente lo escucharía con tranquilidad y quedaría más que contento. De hecho, al poco tiempo, Yúdina recibió un sobre del dictador con la cantidad, nada desdeñable, de 20.000 rublos. A su vez, la pianista envió a Stalin una carta de agradecimiento, que supuestamente rezaba así: «Le agradezco su apoyo, Iósif Vissariónovich. Rezaré día y noche por usted y pediré a Dios que le perdone por sus pecados contra el pueblo y el país. Dios es misericordioso, le concederá el perdón. Donaré el dinero a mi iglesia para que el edificio pueda repararse».

La carta era una auténtica petición de pena de muerte. Pero, de nuevo, no pasó nada. Al parecer, Stalin quedó tan impresionado por las palabras recriminatorias de Yúdina que la dejó en paz. Según Shostakóvich, eso se debía a que el dictador era supersticioso. ¿O no fue así? Desde luego, nadie llegó a ver esa supuesta nota.

El director de orquesta ruso Lev Markiz, de noventa años, con quien hablé en La Haya en mayo de 2021, estaba convencido de que la carta nunca existió, ni tampoco el disco. «Posiblemente sea uno de los muchos mitos que circulan sobre Yúdina», me dijo en el salón de su casa mientras su mujer servía té y pasteles.

Markiz estudió música de cámara con Yúdina y entabló amistad con ella. «No hacía concesiones y no quería saber nada de los tejemanejes de los demás. Era muy suya, pero muy generosa. Invertía la mayor parte del dinero que ganaba en carne para sus gatos *Nelly* y *Kisam*, que eran las criaturas más importantes en su vida. ¡A menudo me enviaba a comprarles comida!».

A continuación, Markiz sacó a relucir una carta suya en la que le pedía a través de unos amigos que fuera a la dirección de una sala de conciertos para decirles que no podía tocar esa noche. «No tenía teléfono y creía que estaba a punto de sufrir un infarto», dijo.

Durante nuestro encuentro, Markiz describió a Yúdina en toda su excentricidad, pero lo hizo con cariño y respeto, como cuando habló de sus enseñanzas. «Era todo muy extraño. Cuando tocábamos un quinteto u octeto, ella se sentaba en una silla y nos escuchaba, sin prestar atención al reloj. A menudo seguíamos hasta bien entrada la noche y teníamos que coger un taxi para volver a casa porque el metro ya no funcionaba a esas horas». Mientras me contaba eso, sus ojos oscuros brillaron y rieron.

A mi juicio, Markiz tenía razón con respecto a la carta y al disco. Si no, ¿cómo se explica que, en 1950, Yúdina pudiera hacer realidad su sueño de viajar a Europa Occidental tras desearlo durante décadas? Hasta entonces no se lo habían autorizado. Sin embargo, con motivo de la celebración del bicentenario de la muerte de Johann Sebastian Bach en 1950, le dieron permiso para asistir a los conciertos conmemorativos de Leipzig en la RDA. Una vez en aquella tierra santa, Yúdina caminó descalza hasta la tumba del compositor para rendirle un homenaje personal.

En 1954 se marchó de nuevo al extranjero. Viajó a Polonia con motivo de la celebración de la amistad soviético-polaca. En Varsovia interpretó obras de Lutosławski y Shostakóvich, entre otros. Esos conciertos ofrecidos en el extranjero se grabaron y se filmaron pero nunca llegaron a proyectarse en la Unión Soviética. Ni tan siquiera hoy, como si las autoridades actuales temieran dañar la reputación de los entonces servicios de seguridad. Ese sería el último viaje al extranjero de Yúdina. Cada vez que presentaba una solicitud, las autoridades guardaban silencio.

En los años posteriores, sus esfuerzos por promover la obra de los compositores contemporáneos le causarían nuevos problemas. El 1 de junio de 1960 fue despedida del Instituto Gnesin de Moscú «por su religiosidad contraria a la moral comunista y por propagar abiertamente el arte antisoviético, como la obra de Stravinski». Yúdina volvió a dar muestra de sangre fría: «Este otoño soy profesora emérita. Me han expulsado del Instituto Gnesin por mi superioridad, perdónenme que lo diga, y también por mi europeísmo, por las altas calificaciones que los alumnos de mi clase consiguen en los exámenes, por el amor que me demuestran, por profesar públicamente mi fe en Dios».

Sin embargo, Yúdina perseveró en lo que ella consideraba su misión sagrada. Además de sus conciertos tradicionales, con los grandes directores de orquesta de la época, entre ellos Guennadi Rozhdéstvenski, Dmitri Mitrópoulos, Kurt Sanderling y Otto Klemperer, continuó promoviendo sin miedo la música contemporánea. En sus conciertos también leía en voz alta fragmentos de obras religiosas y filosóficas y recitaba poemas de dos poetas prohibidos, Nikolái Zabolotski, perseguido por Stalin y fallecido en 1958, y Borís Pasternak.

Pasternak era uno de sus mejores amigos. En 1947 leyó en una de las veladas literarias que Yúdina solía organizar en su apartamento de la calle Begovaia, en el centro de Moscú, algunos capítulos de su novela *Doctor Zhivago*, nueve años antes de que la terminara. También recitó su poema «Estrella de Navidad», que causó una profunda impresión en la pianista. En la noche del 7 al 8 de febrero de 1947, Yúdina le escribió: «Aun cuando no hubieras escrito nada más en tu vida que "Estrella de Navidad", bastaría para inmortalizarte en la tierra y en el cielo. Te ruego que me hagas llegar una copia».

Yúdina adoraba a Pasternak. Se habían conocido en diciembre de 1928, cuando ella le pidió que le tradujera los poemas de Rainer Maria Rilke, que el compositor alemán Paul Hindemith había utilizado para su ciclo de canciones *La vida de María*. Fue el comienzo de una larga amistad. Con el tiempo, Yúdina se sabía de memoria la poesía de Pasternak. Tanto le cautivaba que en las décadas de 1950 y 1960 recitaba sus poemas en el escenario, antes o después de los conciertos.

Una carta que le envió el 8 de diciembre de 1953 pone de manifiesto el alcance de sus sentimientos: «Querido Borís Leonídovich, te echo muchísimo de menos, a ti, tus poemas, tu voz, todo lo que eres tú».

Ella era una visitante habitual de la dacha de Pasternak, en el pueblo de escritores de Peredélkino, cerca de Moscú. En 1960, tocó allí en el funeral del escritor. Todos los años visitaba su tumba, donde leía la Biblia en voz alta. Al igual que Yúdina, Pasternak era un hombre religioso. Su hijo Yevgueni describe la situación como sigue: «Yúdina era íntima amiga de mi padre, porque era artista. Su inspiración era poco común en la tierra, increíblemente rara y preciosa. Toda su forma de ser, su actitud hacia el mundo exterior y el arte estaban arraigadas en su admiración por la Palabra. Y servir a la Palabra es exactamente a lo que mi padre dedicó toda su vida».

El 19 de noviembre de 1961, sin embargo, las cosas amenazaron con torcerse seriamente para Yúdina. Ese día actuó en la Sala Pequeña de la Filarmónica de Leningrado donde, además de la *Musica Stricta* de Andréi Volkonski, escrita especialmente para ella, tocó las *32 variaciones en do menor* de Beethoven, la *Sonata para piano* de Stravinski, así como obras de Ernst Krenek y Anton Webern. Ya había interpretado *Musica Stricta* en la Sala Pequeña del Conservatorio de Moscú en febrero de ese mismo año. En aquel momento, tanto los músicos de la orquesta como el propio compositor habían estado muy pendientes de si se concedía o no el permiso para el concierto. Al final el permiso se concedió, e incluso se les autorizó a grabar el concierto, pero en el último momento la grabación se canceló. Yúdina montó en cólera. «¡Es una vergüenza! –exclamó–. Shakespeare tenía razón, es exactamente como él dice». Y recitó de memoria su *Soneto 66* en la traducción de Pasternak. Uno de los versos de ese soneto dice: «Y el arte amordazado por el poder».

Nadie esperaba que ese poder fuera a volverse contra ella incluso con mayor ensañamiento si cabe. Después del concierto, el público estaba fuera de sí. Pedía un bis. Yúdina se puso de pie delante del piano de cola y mostró sus dedos, llenos de tiritas. «Me puse a preparar pescado para mis gatos... –dijo a propósito de los profundos arañazos que le habían destrozado las manos–. No puedo más. Mi mente está por la labor, pero la carne es débil. No puedo tocar más». Y empezó a recitar poemas de Zabolotski y Pasternak.

La dirección de la Filarmónica, dirigida por la KGB, reaccionó de inmediato. En los siguientes cinco años, la Filarmónica sería terreno vedado para Yúdina. Por haber recitado la poesía de Pasternak. Nunca más volvería a ver el interior de la sala de conciertos, con sus hermosas columnas blancas y exquisita acústica.

Pues bien, ni siquiera esta medida coercitiva hizo que Yúdina se doblegara ante las autoridades. No dijo adiós a la nueva música. Durante aquellos años mantuvo una intensa correspondencia con maestros de la música contemporánea como Theodor Adorno, Karlheinz Stockhausen, Pierre Boulez e Ígor Stravinski. Así se convirtió en el eje de un grupo de músicos soviéticos que estaban en estrecho contacto con sus colegas occidentales. Junto a músicos como Guennadi Rozhdéstvenski, Andréi Volkonski y Alekséi Lubimov interpretó, por primera vez en la historia de la música soviética, obras de compositores occidentales y soviéticas prohibidas o desconocidas, como Olivier Messiaen, Karlheinz Stockhausen, Pierre Boulez, Alfred Schnittke, Arvo Pärt, Aleksandr Lokshin, Alban Berg, Arnold Schönberg, Anton Webern, Ígor Stravinski y muchos otros. Era la embajadora ideal de la atonalidad.

A todo eso seguía dando dinero a quien pudiera necesitarlo más que ella. Cuando no pudo pagar el alquiler de su apartamento en Moscú, uno de sus correligionarios le propuso que se mudara a la cooperativa de viviendas en los bosques de la Academia Agrícola Timiriazev, a las afueras de Moscú, donde él vivía. Gleb Udintsev, hijo de su benefactor y él mismo miembro correspondiente de la Academia de Ciencias, lo recuerda bien en el documental de Yákov Nazarov: «Era un lugar de encuentro para todo tipo de eruditos, músicos y pintores famosos. Estaba claro que el ambiente que reinaba en la aldea colmaría las expectativas de alguien como Mariya Veniamínovna. La pianista aceptó la invitación de buena gana y se instaló en la planta superior de la casa del profesor Artemiev. Aunque costó trabajó subir el piano de cola, a Yúdina le encantaba ensayar para sus conciertos en aquel primer piso. El estruendo de sus acordes resonaba por toda la aldea, sobre todo en verano».

La peculiar forma de ser de Yúdina volvió a ponerse en evidencia a raíz de la detención del escritor disidente Andréi Siniavski en 1965. Siniavski llevaba seis años publicando su obra en Occidente bajo el seudónimo de Abram Terts. A ella siempre le había parecido una vía inaceptable, como si el autor se hubiera rendido ante las autoridades soviéticas y no persiguiera otro objetivo con la publicación de sus libros en el extranjero que complacer al público. En su opinión, había que actuar abiertamente en todo momento, fueran cuales fueran las circunstancias. El comportamiento de Siniavski la llevó al borde de las lágrimas. Su amigo Anatoli Kuznetsov, crítico de arte, dijo de ella: «Eran las lágrimas de una mártir que llora el sufrimiento del mundo entero, de la humanidad y de cada ser humano individual, de alguien que llora el sufrimiento de Rusia». Todas esas lágrimas quedarían reflejadas en su obra. Los entendidos creen que donde mejor se escuchan es en su interpretación de *Lacrimosa* de Mozart.

Yúdina ofreció su último concierto como solista el 12 de marzo de 1968, en la Sala Chaikovski de Moscú. En aquel auditorio, con aspecto de tarta helada partida por la mitad debido a la blancura de las sillas y las paredes, su amor por la Antigüedad clásica confluyó con su amor por la música de Stravinski en la versión para piano del ballet *Orfeo*. No podría haber deseado una despedida más hermosa de los escenarios.

Leonid Rusanovski me muestra algunas grabaciones. Recuerda haber visto actuar a Yúdina en Leningrado poco antes de su concierto de despedida. «Interpretaba a Bach. Fue todo un espectáculo. No tocaba al compás, pero al igual que Klavdia Shulzhenko dominaba a la perfección el sentido de la oportunidad. Me acuerdo muy bien de haber disfrutado enormemente de la pureza de su interpretación. Como si la melodía acompañara a la música».

Para poder vivir, Yúdina necesitaba buscar otro trabajo. A finales de los sesenta se ofreció en bibliotecas, cementerios y oficinas de correos y telégrafos. Sobre su solicitud de empleo en la oficina de telégrafos de Moscú dijo: «Aquí todo el mundo quiere trabajar conmigo, pero el servicio de personal no puede contratar a una mujer jubilada. Así que escribiré al ministro».

El asunto quedó en nada. No está claro si escribió al ministro. Y si lo hizo, probablemente nunca recibió respuesta. Al fin y al cabo, las autoridades llevaban años ninguneándola.

Yúdina falleció el 19 de noviembre de 1970 en Moscú, adonde había regresado hacía unos años. Estaba agotada. El aviso de su muerte y la fecha y lugar del funeral podían leerse en una nota manuscrita clavada en la puerta de la sala de música de cámara del Conservatorio de Moscú, junto a un cartel que anunciaba una serie de conciertos, entre ellos el del pianista Emil Guilels, con un programa de Beethoven. La máxima expresión de la mezquindad, aunque a Yúdina le habría dado igual.

En la víspera del funeral, sus amigos y conocidos organizaron un acto conmemorativo en la cafetería de la Gran Sala del Conservatorio de Moscú, donde ella había sido despedida años atrás. Los pianistas Sviatoslav Richter, Mariya Grinberg y Vera Gornostaeva tocaron junto a su ataúd. Para asistir a la ceremonia había que pedir autorización a Shostakóvich.

A los pocos días del entierro, que había tenido lugar en el cementerio de Vvedenskoie, una grúa sacó el viejo y desafinado piano de cola de la marca Bechstein por la ventana del piso de Yúdina en Moscú. Años antes había vendido el instrumento para ayudar a unos amigos necesitados. Desde entonces se lo alquilaba al nuevo propietario. El piano en suspensión parecía reafirmar su lema: «El único camino hacia Dios pasa por el arte». Nadie sabe adónde fueron a parar sus gatos.

8

El legado perdido

Tac-tac-tac-tac. El grueso bloque de plomo de sesenta por sesenta centímetros se desliza sobre las ruedas metálicas del puente accionado eléctricamente hasta el rodillo metálico, para emerger al otro lado como una delgada placa de un metro de longitud. Un trabajador vuelve a pasarla por el rodillo con unas pinzas enormes, y la placa sale aún más plana y aún más larga. «¡Ssssssh-bum!», suena. Y de nuevo tac-tac-tac-tac.

«Se repite varias veces hasta conseguir el grosor deseado», explica Aleksandr Tugarev, director de la fábrica moscovita de metales MZOTSM (Fábrica Moscovita de Procesamiento de Metales No Ferrosos).

Al final de la cadena de producción, dos trabajadores fornidos cortan la placa, que ahora mide seis metros de largo, en diez trozos y los depositan en un contenedor. A continuación, suena una campana y una grúa, conducida por una mujer con aspecto de luchadora, que levanta el contenedor sobre un carro. ¡Zas-bum-tac-tac-bum! Contemplé con fascinación aquel chisporroteo de mineral incandescente, transformado como por arte de magia en gruesas barras de acero en medio de un ruido ensordecedor.

«Procesamos unas cien toneladas de metales al mes –me dice Tugarev en una de las naves de la fábrica–. En comparación con otras plantas de metales no ferrosos eso no es mucho. Aun así, producimos para toda Rusia y también para el extranjero. Nuestro zinc se vende incluso a los Países Bajos, donde se utiliza para revestir tejados. En la Unión Soviética, todo giraba en torno a la cantidad, porque la demanda era enorme. A diferencia de ahora, la calidad no era una prioridad».

En una segunda nave de la fábrica MZOTSM se introducen largas y delgadas láminas de berilio en hornos de aire caliente para extenderlas hasta que queden tan finas como hojas, que luego se utilizan en la industria electrónica para conductores y contactos. Sigo andando y llego a una planta donde están los hornos de fundición. Trabajadores con los rostros ennegrecidos colocan ladrillos de bronce en el fuego ardiente.

Aquí se trabaja como muestran los heroicos carteles de la época de la Unión Soviética, que todavía hoy adornan la fachada de la fábrica. Sin embargo, por mi parte resuena en mi mente la música de *La fundición de acero* de Aleksandr Mosólov, un ruido infernal de unos tres minutos y medio. La composición constituía el movimiento final de *Acero*, una suite para ballet compuesta en 1926-1927, con la que se celebró el décimo aniversario de la revolución. En 1930, esta obra, que pretendía reflejar el sonido del prensado de las planchas de acero mediante rodillos de vapor, también se interpretó en Bélgica y en Estados Unidos.

Inicialmente, esta oda a la maquinaria, a la industria y al trabajador, fue ampliamente elogiada tanto dentro como fuera del país. No obstante, al cabo de unos años cayó en desgracia, la música de Mosólov no era del agrado de los trabajadores. Los críticos la consideraban un ejemplo de anarquismo pequeñoburgués, a la vez que la tachaban de perversión formalista de un tema contemporáneo. Los comentarios fueron tan demoledores que, finalmente, la obra dejó de interpretarse. En 1929, cuando se intensificaron los ataques contra Mosólov, la partitura desapareció para siempre. Sólo sobrevivió *La fundición de acero*.

Ahora que estoy en la MZOTSM, me hago una idea de cómo debió de retumbar en aquel periodo de creciente industrialización ese rechinamiento y traqueteo masivo por las grandes ciudades de la Unión Soviética: como una inmensa sala de máquinas que no se paraba nunca. La producción continuaba día y noche, como si hubiera que recuperar un retraso de siglos y el hombre nuevo, esa gran promesa del comunismo, sólo pudiera nacer con mucha energía o, peor aún, sacándolo prensado de un molde a base de vapor.

Mosólov fue borrado de la historia durante el reinado de terror de Stalin. Hasta los años ochenta, nadie recordaba ninguna de sus composiciones. Lo mismo ocurría fuera del país, donde el compositor también cayó en el olvido debido a su excomunión; excepto una obra: *La fundición de acero*. Eran tan sólo tres minutos, cuando su obra ofrecía mucho más.

La fundición de acero es el resultado de la tendencia de los compositores de los años veinte, más allá de las fronteras nacionales, a reflejar las innovaciones técnicas y la industrialización en la música. La pieza de Arthur Honegger sobre el ferrocarril estadounidense del Pacífico, *Pacific 231* (1923), y *Jonny spielt auf* (1927), de Ernst Krenek, una ópera sobre un violinista de *jazz* en la disoluta República de Weimar, también se inscriben en la modernidad. Ahora bien, estas obras futuristas no tenían cabida en la utopía socialista. A partir de 1932, las nuevas reglas del realismo socialista dictaban que la música debía ser, ante todo, fácil de comprender para una amplia parte de la población.

La música iba dirigida en primer lugar a los trabajadores de las fábricas y a los campesinos del campo, que ayudaban a construir la sociedad socialista. Era fundamental que pudieran cantar o tararear la nueva música en el trabajo. Las composiciones se consideraban incentivos laborales susceptibles de aumentar la producción. Las canciones pegadizas con mensaje socialista del repertorio del acero se consideraban más importantes que las de Vadim Kozin o Klavdia Shulzhenko, si bien muchos preferían estas últimas. Las obras serias de Prokófiev, Zaderatski, Vainberg y Mosólov estaban destinadas, en el mejor de los casos, a contentar a la *intelligentsia*, a servir de herramienta de propaganda en los países extranjeros capitalistas o para reeducar a los delincuentes.

Antes de que el realismo socialista se convirtiera en ley, en la Unión Soviética, muchos músicos se subieron a la ola de la vanguardia internacional, deseosos de añadirle una variante soviética. Los principales representantes de este movimiento fueron Aleksandr Mosólov y su amigo Nikolái Roslavets. Sin embargo, ambos entraron en conflicto con la política cultural proletaria de los años treinta y cayeron presos del terror de Stalin. Aunque no fueron condenados a muerte, sufrieron el exilio. Su obra se esfumó de todas las instituciones imaginables como si jamás hubiera sido escrita, sus nombres se borraron de libros y enciclopedias, y se retocaron las fotografías en las que aparecían retratados.

Aleksandr Mosólov era hijo de un respetable abogado de Kiev y una excantante del Teatro Bolshói que se había graduado en el conservatorio de la ciudad. De su madre recibió sus primeras clases de música. En 1904, cuando tenía cuatro años, la familia se trasladó a Moscú, donde su padre murió un año después. Tras un breve romance con el compositor ucraniano Borís Podgoretski, su madre se casó con el exitoso pintor Mijaíl Leblanc, en cuya compañía pudo seguir llevando su estilo de vida cosmopolita. La familia solía ir de vacaciones a Berlín, París y Londres. Además de ruso, en casa se hablaba francés y alemán, las lenguas de la élite rusa.

Durante la Primera Guerra Mundial, Mosólov comprendió –como el resto de la élite progresista– que sólo una revolución podría salvar el anquilosado imperio zarista. En 1916 se alistó voluntario para marcharse al frente, pero fue rechazado por ser menor de edad. Tras la Revolución de Febrero de 1917 trabajó brevemente en el Comisariado del Pueblo para el Control Estatal. Lo enviaron tres veces a entregarle una carta a Lenin, que le causó una profunda impresión.

A comienzos de la Revolución de Octubre luchó como voluntario en los frentes polaco y ucraniano con el Primer Regimiento de Caballería del Ejército Rojo. Fue condecorado dos veces con la Orden de la Bandera Roja. Cuando estalló la guerra civil a finales de la Primera Guerra Mundial, siguió luchando contra los enemigos de la nueva Rusia. Una grave lesión en 1920, puso fin a sus días de soldado. En 1921 fue licenciado del ejército por estrés postraumático. Al año siguiente empezó a estudiar composición en el Conservatorio de Moscú. En 1925, se graduó con Reinhold Glière y Nikolái Miaskovski. Como proyecto final compuso una cantata, *La esfinge*, inspirada en el poema homónimo de Oscar Wilde.

Inmediatamente después, Mosólov se entregó a la vida musical soviética, que parecía ofrecer infinitas oportunidades de experimentación. «En aquel periodo, su música rebosaba entusiasmo por la nueva era», me comentó Leonid Rasunovski, violista de setenta y un años, en su casa de las afueras del bosque de Ámsterdam. A comienzos de la década de 1970 conoció a Mosólov en el Conservatorio de Moscú, donde el compositor impartía una conferencia. «Lo que él componía no era una cacofonía. A diferencia de lo que afirmaban las autoridades, su música era muy melódica. Al igual que para otros muchos artistas en Rusia, la revolución fue para él una gran inspiración, algo así como la erupción repentina de un volcán. Por eso, al principio era un utopista, pues creía que todo era posible».

Mosólov pronto se hizo un nombre con sus composiciones y se convirtió en uno de los favoritos del público ruso amante de los conciertos. También recibió elogios de Serguéi Prokófiev, diez años mayor que él, y fue admitido en la Asociación para la Música Contemporánea (ASM). Con sus esfuerzos en el seno de esa organización consiguió abrir las puertas para que en su país se interpretaran obras de compositores occidentales modernos, como Alban Berg, Paul Hindemith, Darius Milhaud y Arthur Honegger. Además, Mosólov fue el primero en escribir una reseña sobre la obra de Hindemith en la Unión Soviética.

Si bien Mosólov estuvo principalmente activo como concertista de piano, entre 1924 y 1929 compuso sus mejores obras, entre ellas una sinfonía, un cuarteto para cuerda, la pieza orquestal *La fundición de acero*, el *Concierto para piano n.º 1*, la *Sonata para piano n.º 1* y varias piezas vocales, entre ellas *Cuatro anuncios de periódico, opus 21*; algunas de ellas incluso despertaron el interés internacional.

Por aquella época tenía aspecto de dandi. Al igual que Prokófiev y Vainberg, iba vestido de punta en blanco. En algunas fotos incluso parece que se haya maquillado los ojos, si bien es cierto que eso era una práctica bastante habitual entre los artistas de la época. El maquillaje, junto con sus rasgos faciales uniformes, le confería un aire altanero, como si dijera: «A mí nadie me tose». Esa actitud aristocrática le saldría cara, aunque por otra parte le salvaría la vida.

Después de los efusivos elogios que recibió por su *Cuarteto para cuerda n.º 1* en el Festival de la Sociedad Internacional de Música Contemporánea (ISCM) de 1927 en Fráncfort, Mosólov decidió dedicarse en exclusiva a la composición. En 1927 y 1928 fue nombrado secretario de la sección rusa de la ISCM, y en 1928 y 1929 el Teatro Bolshói le encomendó la misión de componer una de las cuatro partes del ballet especulativo *Las cuatro Moscús*. Su parte debía reflejar cómo sería la ciudad en 2117. La música de las otras tres partes corría por cuenta de Leonid Polovinkin, Anatoli Aleksándrov y Dmitri Shostakóvich. Sin embargo, el proyecto nunca llegó a materializarse.

El rápido ascenso de Mosólov despertó la envidia de sus adversarios conservadores y «proletarios» de la Asociación Rusa de Músicos Proletarios (RAPM). En 1927 la revista *Muzyka i Revolyutsia* (Música y revolución) advertía contra su «tendencia» a abordar la música únicamente desde la perspectiva de las innovaciones que ofrecía; sus composiciones eran consideradas «constructivistas».

El austríaco Christian Heindl, experto en Mosólov, señala la ironía de esta crítica, puesto que, de hecho, Mosólov escribió música para el proletariado y deseaba contribuir a través de ella a la construcción de la nueva Unión Soviética. La única diferencia con sus oponentes era que utilizó otros medios más intelectuales.

A partir de 1927, la política musical del nuevo régimen tuvo consecuencias dramáticas para Mosólov. Durante ese periodo encontró pocas posibilidades para interpretar y difundir su música, y apenas tenía de qué vivir. A partir de 1930, las editoriales musicales soviéticas dejaron de imprimir sus composiciones, y los teatros de ópera y las salas de conciertos no se atrevían a interpretarlas. Sólo *La fábrica* pudo seguir escuchándose hasta 1931.

Su amigo Vladímir Derzhanovski, coeditor de la revista *Sovremenaia muzika* (Música contemporánea), escribió en 1927 en su diario: «Pobre Mosólov. A pesar de su éxito en Fráncfort (muy buenas críticas) y su contrato de cinco años con Universal Edition, no tiene ni un solo kopek. Va a comer todos los días a casa de su madre y se está fumando una *papirosa* de las miles que compró en mayo».

Mosólov tuvo la mala suerte de vivir en una época en la que Stalin implantó la política de industrialización y colectivización de la agricultura. Esas reformas nacionales, a menudo impuestas por la fuerza y que se cobraron millones de víctimas, iban acompañadas de un ataque cultural masivo contra la *intelligentsia* burguesa. La dictadura del proletariado ya no se limitaba sólo al ámbito político, sino que se extendía a todos los estratos sociales imaginables.

La lucha iba dirigida especialmente contra los «especialistas burgueses», los intelectuales socialmente comprometidos anteriores a 1917, que, desde la Nueva Política Económica (NEP) iniciada por Lenin, ocupaban puestos clave y gozaban de una situación privilegiada. Fueron acusados de «desviación derechista» del marxismo-leninismo y fueron purgados mediante juicios amañados. Entre 1928 y 1931, 138.000 funcionarios fueron despedidos y reemplazados por jóvenes comunistas fanáticos, a los que se les dio la oportunidad de hacer carrera.

La oleada de purgas en el sector cultural comenzó en 1928, nada más promulgarse el primer Plan Quinquenal. En tiempos de la NEP, las instituciones culturales, entre ellas la Editorial del Estado, los teatros y los conservatorios, seguían en manos de la vieja *intelligentsia*, que trataba a los especialistas burgueses con benevolencia. Sin embargo, en los años 1929-1930 se produjeron cambios drásticos bajo la presión de los activistas proletarios. Los expertos e intelectuales fueron reemplazados por burócratas ideológicos del Partido que apenas sabían nada. Uno de los ejemplos más sintomáticos de este cambio fue la sustitución, en septiembre de 1929, de Anatoli Lunacharski, comisario del Pueblo para la Educación, la Información y la Ciencia e intelectual amante del arte que había puesto la cultura al servicio del socialismo, por Andréi Búbnov, antiguo estratega militar y miembro de la sección de agitación y propaganda del Comité Central.

En un principio, Mosólov parecía tener ciertas posibilidades bajo la nueva dirección cultural, hasta que el destino de su «ópera industrial» *La presa* frustró todas sus esperanzas. Como proyecto de prestigio, la obra estaba destinada a marcar la pauta del desarrollo de la cultura operística soviética. La idea fue del Teatro Estatal de Ópera y Ballet de Leningrado, que quería tomar la iniciativa en la nueva política cultural con una ópera sobre la industrialización y la colectivización agrícola. En enero de 1929, la dirección del teatro nombró una comisión formada por tres especialistas, conocidos por apoyar la música progresista. La elección recayó en Mosólov, y no en un flamante artista proletario. Fue una elección deliberada. Según uno de los miembros de la comisión, Mosólov, que al no ocupar una posición destacada en la vida musical de finales de la década de 1920 se había librado de las purgas, sabría traducir como nadie la «idea de la construcción en material sonoro compacto», además era un «optimista», la palabra clave de la nueva era.

Mosólov, exultante, compuso una obra musical vanguardista, que se ajustaba plenamente a las normas políticas de aquellos días, hasta el punto de respaldar la violencia asesina de la policía política durante el proceso de colectivización. Su ópera trata de la construcción de una presa en el sur de la Unión Soviética, obstaculizada por la feroz resistencia y el sabotaje de la población local. En el último acto se proyecta, a modo de interludio, un fragmento de la película de la presa ya terminada, con el agua cayendo a raudales. Dos aldeanas supersticiosas cuentan que los líderes de la resistencia, el monje Gavriil y el *kulak* Pushkin, un hombre muy adinerado, acaban de ser detenidos por la policía secreta. Con ello, el libreto quería indicar que la conversión voluntaria de los *kulaks* estaba abocada al fracaso, debido a la clase social a la que pertenecían y que, por eso, hacía falta recurrir a la fuerza para convertirlos.

La obra en sí no tenía nada de malo, es más, encajaba muy bien en la nueva ideología. Sin embargo, en 1929 todo se complicó. A partir de ese momento, los efectos de la revolución cultural se hicieron notar también en el Teatro Estatal de Ópera y Ballet de Leningrado. A propuesta de una comisión de reforma, los consejos artísticos de los teatros se ampliaron con representantes tanto de los sindicatos locales como del comité local del Partido, el Komsomol, el sindicato de artistas, las fábricas y las compañías, para que todos ellos tuvieran voz en la política. Las decisiones adoptadas por estos consejos, que en adelante pasarían a denominarse consejos políticos artísticos, eran vinculantes.

En mayo de 1930 se realizó un primer ensayo orquestal de *La presa*, sin que el Consejo Político Artístico del Teatro de Leningrado plantear objeción alguna. Al contrario, la ópera de Mosólov recibió numerosos elogios. Incluso hay quien dice que el secretario del Consejo llegó a oír al «enemigo de clase» en la interpretación de los *kulaks* y que, para su satisfacción, eso lo había llenado de odio. Podría decirse, pues, que la ópera cumplía con lo que las autoridades esperaban de ella. Por su parte, el compositor consiguió un «puesto ideológico» en el Centro Radiofónico de Moscú, la emisora estatal, como jefe de la «imaginación musical de los periódicos» y, más tarde, como jefe de la «brigada del sonido».

Sin embargo, en septiembre de ese año, se produjo una purga entre la dirección del teatro. El director Liubinski, acusado de sabotear el trabajo del comité de purga y de recurrir unilateralmente a especialistas burgueses, fue sustituido por el *apparatchik* del Partido Veniamín Bukstein, poco entendido en música, que poco después se enfrentó con el director de escena. Tras una representación pública del primer acto de *La presa*, a finales de ese año, el Consejo Político Artístico volvió a reunirse.

Se invitó a la mayoría de los compositores de Leningrado, incluidos Shostakóvich y Solertinski, a asistir primero a la función y después a la sesión plenaria. Todos ellos, sin excepción, apoyaron la obra. Hasta que, tras un discurso de Vitali Kilchevski, uno de los activistas más fanáticos de la RAPM, la opinión del Consejo Político Artístico dio un giro radical. Los representantes del grupo de trabajadores del Consejo, procedentes en buena parte de Putílov, una fábrica muy radicalizada, pasaron a tildar la obra de «extraña». A continuación, Bukstein proclamó que *La presa* desacreditaba la ópera soviética y expresó su deseo de cancelar la puesta en escena. Finalmente, el Consejo votó por unanimidad a favor de la suspensión de los ensayos. El 31 de diciembre de 1930, la revista *RABIS* informaba de que la ópera *La presa* había sido excluida del repertorio «porque no reunía los requisitos vigentes y no reflejaba de forma fidedigna la construcción de los koljoses».

Soy consciente de que en aquellos años debió de ser realmente imposible escribir una obra como *La presa* sin salirse de los parámetros del realismo socialista. No se puede pasar por alto la coerción y violencia que hubo en la construcción de la utopía socialista. Pude comprobarlo durante un viaje que realicé por motivos de trabajo. Vi a un grupo de personas que estaban nadando en el Volga, junto a una fábrica en vías de desintegración, unos cuarenta kilómetros antes de llegar a la ciudad industrial de Rýbinsk. Allí, el río se ensancha tanto que los lugareños le llaman «el mar». Todos saben que en ese «mar» se esconde la ciudad sumergida de Mologa. «Está unas millas más arriba, dentro del agua, pero no se ve», explica Sasha, uno de los nadadores, mientras señala una franja dorada en el horizonte. Lo que no sabe es que en los veranos calurosos, cuando el nivel del agua baja varios metros, a veces Mologa asoma la cabeza.

En 1935 Stalin anunció la construcción de una enorme presa en Mologa, donde confluyen el río homónimo y el Volga, con el fin de abastecer una nueva central hidroeléctrica cerca de Rýbinsk, que también había de suministrar energía a Moscú. Inicialmente, se estableció que el agua de la presa estuviera a 98 metros sobre el nivel del mar. Como resultado, la mayor parte de las tierras circundantes quedarían inundadas, pero la ciudad se salvaría. Sin embargo, en 1937 se decidió elevarlo a 102 metros sobre el nivel del mar, lo cual permitiría duplicar el tamaño de la presa. Fue la sentencia de muerte de Mologa, situada a unos 100 metros sobre el nivel del mar.

La evacuación de la zona comenzó ese mismo año y se prolongó hasta 1941. Un total de 130.000 personas fueron evacuadas y redistribuidas por los pueblos y las ciudades de los alrededores. Según me explicó Snezhana Yevseieva, la amable directora del Museo Mologa de Rýbinsk: «La mayoría de los habitantes se marchó sin oponer resistencia, puesto que el terror de Stalin estaba en pleno apogeo. Incluso hubo unos pocos que acogieron la construcción de la central hidroeléctrica con agrado, convencidos de que era una iniciativa beneficiosa para la patria».

Cuando se terminó la presa, el embalse comenzó a llenarse el 14 de abril de 1941. La central hidroeléctrica se puso en marcha cuando todavía estaba en obras. En aquellos días se enviaron unidades del

NKVD a Mologa para expulsar a los últimos residentes. Sin embargo, unas trescientas personas se negaron a marcharse. Se refugiaron en sus casas, encadenándose a estufas y puertas, y acabaron por ahogarse junto con su amada ciudad y 663 pueblos, 140 iglesias y tres monasterios de las inmediaciones.

Para la construcción del embalse y de la central hidroeléctrica se utilizó mano de obra forzada, en su mayoría presos políticos. «Oficialmente, 150.000 perdieron la vida –me dijo Yevseieva–. Pero sospechamos que fueron muchísimos más, entre otras razones porque el primer grupo estaba formado por uzbekos. Y como no estaban acostumbrados al duro clima del norte de Rusia, murieron en masa a los pocos meses».

El museo, fundado en 1997 en conmemoración de la ciudad sumergida, alberga cuatro habitaciones con fotografías antiguas, antigüedades, y algunos objetos arqueológicos. La directora Yevseieva prosiguió: «Durante el deshielo político de los años sesenta, bajo el mandato de Jrushchov, se empezó a hablar de la posibilidad de dedicar un museo a Mologa, pero hubo que esperar a Gorbachov para que los planes adquirieran un carácter más firme. Finalmente, se llevaron a la práctica en tiempos de Yeltsin».

A tan sólo unas pocas calles del museo, en una residencia de ancianos, vive Valeria Kapustina, de ochenta y cuatro años. De niña, vivió la evacuación. Homenajeó a su ciudad en catorce colecciones de cuentos y poemas, algunos de los cuales escribió con su madre, fallecida hace seis años.

Para ella, Mologa es el paraíso del que fue expulsada por el diabólico Stalin. Su constante nostalgia de la infancia vivida en aquella ciudad se intensificó al perder a su prometido, a su padre y a su hermano en la Segunda Guerra Mundial. «En 1937 nuestra familia tuvo que abandonar precipitadamente la ciudad, porque mi padre, antiguo oficial zarista, no era miembro del Partido Comunista –me contó sentada a la mesa del comedor, donde abundaban las fotografías de sus difuntos seres queridos–. Los miembros del Partido disponían de más tiempo para preparar su salida. Nosotros sólo podíamos llevarnos las botas, el abrigo y el gorro de piel. Eso sí, recuperamos nuestra casa, que posteriormente fue transportada en barco a Rýbinsk. Desde entonces, en nuestra familia no se ha vuelto a hablar de Mologa».

A Kapustina no le sorprende que la mayor parte de la población no opusiera resistencia para abandonar la ciudad. «Todo el mundo temía a Stalin –me dijo–. Afortunadamente, hoy tenemos un buen líder. Vladímir Vladímirovich Putin ha sido enviado por Dios y ama a su pueblo».

Es hora de pasar a la poesía. Kapustina se levantó y recitó de memoria un largo poema sobre la naturaleza y los campos de Mologa. Su voz desprendía ternura. Sus versos rimados celebran el cielo estrellado, el primer amor, la Madre Patria rusa. En el abarrotado comedor, un idilio cobra vida por unos minutos, para luego volver a sumergirse en el agua.

Mosólov podría haber musicado la poesía de Kapustina sin objeciones por parte de las autoridades. Pero ¿sucede lo mismo con el tema de la ciudad sumergida y arrasada deliberadamente por Stalin?

Tras el rechazo de su ópera, las cosas fueron de mal en peor para Mosólov. En la primavera de 1931, la dirección del Centro Radiofónico de Moscú lo despidió por «contrarrevolucionario musical» y, en su lugar, nombró a un representante de la RAPM. En el marco de las nuevas relaciones culturales revolucionarias ya no había sitio para un compositor como Mosólov. A pesar de este contratiempo, en 1931 apareció una segunda edición de su partitura de *La fábrica*. La primera edición se había agotado, mientras la obra, extremadamente popular, seguía teniendo mucha demanda dentro y fuera del país. En un principio, la editorial estatal de música, que por entonces ya empleaba a varios miembros de la RAPM, no quiso reeditar la partitura con la intención de detener la distribución de la música de un «compositor contrarrevolucionario» como Mosólov. El propio músico afirmó que, con ese fin, incluso habían pretendido destruir las planchas de impresión de su partitura. Pero si eso no ocurrió fue gracias a la intervención de la editorial de música Universal Edition, con sede en Viena, que envió una carta al Ministerio de Asuntos Exteriores soviético para solicitar una reimpresión exclusivamente para el mercado exterior. Hubo que esperar al otoño de ese año para que la partitura volviera a venderse en la Unión Soviética.

Ese tira y afloja en torno a la partitura tuvo que ver con un incidente relacionado con el éxito de *La fábrica* en el extranjero. En agosto de 1931, el comunista y activista cultural alemán Rudolf von Liebig había escrito una carta al comisario del Pueblo Búbnov, en la que lamentaba la representación coreográfica de la ópera que se había puesto en escena en Los Ángeles. Calificó la obra de «superficial y engañosa», y alegó que sólo mostraba el ruido de las máquinas y no «el espíritu de la fábrica». Peor aún, la interpretación recordaba al público las noticias aparecidas en la «prensa reaccionaria» sobre los trabajos forzados en la Unión Soviética, lo que podría dañar la imagen de la utopía comunista.

La carta fue remitida a la organización artística estatal Glaviskustvo, donde el inspector Moiséi Grinberg, del Departamento de Música, condenó la obra el 29 de septiembre de 1931. Tachó a Mosólov de «enemigo de clase» perteneciente al «ala de extrema derecha» de los compositores soviéticos y le reprochó que imitara modelos occidentales contemporáneos y urbanos afines a la decadente burguesía y presentara la realidad soviética bajo un ángulo «negativo y tendencioso». En consecuencia, se pronunció contra la distribución de la partitura por la editorial estatal de música y activó el mecanismo de censura.

El hecho de que la partitura de *La fábrica* se reeditara a pesar de tan duras objeciones demuestra que, en 1931, el apoyo del Estado y del Partido a las organizaciones artísticas proletarias estaba menguando. De hecho, a finales de ese año, *La fábrica* seguía sin figurar en la lista negra de la censura. Al parecer, la música «burguesa» y de inspiración occidental podía interpretarse como de costumbre, siempre y cuando contribuyera a la construcción del socialismo.

A pesar de esas señales positivas, Mosólov no se sentía satisfecho con su situación. Había hecho todo lo posible por amoldarse a las nuevas normas, y aun así no era suficiente. De modo que decidió probar suerte en otra parte. Se marchó a Turkmenistán, Kirguistán, Tayikistán y Armenia para recopilar canciones populares. Fue un paso seguro en todos los sentidos, también porque su viaje recibía financiación de un fondo cultural del Estado. Sería el primer compositor ruso en componer una suite sinfónica, inspirada en una canción popular turcomana.

También en esas nuevas circunstancias, Mosólov se permitió una arriesgada licencia artística: sus composiciones estaban densamente orquestadas, llenas de notas y más notas, empleaba la politonalidad e iban en contra de la sencillez del realismo socialista. Eso suscitó de nuevo las críticas de sus adversarios.

Cansado de tanto hostigamiento, el músico escribió en marzo de 1932 una carta a Stalin en la que se lamentaba de que no se imprimía ninguna obra suya desde 1929 y ninguna de sus piezas se había interpretado desde 1930. Sorprendentemente, hizo alusión a las numerosas representaciones de *La fábrica* que habían tenido lugar en las provincias soviéticas hasta 1931, así como a la reimpresión de la partitura de la obra. «Desde 1926 he sido objeto de un acoso constante. No puedo soportarlo por más tiempo. ¡Debo componer y mis composiciones deben interpretarse! Necesito conocer la respuesta que mi música suscita en las masas: si fracaso, ya sé qué debo hacer».

También rogó a Stalin que ejerciera su influencia sobre «los músicos proletarios y sus secuaces, que llevan un año importunándome» y le permitiera hacer su trabajo en la Unión Soviética o bien le autorizara «viajar al extranjero, donde mi música y yo le podemos ser más útiles a la Unión Soviética que aquí».

Seguramente Mosólov estaba tan desesperado que no se percató de lo peligrosas que podían resultar esas palabras. Unos años después, una carta en esos términos le habría valido la pena de muerte. Sin embargo, en ese momento, aparentemente no sucedió nada. El gran melómano del Kremlin guardó silencio.

Así y todo, Mosólov debió de llevarse una sorpresa cuando se le dio permiso para que el 21 de abril de 1932 estrenara en la Gran Sala del Conservatorio de Moscú su *Concierto para piano n.º* 2 sobre temas kirguises. El motivo de esa tolerancia repentina por parte de las autoridades se hizo evidente tres días después, cuando el Comité Central adoptó una resolución en la que el realismo socialista se erigía en la nueva norma en todos los sectores de la vida artística. Eso significó una rehabilitación parcial para Mosólov, en tanto en cuanto sus nuevas composiciones giraban en torno a la música popular, que por su temática se ajustaba plenamente a las nuevas pautas.

Sin embargo, Mosólov no estaba contento con su nueva vida, por la sencilla razón de que no podía componer lo que quería. A veces esa frustración desembocaba en una rebelión abierta. Como sucedió el 31 de enero de 1936 –tres días después de que se publicara en *Pravda* el artículo difamatorio contra *Lady Macbeth de Mtsensk*, de Shostakóvich–, en el restaurante de la Casa de los Periodistas, punto de encuentro de la *intelligentsia* moscovita. Mosólov, ligeramente achispado, despotricó contra las críticas como si fueran un ataque a su propia obra. Cuatro días más tarde fue expulsado de la Unión de Compositores. En cualquier caso, resultó ser una suspensión temporal, ya que fue readmitido dos o tres meses después.

En los años siguientes tuvo diversos encargos de obras para orquesta, que lo llevaron de nuevo al sur de la Unión Soviética, donde siguió investigando. Además de Kirguistán, visitó Daguestán, Georgia, Armenia, Turkmenistán y Odesa. También se acercó a Belomor, el canal que comunica el mar Báltico con el mar Blanco, y cuya construcción en 1933 se había cobrado al menos la vida de 25.000 trabajadores forzados. Durante ese viaje, Mosólov no siempre guardó para sí el disgusto que le causaba la imposición por parte de las autoridades de esa imagen de compositor folclórico.

Mientras tanto, el terror de Stalin no daba tregua. En todas los estratos de la sociedad, la traición era un hecho corriente. Los arribistas no dudaron en delatar a sus colegas para salir adelante. Por eso no me sorprende que Mosólov también fuera víctima de ello.

El 18 de septiembre de 1937 apareció en *Izvestia* un artículo calumnioso sobre él, firmado por los «hermanos Tur», dos dramaturgos llamados Leonid Tubelski y Peter Rizhiéi que, en realidad, no eran parientes. Al igual que Ilf y Petrov, formaban un dúo de escritores. Sin embargo, a diferencia de los dos autores de la novela picaresca *Las doce sillas*, que todavía hoy se considera un clásico, los Tur se ocupaban en sus obras teatrales, extraordinariamente populares, de hacer propaganda de la policía secreta de Stalin y de intensificar la vigilancia contra los espías. En *Izvestia* acusaban a Mosólov de haberse entregado a la bebida durante su estancia en Asia Central, en lugar de dedicarse a componer la ópera acordada en el contrato. Supuestamente, había llevado una «vida disoluta» que había dado mucho que hablar. El artículo acusaba directamente a Mosólov de actividades contrarrevolucionarias, en otras palabras, era un enemigo del pueblo.

Hoy por hoy todavía no está claro por qué los Tur desacreditaron a Mosólov. Lo más probable es que se tratara de un encargo por parte de músicos resentidos de la RAPM, que aprovecharon el clima de represión para ajustar cuentas con Mosólov, si bien varios líderes de la propia organización fueron asimismo víctimas del terror.

También podría ser que el Kremlin quisiera aplicar la campaña contra el formalismo en la música soviética con el mismo terror violento que empleó en la Unión de Escritores y la Unión de Actores.

Sorprendentemente, la Unión de Compositores salió en defensa de Mosólov. En una carta a *Izvestia*, la organización refutó las acusaciones de los Tur y exigió una rectificación por escrito. Sin embargo, la redacción del periódico no respondió y tampoco publicó la carta. Con eso, la suerte estaba echada. Mosólov fue detenido el 4 de noviembre de 1937. El 23 de diciembre un tribunal militar lo condenó por hacer propaganda contrarrevolucionaria (el temible artículo 58, párrafo 10) a ocho años de prisión en un «campo de desarrollo laboral», lo que equivalía a ocho años de trabajos forzados en el gulag. El músico acabó en un campamento, a orillas del río Sheksna, en el área de Vólogda, trescientos kilómetros al norte de Moscú, en la misma región en la que el activista opositor Alekséi Navalni fue encarcelado en marzo de 2021.

Más de seis meses después, el 15 de julio de 1938, se reabrió su caso, probablemente a petición de sus antiguos profesores del conservatorio, Reingold Glière y Nikolái Miaskovski, que se habían dirigido al presidente Kalinin del Soviet Supremo. La pena de Mosólov se conmutó por cinco años de exilio fuera de las ciudades de Moscú, Leningrado y Kiev, los principales centros musicales de la Unión Soviética. Recuperó la libertad el 25 de agosto, tras más de nueve meses en el gulag.

Curiosamente, al igual que en 1932, su obra volvió a representarse como si nada hubiera ocurrido, aunque, en su condición de exiliado, Mosólov no podía asistir a las funciones. El 18 de noviembre de 1938, su nuevo concierto para arpa se estrenó con gran éxito en el Conservatorio de Moscú con motivo de la inauguración de la «Década de la Música Soviética». El primer movimiento incluso volvió a interpretarse una segunda vez en el último concierto de ese grandioso evento, entre obras de Shostakóvich, Jachaturián, Dunaievski, Murdeli y Koval, los compositores soviéticos más destacados del momento.

Unas semanas más tarde se le rindió un homenaje aún más importante. *Izvestia*, el mismo periódico que lo había difamado dos años antes, publicó, el 21 de diciembre de 1939, con motivo del sesenta cumpleaños de Stalin, una canción báquica compuesta por Mosólov a partir de un texto de Aleksandr Zharov, compositor del Komsomol.

Nadie sabe cómo reaccionó Mosólov. Eso sí, una vez rehabilitada su reputación, solicitó al Consejo de Comisarios del Pueblo que levantara su destierro de Moscú, Leningrado y Kiev. En 1941 se aprobó su solicitud, y también se reeditó una parte de sus obras, como sus canciones patrióticas. A partir de 1942, regresó a Moscú, donde se estableció en el número 3 de la calle Bolshaia Bronaia.

Después de la Segunda Guerra Mundial, Mosólov llevó una vida discreta. Su pasado como compositor de vanguardia encubierto siguió causándole problemas. Hasta su muerte, acaecida en 1973, sus obras raras veces volvieron a interpretarse, aunque como compositor no tenía nada que envidiar a Shostakóvich. Al final de su vida disfrutó de una inspiración renovada, gracias en parte a Nina Meshko, una célebre directora coral especializada en música folclórica, diecisiete años menor que él. La había conocido en los años sesenta en Múrmansk, donde por entonces dirigía el Coro Folclórico del Norte. Vivió en Moscú con ella hasta su muerte.

«Meshko inspiró a Mosólov a crear nuevas obras –me comentó el violista Leonid Rusanovski–. El régimen lo había destrozado. Aquellos nueve meses en el campo habían convertido a un artista talentoso en un misántropo. La música que compuso tras su liberación no tenía ningún interés. Eso cambió cuando conoció a Meshko, de compositor de vanguardia pasó a ser compositor de música folclórica, aunque algo conservó del antiguo Mosólov. Es como Malévich, que primero pintó retratos, luego creó obras abstractas y finalmente volvió al retrato, a los que incorporó elementos vanguardistas. Meshko reavivó su creatividad y también le ofreció protección como renombrada directora de orquesta y profesora de canto del Instituto Gnesin».

Pero al igual que sus primeras composiciones, gran parte de su obra posterior también se perdió. El propio Mosólov no hizo sino acrecentar el misterio en torno a la pérdida de sus composiciones tempranas. Solía contar la historia de que en los años veinte un ladrón le robó una gran maleta amarilla cargada de partituras. En 1968, cuando hizo inventario de su obra, se refirió a esa maleta, que supuestamente contenía canciones inspiradas en textos de Aleksandr Blok, Anna Ajmátova y Vladímir Maiakovski, así como una ópera completa titulada *El héroe*.

Su viuda, Nina Meshko, sostiene que Mosólov se inventó la historia del robo. Según ella, lo más probable es que le diera la maleta al tenor polaco-ruso Serguéi Radamski cuando estaba de gira por la Unión Soviética en 1927. Nikolái Miaskovski le organizó una velada musical en su casa de Moscú, a la que también estaba invitado su antiguo discípulo Mosólov. Siempre según Meshko, en ese encuentro Mosólov entregó a Radamski las composiciones que en el inventario figuran como «maleta», para que las guardara y se las llevara a Estados Unidos.

La musicóloga Inna Barsova, una de las primeras personas en ocuparse de los músicos soviéticos perseguidos, se trasladó a Estados Unidos a lo largo de los años setenta y ochenta, junto con el director de orquesta Guennadi Rozhdéstvenski, para buscar a Radamski. Sin embargo, para entonces el cantante ya había fallecido. La maleta llena de composiciones desapareció para siempre.

En 1979, Barsova descubrió la partitura de la ópera *El héroe* en las estanterías de la editorial de música vienesa Universal Edition. Se llevó una copia a Moscú y se la dejó a Rozhdéstvenski. Diez años más tarde, la ópera por fin pudo estrenarse. Desde principios del siglo XXI se ha representado con cierta regularidad, por ejemplo en Berlín, Cambridge, Arcángel y San Petersburgo.

Nadie sabe por qué Mosólov se retiró de la vida pública después de la guerra. Quizá fue a causa de las experiencias traumáticas vividas en el gulag, quizá los dictados de la composición folclórica amortiguaron su creatividad, quizá... Es una palabra que se aplica a innumerables acontecimientos de la sombría historia de la Unión Soviética. Fuera cual fuera la causa, no rebaja el trágico destino de Mosólov. Sólo el hallazgo de su maleta perdida en Estados Unidos podría, quizá, aligerar la carga, aunque fuera a título póstumo. En Ámsterdam, Leonid Rasunovski y yo brindamos por él. De repente, Leonid recordó algo que dijo Mosólov en la conferencia que impartió en Moscú a principios de los años setenta: «La libertad llega desnuda / esparciendo flores en el corazón». Es una cita de un poema de Velimir Jlébnikov. Difícilmente podría ser más ruso.

9

Maestro de música en tiempos de guerra

«El último lacayo de Stalin», así es como se refería a Tijon Jrénnikov la nota necrológica publicada en el periódico neerlandés *De Volkskrant* (El periódico del pueblo) con motivo de su fallecimiento el 14 de agosto de 2007. En efecto, pensé entonces, Jrénnikov era para mí el malvado secretario general de la Unión de Compositores que entre 1948 y 1991 había arruinado la carrera de numerosos compositores soviéticos, ya fuera mediante la prohibición o la condena pública de su música por considerarla ajena al realismo socialista o poco folclórica. Shostakóvich, Prokófiev, Zaderatski y Vainberg podían dar fe de ello.

La mala reputación de Jrénnikov se debió en gran medida a la publicación de *Testimonio* en Estados Unidos en 1979. Se trata del libro de memorias de Dmitri Shostakóvich, que el compositor dictó al musicólogo Solomon Volkov a finales de los años sesenta y principios de los setenta. Publicado después de su muerte, en él Shostakóvich salda cuentas con el régimen de Stalin y todos los que le importunaron por entonces. Según parece, el músico, un compositor aparentemente conformista y respetuoso con la ley, cuyos discursos en las reuniones del Partido abrazaban la política del Gobierno, era también un rebelde que a través de su música emprendió una protesta contra el régimen comunista. Supuestamente, sus composiciones contienen mensajes antigubernamentales, codificados para eludir la censura.

De Jrénnikov dice, entre otras cosas, que, él y sus camaradas, pusieron todo de su parte para contribuir a su caída. Shostakóvich describe la Unión de Compositores como una organización plagada de rencores, ambiciones y conflictos por la concesión de honores, reconocimiento y prebendas monetarias. El propio Jrénnikov no era más que un esbirro de Stalin, empeñado en acabar con compositores modernos tan geniales como Shostakóvich y Prokófiev. Por eso, Shostakóvich se refería a él como uno de los perros lobo de Stalin. «Tenía un olfato memorable, por no hablar de su astucia. Captaba a la primera lo que su amo quería de él», cita Volkov.

Con esta caracterización, Shostakóvich aludía también al odio que sentía Stalin hacia los aliados, y del que Jrénnikov se apropió en toda su humilde docilidad. En *Testimonio*, Shostakóvich remite a un musicólogo moscovita que elogió su *Sinfonía n.º 8* en una conferencia sobre compositores soviéticos. Supuestamente, tras el discurso, Jrénnikov se dirigió furioso al musicólogo y le espetó: «¿Se da cuenta de a quién está alabando? ¿Es usted consciente? En cuanto pongamos firmes a esos aliados, ese Shostakóvich al que tanto admira estará acabado».

Lo que deduzco de *Testimonio*, que en los años setenta era una de las pocas fuentes de información sobre el día a día de la vida musical soviética, es que Shostakóvich temía permanentemente a Stalin, algo que, por otra parte, nadie diría al ver las fotos de sus conciertos. Sobre ese miedo afirma: «La gente me dice: hablas mucho de los demás, ¿y tú qué? ¿No tenías miedo? Admito que pasé mucho miedo. El miedo era un sentimiento colectivo del que yo tampoco me libré. [...] Y también me dicen: pero entonces, ¿de qué tenías miedo? Si a los músicos los dejaban en paz. Eso no es cierto. El mundo de la música también sufrió el terror, y de qué manera. Que a los músicos se los dejaba en paz es una falacia esgrimida por Jrénnikov y sus compinches. Pero como los artistas tienen poca memoria, se lo creen».

Esas duras acusaciones, me obnubilaron la mente para pensar que quizá Jrénnikov, como tantos otros altos cargos de la Unión Soviética, también temiera los caprichos del dictador. Si bien es cierto que Shostakóvich relata en *Testimonio* que un día Jrénnikov se orinó encima cuando Stalin le echó una reprimenda por haber desobedecido una orden sin ser consciente de ello; aquello no me pareció más que un incidente aislado.

Cuando miro las fotos que muestran a un Shostakóvich sonriente en compañía de un también sonriente Jrénnikov, en un principio sólo veo a dos hombres que se llevaban bien. Por supuesto, eso no quiere decir nada, porque, como era de todos sabido, bajo el mandato de Stalin cualquiera, incluso el amigo más próximo, podía traicionarte para salvar el pellejo. Quizá sea esa la única verdad. Quizá el dicho según el cual el «hombre es un lobo para el hombre» sea válido para casi todas las personas que tienen que sobrevivir en un Estado totalitario. Eso explicaría por qué Jrénnikov, como él mismo afirmó, a veces tenía que recriminar en público a sus mejores amigos para protegerlos de las garras de la policía secreta.

Todavía hoy el libro de Volkov continúa siendo objeto de acalorados debates. Algunos cuestionan su autenticidad, mientras que otros la dan por descontada. A este respecto, Laurel E. Fay, musicóloga estadounidense y biógrafa de Shostakóvich, descubrió que los capítulos de *Testimonio* comienzan más o menos igual que otros textos publicados anteriormente por el compositor. Desde entonces, el libro goza de una dudosa reputación, algo que se ve incluso reforzado por el hecho de que Volkov tuvo que dejar las notas originales de sus conversaciones con Shostakóvich en la Unión Soviética cuando emigró a Estados Unidos en 1975, poco después de la muerte del compositor. Teniendo en cuenta que Volkov se reunió raras veces con el músico, es imposible que pudiera registrar toda su trayectoria vital a lo largo de esas conversaciones, que sin duda fueron escuchadas por la KGB.

Ello contrasta con la gratitud de Maksim, el hijo de Shostakóvich, quien confirmó la autenticidad de las palabras de su padre después de que él mismo huyera a Occidente en 1981. Por otro lado, dijo en una entrevista concedida al *Sunday Times* que *Testimonio* era un libro «sobre su padre, no de su padre». Cinco años después, añadió en una entrevista televisiva con la BBC, que el contenido del libro era cierto y que las descripciones de las penurias sufridas en un Estado totalitario eran reales. Obviamente, esta afirmación puede interpretarse de muchas maneras.

Además, mientras Maksim seguía apoyando a Solomon Volkov, su madrastra Irina, tercera esposa de Shostakóvich, acabó renegando del escritor: «Volkov se reunió con Dmitri tres o cuatro veces –dijo–. Nunca llegaron a ser íntimos amigos. La prueba es que en ningún momento cenó con nosotros en casa. Por eso me cuesta imaginar que fuera capaz de reunir todo el material necesario para un libro tan grueso».

Hay otro dato que habla en contra de Volkov. Pese a ser traducido a treinta idiomas, *Testimonio* aún no se ha publicado en ruso. La razón podría ser que cualquiera que hubiera oído hablar a Shostakóvich en la vida real se percatara de inmediato de que el libro es un fraude. Además, los derechos de autor del libro ya no pertenecen a Volkov, sino a su editor estadounidense, que saldría perdiendo si algún día aparece una edición en ruso.

Me acerco a Moskva, mi librería favorita, en la calle Tver, en Moscú, en busca de una biografía de Jrénnikov. En la sección de música no encuentro gran cosa. Los editores actuales parecen tener una preferencia especial por los cantantes de *rock* y de folk rusos de la época soviética, como Liudmila Zíkina. En cambio, en la estantería donde se halla la legendaria serie de biografías «Vidas de personas ilustres» encuentro un volumen sobre Jrénnikov, del historiador de la música Andréi Kokarev, que se publicó en 2015. Cuando busco una reseña del libro en internet descubro que Kokarev es nieto de Jrénnikov. Por tanto, me pregunto si este ofrece un retrato objetivo de su abuelo o si, al contrario, intenta limpiar su imagen. A juzgar por lo que leo después, parece corroborarse más bien la segunda opción. Sin embargo, en enero de 2021, Kokarev afirmó en una entrevista con el periódico *Moskovski komsomolets* (El «komsomolita» de Moscú), a propósito de un libro que acababa de publicar sobre compositores perseguidos en los años veinte, treinta y cuarenta, que ser nieto de Jrénnikov no significaba que pasara por alto los hechos. Por suerte para él, su labor de investigación le permitió concluir que, bajo el mandato de su abuelo, apenas se registraron asesinatos de músicos a manos del Estado.

En el archivo online de la BBC, un tesoro para cualquier amante de la música clásica, descubro el documental radiofónico: *Gabriel Prokófiev. My family and Russia*, en el que el nieto de Serguéi Prokófiev viajó a Rusia. En Moscú, visitó a Kokarev para preguntarle si a Jrénnikov le gustaba la música de Prokófiev. Kokarev respondió que su abuelo adoraba a tres dioses de la música: Bach, Chaikovski y Prokófiev. Sin embargo, enseguida añadió que, en 1948, cuando se emprendió la campaña contra el formalismo en la música, Jrénnikov se vio obligado a modificar su discurso, porque así eran las «reglas del juego». Lo que ordenaban esas reglas estaba claro: sólo podías decir lo que esperaban de ti las autoridades.

Cuando hablaron de Lina, la exmujer de Prokófiev, que fue detenida en 1948 y condenada a ocho años en el gulag, Kokarev explicó que, tras su liberación en 1956 –tres años después de la muerte de Stalin–, acudía a cenar a casa de los Jrénnikov dos o tres veces por semana. Gabriel Prokófiev añadió que, cuando Lina fue capturada, su abuelo y su tío intentaron por todos los medios lograr su liberación. Cuando después le preguntó a Kokarev qué acciones emprendió Jrénnikov al respecto, este le respondió que su abuelo siempre ayudaba a todo el mundo y que, conforme su carrera progresaba, se le presentaban cada vez más ocasiones de hacerlo, pero que, en 1948, no había podido hacer nada.

En la conversación que Gabriel Prokófiev mantuvo con Yelena Fírsova y Dmitri Smirnov, pareja de compositores rusos afincados en Londres, se pone de manifiesto que Jrénnikov podía llegar a hacerles la vida imposible a los compositores, incluso después de la muerte de Stalin. En los años setenta, Jrénnikov incluyó la obra de los dos músicos, que por entonces tenían veinte años, en la lista negra. Smirnov –fallecido en 2020– contaba que ni siquiera estaban autorizados a ofrecer conciertos privados. «En territorio soviético, la Unión de Compositores lo controlaba todo. Vivíamos encerrados en una jaula, en una cárcel».

Al mismo tiempo, Smirnov se sentía en cierto modo un privilegiado por las medidas restrictivas de la Unión de Compositores: «Nuestra música, al estar prohibida en la Unión Soviética, suscitó el interés de Occidente».

A propósito de la personalidad de Jrénnikov, Fírsova afirma: «Podía llegar a ayudarte, pero la mayoría de las veces sólo lo hacía si él sacaba provecho de ello. En realidad, compraba a la gente».

Guardo la biografía de Kokarev en mi ordenador. En la sección de fotos veo numerosos retratos de Jrénnikov a lo largo del tiempo. Un hombre risueño, con el típico aspecto de campesino ruso: cráneo prominente, espeso cabello castaño peinado hacia atrás, nariz ancha, ojos pequeños. El funcionario soviético por excelencia. Supuestamente, Stalin lo seleccionó por una fotografía. Le bastó con verle la cara.

Una vez más me dirijo a Olga De Kort-Kulikova, musicóloga rusa afincada en los Países Bajos y gran conocedora de la música del siglo XX de su país natal. Cuando empezamos a hablar de Jrénnikov, me llama la atención su indulgencia. «Hay que verlo como el símbolo de la música soviética –afirma–. Vivió todos los periodos de la historia soviética y tuvo una vida trágica. El desinhibido chico de pueblo, que se trasladó de la provincia a Moscú para estudiar, se enamoró de la ciudad y de la música, y disfrutaba componiendo canciones y piezas para mandolina, se convirtió contra su voluntad en un funcionario que tuvo que renunciar a la composición. En 1948, apenas tenía treinta y cuatro años cuando Stalin lo nombró, de pronto, secretario general de la Unión de Compositores, con toda la responsabilidad que ese cargo conllevaba. A partir de ese momento se vio obligado a dejar de lado su afición musical. No tuvo más remedio que taparse la boca a sí mismo».

Me acuerdo de las palabras de Jascha Nemtsov, un experto ruso en Vainberg afincado en Berlín, que me comentó que Jrénnikov siempre trataba de proteger a los miembros de su organización. «Como es evidente, tenía que cumplir con su cargo y hacer lo que le mandaba el Partido –me dijo durante nuestra conversación–. De no haberlo hecho, no habría sido secretario general. Hay varios testigos que confirman que entre bastidores hizo lo posible por ayudar a la gente. No hay que olvidar que fue elegido por el propio Stalin para ocupar ese puesto y que no podía negarse, porque una negativa podría costarle la cabeza. Me reuní varias veces con Jrénnikov en los últimos años de su vida. Me confesó que no quería ese cargo para nada, pero que se vio obligado a aceptarlo. Sufrió varias crisis nerviosas que le impedían conciliar el sueño. Incluso pasó un tiempo en un psiquiátrico».

Tijon Jrénnikov nació en 1913 en Yélets, a unos trescientos cincuenta kilómetros al sureste de Moscú. Parece una ciudad sacada de las novelas y relatos de escritores como Turguéniev, Tolstói y Chéjov. En el casco antiguo, las casas de madera y las fábricas de ladrillo serpentean alrededor de la catedral de la Ascensión, de gran altura y pintada de verde, que domina el río Bystraya Sosná.

El padre de Jrénnikov procedía de una familia de comerciantes venida a menos y trabajaba como empleado de comercio. Tijon era el menor de diez hermanos. Como tantos otros se beneficiaría de los logros sociales de la Revolución de 1917, que brindaba a los niños con talento de las familias sin recursos la oportunidad de estudiar. De pequeño tocaba la mandolina en una orquesta de cuerda pulsada, donde seguramente despertó su interés por la música folclórica, una faceta que se manifestó en sus composiciones posteriores. Sin embargo, cuando, a los nueve años, empezó a recibir lecciones de piano, su interés fue por otros derroteros. A los trece ya componía valses y marchas.

Tres años más tarde fue admitido en la prestigiosa Academia Estatal de Música Gnesin de Moscú, donde no tardó en convertirse en un alumno aventajado de Heinrich Neuhaus, maestro de Sviatoslav Richter. Su carrera dio un salto cuando se trasladó al Conservatorio de Moscú, donde se graduó cuatro años más tarde con Vissarión Shebalín y Heinrich Litinski, con la interpretación de su *Sinfonía n.º 1*. El tribunal estaba presidido por Prokófiev, que defraudó las expectativas del propio Jrénnikov al calificar la obra con una puntuación de 4, y no con un 5, la nota más alta, por considerarla excesivamente tradicional. Ese veredicto hizo mella en el alma del ambicioso debutante. Más tarde, su actuación como secretario general de la Unión de Compositores estaría determinada, en gran medida, por el rencor y la envidia. Jrénnikov me recuerda, en cierto modo, a Salieri, el compositor italiano que, al no soportar que el talento de Mozart, mucho más joven que él, fuera superior al suyo, le jugaba una mala pasada tras otra, lo que posiblemente contribuyera a la muerte prematura del compositor austríaco.

Con todo, la «derrota» sufrida en la graduación se vio compensada, en cierta medida, por un logro conseguido a finales de 1936. A los pocos meses del estreno de su sinfonía en la Gran Sala del Conservatorio de Moscú, se programó una reposición, que fue retransmitida por la emisora de radio Columbia en los Estados Unidos, donde recibió destacados elogios por parte de directores de orquesta de la talla de Eugene Ormandy, Arturo Toscanini, Charles Münch y Franz Waxman. También Salieri triunfó con algunas de sus composiciones. La envidia simplemente acaba sobreponiéndose a la mayoría de los sentimientos.

En 1936, el terror de Stalin estaba en pleno apogeo. Jrénnikov respaldó la condena de la ópera *Lady Macbeth de Mtsensk* de Shostakóvich en nombre de los jóvenes compositores. También rechazó la postura de Prokófiev, según la cual Shostakóvich era el compositor más moderno de la Unión Soviética, y la música soviética revestía carácter provinciano. Jrénnikov y sus contemporáneos opinaban justo lo contrario.

Tres años más tarde, en 1939, con motivo del estreno de la ópera *En la tormenta* de Jrénnikov, el exasperado Shostakóvich se desquitó con sutileza: «Tiene usted talento, pero aún necesita escuchar mucho a Mozart, Bach, Beethoven, Músorgski, Brahms, Liszt, Chopin, Chaikovski para poder distinguir la mala música de la buena». ¿Cómo de despiadado se puede ser? A su vez, Jrénnikov criticó las canciones judías de Shostakóvich.

Jrénnikov desacreditó a Shostakóvich por complacer a las autoridades. A cambio de ese gesto, *En la tormenta* fue declarado un éxito. Después de que Stalin asistiera a una representación de la ópera en el Teatro Nemiróvich-Dánchenko y le diera su visto bueno, todos los críticos y directores de teatro siguieron su ejemplo. A finales de 1939 y comienzos de 1940, *En la tormenta* llegó a representarse en dieciocho de los veinte teatros de ópera de la Unión Soviética. A Jrénnikov aquello debió de causarle sentimientos contradictorios. Por un lado, recibía elogios, pero, por otro, sin duda sabía que el éxito de su obra tenía su origen en las críticas que había vertido contra Shostakóvich en público. Y eso no era algo de lo que sentirse orgulloso.

Jrénnikov compuso su ópera durante el Gran Terror. Astuto como era, se cuidó de no participar en batallas ideológicas. Al contrario, optó por la vía segura y se negó a aliarse a ningún grupo artístico concreto. Esa decisión le ahorraría muchos problemas.

Esto quedó claro cuando el 6 de abril de 1937 apareció publicado en *Pravda* un artículo que llevaba por título «Algo anda mal en la Unión Soviética de Compositores». En el texto se criticaba a Nikolái Cheliapov, presidente de la sección moscovita de la Unión de Compositores y redactor jefe de la revista *Sovietskaia muzika*, por estar alejado de la música y el arte y realizar una mala gestión. Sin embargo, el verdadero motivo de ese ataque en el periódico fue que, en diciembre del año anterior, en un encuentro de la organización, le habían reprochado su predilección por las sinfonías y los oratorios. En otoño, el nombre de Cheliapov pasó a engrosar la lista de «enemigos del pueblo». Poco después desapareció sin dejar rastro.

El mordaz artículo fue el inicio de una ola de represión en el mundo musical soviético. Numerosos músicos y compositores fueron detenidos y asesinados. Según Kokarev, Cheliapov, que no era compositor sino burócrata, no estaba, en efecto, a la altura del cargo, pero nadie podía imaginar que fuera a ser destituido de su puesto, y aún menos que después fuese a ser detenido y ejecutado. Siempre según Kokarev, fue este un incidente que marcaría a Jrénnikov para el resto de su vida. De repente, tomó conciencia de que él podría correr la misma suerte. Sus temores se incrementaron después de que ese mismo año se detuviera a sus dos hermanos mayores, Borís y Nikolái, por hacer propaganda antisoviética y desplegar actividades contrarrevolucionarias, a pesar de que ambos habían sido grandes revolucionarios en 1917 y siguieron creyendo en la causa de Lenin y Stalin hasta el día de su detención.

Como en ese caso estaban implicados familiares directos suyos, Jrénnikov actuó de inmediato. Escribió cartas a Lavrenti Beria, jefe de la policía política (NKVD), y reunió dinero con el fin de contratar a un buen abogado. Para Nikolái, profesor de matemáticas y ciencias, la vía judicial surtió efecto. Había sido denunciado por sus compañeros, que confesaron ante el tribunal que habían accedido a hacer declaraciones falsas presionados por el NKVD. Fue absuelto.

Borís Jrénnikov, que era jefe de una estación de ferrocarril, no tuvo tanta suerte. Fue condenado a cinco años de gulag por pertenecer a una organización contrarrevolucionaria y fascista, en realidad inexistente, que supuestamente estaba preparando un alzamiento armado contra la autoridad soviética, con motivo del cual el acusado iba a sabotear la vía férrea. Borís recuperó la libertad en 1943, pero como su familia había sido evacuada debido al conflicto bélico, y por tanto no se le había perdido nada en casa, se quedó a vivir en la República de Komi, donde había permanecido encarcelado. Encontró trabajo en una estación de ferrocarril, aunque no duraría mucho. Enfermo y solo, murió en agosto de 1943.

Sorprendentemente, en esa época difícil, Jrénnikov recibió el apoyo de Shostakóvich, al que visitaba con frecuencia en Leningrado. Durante esas visitas, los dos compositores tocaban el piano de cola a cuatro manos como si fueran íntimos amigos. Las imágenes de esos encuentros incluso inducían a creer que eran maestro y discípulo. Pero, de nuevo, la realidad era otra.

La música de Shostakóvich rezumaba pesimismo. Como compositor buscaba retratar el sufrimiento y la miseria de su época, mientras que la obra de Jrénnikov expresaba el optimismo de la propaganda soviética. Ese optimismo requería unas melodías sencillas de las que Shostakóvich no quería saber nada. Por tanto, no es extraño que, bajo el régimen de Stalin, ambos compositores tuvieran cada vez mayores discrepancias artísticas y que su relación fuera más distante con el paso de los años.

La ópera *En la tormenta* de Jrénnikov terminó por convertirse en tema de debate. Shostakóvich no fue el único en criticarla, sino que también hubo voces dentro de la Unión de Compositores que cuestionaron la calidad de la obra. Mientras algunos llegaron a comparar la ópera con *Semión Kotko* de Prokófiev, el crítico musical Semión Shlifstein la calificó de obra vulgar y banal.

Jrénnikov no se dejó intimidar por esas críticas. Al contrario, en los encuentros de la Unión de Compositores seguía tocando, perseverante e imperturbable, fragmentos de su música, y sus colegas le aplaudían. Además, recibió el apoyo de Prokófiev, que lo animó y le dijo que él también se había peleado con sus críticos en su juventud, pero que, como no tenía su autocontrol, solía contraatacar de forma agresiva.

Ese mismo año, Jrénnikov se casó con la periodista judía Klara Vaks, que trabajaba en la oficina de prensa de la Unión de Compositores. Se instalaron en un piso en la tercera planta de un edificio de apartamentos recién renovado para compositores, en la calle Miuski 4/6, la actual calle Chaiánov, cerca de la estación de Bielorrusia. Como era habitual en los edificios que albergaban a la nueva élite soviética, contaba con restaurante, club, cine y biblioteca. Entre los residentes había músicos tan famosos como Natalia Rozhdestvenskaia y su hijo Guennadi –el futuro director de orquesta–, el director de orquesta Samuíl Samosúd y los compositores Aram Jachaturián, Reinhold Glière, Samuíl Vainberg, Anatoli Aleksándrov y Vano Muradeli. Los recién casados adquirieron, además, una dacha en las afueras de Moscú.

En los años siguientes, Jrénnikov compuso principalmente para el teatro y el cine, como el clásico de la gran pantalla *Svinarka i pastukh* (El cerdito y el pastor). Además, escribió también una ópera a partir de un libreto de Vladímir Nemiróvich-Dánchenko, inspirada en la novela *Aguas de primavera* de Iván Turguéniev, pero que no terminó a causa de la guerra. En cambio, sí acabó *Svinarka i pastukh*, que como primer musical cinematográfico de la Unión Soviética se convirtió en un gran éxito, en parte porque suponía un rato de distracción en tiempos de guerra.

Como otros tantos colegas destacados, Jrénnikov fue movilizado para entretener con su música a las tropas, mientras que su esposa y su hija fueron evacuadas a la región de Sverdlovsk junto con otros artistas e intelectuales. En julio de 1941, él y otros compositores como Kabalevski, Jachaturián y Muradeli, empezaron a trabajar para el Comité de la Radio de la Unión Soviética, la emisora nacional. A Jrénnikov le encargaron una ópera sobre Pedro el Grande. Sin embargo, en septiembre, ante la amenaza de los avances alemanes, fue evacuado a la ciudad de Kúibishev, en los Urales. A bordo del tren viajaban también miembros del Teatro Bolshói, bailarinas, artistas y compositores como Shostakóvich, Jachaturián, Kabalevskí y Shebalín. No regresaría a casa hasta principios de 1943, tras la retirada alemana.

En la primavera de 2018, llegué a Samara –como se conoce de nuevo a Kúibishev desde la desintegración de la Unión Soviética–, y subí la colina desde la estación de tren a la ciudad. Gracias al Mundial de Fútbol, Samara ha sido sometida a un lavado de cara. Incluso se han arreglado las carreteras. En la otra orilla del Volga, nuevos edificios de apartamentos esperan a sus residentes. «Tenga en cuenta que los han construido los amigos de Putin para seguir enriqueciéndose, y que los venden muy caros –me dijo un anciano con el que me puse a charlar–. Permanecerán vacíos durante mucho tiempo, si no para siempre, porque el ciudadano de a pie no se puede permitir esos precios. Esos edificios se han construido por el mero hecho de construirlos, no para que alguien entre a vivir en ellos».

En la plaza Kúibishev se erige una preciosa estatua de bronce que inmortaliza a Shostakóvich. Es la primera vez que lo veo representado en una pose desenfadada, con abrigo y pantalones holgados. Un joven seguro de sí mismo. Quizá era así realmente cuando se paseaba por aquí. Todas las personas a las que pregunté por él, jóvenes y mayores, sentían admiración por él.

Pasé por encima del búnker subterráneo de la calle del Ejército Rojo, donde Stalin ordenó instalar un cuartel general alternativo durante la guerra. El complejo estaba cerrado por obras, así que no pude visitarlo, pero tengo la impresión de que debe ser enorme. Stalin nunca llegó a utilizarlo, porque, al parecer, durante la guerra en ningún momento abandonó Moscú. En realidad, el búnker no es más que una fachada Potemkin, un amago de poder amenazante.

Frente al edificio constructivista que albergó a los oficiales en los años de la guerra se halla el bloque de apartamentos de escasa altura donde Shostakóvich vivió durante el tiempo que duró su evacuación. Sin embargo, no hay ni rastro de Jrénnikov. Cuando mencionaba su nombre a los transeúntes de mayor edad, se encogían de hombros. Los buenos recuerdos están reservados para el compositor que representó el asedio de Leningrado en su *Sinfonía n.° 7*.

Mientras Jrénnikov estaba sano y salvo en Kúibishev, sus familiares corrieron peor suerte. Su hermano Nikolái murió de tuberculosis y su madre falleció cuando era evacuada de Yélets –tomada por los alemanes– a los Urales. Nada de ese sufrimiento personal se percibe en la música que Jrénnikov compuso en aquellos días. Al contrario, tanto su *Sinfonía n.° 2* como su ballet *Francesca*, y también sus canciones, muestran sobre todo el optimismo con el que quería animar a sus compatriotas.

A principios de marzo de 1945 tuvo que cambiar su vida relativamente tranquila por el frente bielorruso. Junto con el compositor Matvéi Blánter ofreció, durante dos meses, conciertos para los soldados. También compuso la música de la película *A las seis de la tarde después de la guerra*, que se convertiría en un éxito, y por la que obtuvo el Premio Stalin.

Poco después, Jrénnikov vivió la toma de Berlín en el cuartel general del mariscal Chúkov, cuando la ciudad cayó en manos de los rusos. Era el 16 de abril. La alegría por esa victoria debió de ser tan inmensa como el alivio por el fin de la guerra.

De vuelta en Moscú, su carrera despegó. En 1946, en el pleno de la Unión de Compositores, salió abiertamente en defensa de su amigo Blánter, que había sido acusado de integrar elementos de *blues* en su obra. A partir de entonces, le resultaría ya más difícil salirse del guion marcado por las autoridades.

El 10 de enero de 1948, Jrénnikov fue convocado por el Comité Central junto con otros compositores. Los recibió el secretario de Cultura del Partido, Andréi Zhdánov, que enseguida se sentó al piano de cola para tocar la música como él creía que había que tocarla. Prokófiev y Shostakóvich, que estaban entre los invitados, lo escucharon con gesto de aprobación, sin saber lo que iba a pasar tres días después.

El 13 de enero, el propio Zhdánov arremetió contra el llamado formalismo en una sesión a puerta cerrada del Comité Central en la que criticó a Shostakóvich, Prokófiev, Jachaturián, Popov, Kabalevski, Shebalín y Shaporín. Según parece, Jrénnikov, que estaba presente, intentó limar asperezas y mostró su empatía con sus colegas, pero sus esfuerzos resultaron en vano. Cuando el 20 de enero Aleksandr Goldenweiser, antiguo director del Conservatorio de Moscú, se alejó de la obra de Prokófiev, Vainberg y Kabalevski, las consecuencias para la vida musical fueron incalculables. La desgracia se completó con la publicación en *Pravda*, el 10 de febrero, de la declaración del Comité Central en la que se enumeraban las características negativas de los compositores soviéticos estigmatizados.

A finales de enero, Jrénnikov fue convocado por el Comité Central a las once de la noche. No era inusual, ya que Stalin trabajaba hasta altas horas de la noche y todos en el Kremlin se adecuaban a su ritmo. Jrénnikov se dirigió de inmediato al despacho de Dmitri Shepílov, adjunto del ideólogo jefe Mijaíl Súshlov. En el pasillo se encontró a sus colegas compositores Golovánov, Svéshnikov y Jachaturián. Ninguno de ellos sabía lo que estaba pasando.

El primero al que se llamó fue Jachaturián, director de la Unión de Compositores acusado de abrazar el modernismo y la decadencia burguesa en su música. Cuando salió, se acercó a Jrénnikov y lo felicitó. «¿A qué viene esto?», preguntó Jrénnikov. «Pronto lo descubrirás», respondió Jachaturián. A continuación, fue el turno de Golovánov. Le comunicaron que reemplazaría a Samosúd como nuevo director del Teatro Bolshói. Svéshnikov fue nombrado director del Conservatorio de Moscú.

Finalmente, llegó el turno de Jrénnikov. Al compositor de treinta y cuatro años le comunicaron que asumiría el cargo de secretario general de la Unión de Compositores. Su primer cometido consistiría en organizar una reunión general con todos los compositores soviéticos. Disponía de tres meses para hacerlo. Además, fue nombrado presidente de la sección musical del Premio Stalin. Cuando intentó protestar, con la intención de rechazar el nombramiento, Shepílov le dijo: «Es una orden de Stalin».

De hecho, era comprensible que la elección recayera en Jrénnikov. Tras el revuelo causado en la Unión de Compositores hacía falta alguien capaz de apaciguar los ánimos. En ese sentido, Jrénnikov era la persona más indicada. Era joven, tenía talento, era afable, había servido en el frente y componía música accesible y popular. Él mismo diría más tarde en una entrevista que vivió su nombramiento como una tragedia personal. «Mi mujer y yo no paramos de llorar en toda la noche –afirmó–. Cuando llegué a casa y se lo conté, se horrorizó y me instó a renunciar de inmediato. Yo, por mi parte, estaba convencido de que no servía para un cargo administrativo. Pero no tenía opción. Incumplir una orden de Stalin no entraba dentro de las posibilidades».

Al día siguiente se presentó en la oficina del Orgkomitet, el comité ejecutivo de la Unión de Compositores, que se hallaba en la calle Miuski, en el mismo edificio en el que tenía su casa. A partir de entonces, tendría ahí su despacho.

La primera mañana, Jachaturián –su destituido predecesor en el cargo– entró a verlo para informarle de que no había nada que traspasar porque no había asuntos urgentes. Jrénnikov intentó tranquilizar a su amigo, visiblemente nervioso, y le aseguró que su inesperado nombramiento no afectaría a su relación. Según dijo, admiraba a Jachaturián y respetaba su música. «Te considero un compositor magnífico y te prometo que siempre te ayudaré».

Sin embargo, en público Jrénnikov adoptaba un discurso muy diferente. De hecho, llegó a afirmar que Jachaturián había sido completamente incapaz de dirigir la Unión de Compositores porque, en ningún momento, se reunió con el Comité Central ni con otros organismos o personas de interés para los compositores. Y en la primera sesión de la nueva Unión de Compositores, leyó una declaración que arremetía contra el formalismo.

En agosto de 1948, a raíz de la inesperada muerte de Andréi Zhdánov, promotor de la resolución del Comité Central, Jrénnikov se convirtió, de repente, en el hombre más poderoso del panorama musical soviético. Afianzó su posición en un discurso titulado «Sobre el intolerable retraso de la crítica musical y la musicología», que pronunció en las sesiones de la Unión de Compositores de febrero y marzo de 1949, haciéndose eco del lenguaje intimidatorio de Zhdánov. Después de reprochar a los críticos musicales su incapacidad para ayudar a los compositores soviéticos a emprender el camino del realismo socialista en el espíritu del partido bolchevique, y denunciar que en sus filas aún hubiera defensores del formalismo en la música soviética, Jrénnikov hizo una serie de acusaciones directas.

Su ataque se centró en tres categorías de compositores que estaban en la lista negra. La primera estaba formada por los pecadores impenitentes, cuyas actividades eran dañinas, antipatrióticas y estaban destinadas a socavar la base ideológica de la música soviética. La segunda incurría en «errores cosmopolitas»: ceder ante las tendencias e influencias de la música occidental y mostrar desprecio por la música rusa. La tercera categoría se mantenía al margen del trabajo de otros colegas de la Unión de Compositores, y con ello les negaba su ayuda.

La mayoría de los músicos denunciados públicamente trabajaban en conservatorios e institutos de música de Moscú y Leningrado. De un total de treinta y cinco personas, la mitad de ellas eran judías. Eso no era algo inusual, ya que los judíos estaban sobrerrepresentados en la escena musical de la Unión Soviética. Sin embargo, si se tiene en cuenta que la campaña antisemita de Stalin estaba en pleno apogeo, el ataque de Jrénnikov puede entenderse.

En su nuevo cargo, Jrénnikov mostró su peor lado. Él era el jefe, y sentía necesidad de demostrarlo a todo el mundo. Por otra parte, se comportaba como la mayoría de los altos funcionarios soviéticos, que variaban su discurso según hablaran en privado o en público. Tenían mentalidad de *Homo sovieticus*: decían una cosa y pensaban otra para evitar meterse en líos. Jrénnikov incluso perfeccionó esa estrategia. Si algo se puede alegar en defensa de su conducta es que no tenía elección porque, de no haber actuado como actuó, un alto cargo como él se habría convertido, sin duda, en víctima de la maquinaria del terror de Stalin.

En ese sentido, resulta difícil emitir un juicio imparcial sobre él. Al margen de su vanidad y afán de poder y prestigio, siempre presumió de que bajo su mandato ningún miembro de la Unión de Compositores cayó víctima de la represión estatal. De hecho, según Kokarev, Jrénnikov se erigió en ángel custodio de Moiséi Vainberg. Al parecer, la Unión de Compositores proporcionó tantos testimonios favorables a la KGB que el compositor judío no tardó en recuperar la libertad.

Además, tras año y medio de su nombramiento, Jrénnikov consiguió, según sus propias palabras, que Shostakóvich y Prokófiev recibieran el Premio Stalin. Supuestamente, la revocación de la declaración contra el formalismo del Comité Central también fue, en buena parte, obra suya.

No era, sin embargo, todo tan fácil como sugiere Kokarev. Aunque en la página web oficial puede leerse, todavía hoy, que Jrénnikov consiguió que ni un solo compositor soviético fuera víctima de la represión y de haber ayudado a los músicos, procurando no escribir críticas negativas sobre ellos que pudieran llevar a su detención, la realidad es otra muy distinta.

Tener acceso a los registros sobre los compositores detenidos bajo el régimen de Stalin y a los archivos de la Unión de Compositores continúa siendo difícil, escribe la musicóloga alemana Inna Klause en *Der Klang des Gulag* (El sonido del Gulag). Aun así, a partir de la información disponible, puede concluirse que el nombramiento de Jrénnikov como secretario general de la Unión de Compositores no supuso un descenso significativo del número de compositores arrestados. En 1950, se produjo incluso un aumento, debido a la ola de detenciones en las repúblicas soviéticas bálticas, donde en 1945 se llevó a cabo una campaña de terror contra la élite. Memorial, la excelente organización que investigó la represión estalinista hasta su cierre por orden de Putin, concluye que sesenta y ocho compositores fueron detenidos y enviado al gulag. Durante el mandato de Jrénnikov, al menos once compositores fueron arrestados y condenados a largas penas de prisión y de trabajo forzado. Entre ellos había tres estonios, tres letones, dos judíos, un polaco, un ruso y un alemán. Su calvario no terminó por mediación de la Unión de Compositores, sino gracias a la muerte de Stalin en 1953, y algunos tuvieron que esperar varios años para que su liberación y rehabilitación fuera un hecho.

Comparado con los tres mil escritores perseguidos bajo el mandato de Stalin, de los cuales la mitad acabaron ejecutados, se trata de un número insignificante. En 1948, la Unión de Compositores tan sólo contaba con 908 miembros frente a los 1.500 de la Unión de Escritores en 1934. Era la organización de artistas más pequeña de la Unión Soviética.

Aunque los textos y discursos de Jrénnikov contienen afirmaciones terribles, su nieto Kokarev subrayó la importancia de situar sus palabras en un contexto protagonizado por el miedo. En cualquier caso, incluso así, Jrénnikov no deja de ser el mensajero de Stalin, el padre espiritual de la declaración del Comité Central sobre el formalismo. Su cargo lo forzaba a abandonar a sus amigos más íntimos y a su maestro. Shostakóvich cuenta que, una vez destruidas todas las grabaciones radiofónicas de los formalistas, Jrénnikov dijo: «Se acabó. La serpiente formalista no resurgirá jamás».

Según él mismo reconoció, sufrió mucho por tener que lanzar un ataque tan duro contra los suyos. Sin embargo, no le quedaba más remedio y, por supuesto, su conducta pública no reflejaba sus convicciones personales. Además, hacía todo lo posible por ayudar a sus amigos. La musicóloga Olga De Kort-Kulikova confirma estas afirmaciones de Jrénnikov. «Si despedían a alguien mientras él estaba de vacaciones, regresaba de inmediato a Moscú para anular el despido y ayudar en lo posible al damnificado. Si surgía algún problema, él se ocupaba de solucionarlo. Realmente le preocupaba la suerte de sus compositores. Les proporcionaba comida, alojamiento y atención médica, pero no podía desviarse de las directrices del Partido. Y no hay que olvidar que bajo su mandato pocos compositores murieron fusilados. Por eso, con los años, he aprendido a respetarlo más».

El favoritismo alcanzaba a veces dimensiones absurdas. Como en el caso de Herman Zhukovski, obligado a adaptar una y otra vez su ópera *Corazón y alma* para que se le pudiera conceder el Premio Stalin

–Tercera Categoría–. El 5 de abril de 1951 la ópera, destrozada por la censura, se estrenó en el Teatro Bolshói en presencia de Stalin. Las críticas publicadas en el periódico *Pravda* fueron tan demoledoras –se decía que la ópera daba una imagen falsa de la vida en los koljoses–, que Zhukovski, presionado o no, escribió una carta al dictador pidiéndole que le retirara el premio. Era la mayor deshonra posible para la comisión encargada de otorgar los galardones. Dos de sus miembros fueron destituidos. Jrénnikov se libró por poco.

De pronto, la situación política empeoró de manera drástica. El 8 de diciembre de 1948 llegó al Kremlin una carta de una tal Anna Begitsheva, cuya primera frase rezaba: «¡Camarada Stalin, nuestras artes están infestadas de enemigos!». Nadie sabía quién era esa mujer, por lo que todo apunta a que no existió y que la carta fue una triquiñuela de Stalin y sus secuaces para desatar una nueva ola de terror. Miles de ciudadanos soviéticos fueron detenidos, judíos la mayoría de ellos. Entre ellos había artistas, médicos y científicos, pero no compositores. Hay que reconocer que Jrénnikov fue llamado varias veces al orden para que iniciara la «lucha contra los judíos influyentes y los cosmopolitas», y no cabe la menor duda de que en esa ocasión logró proteger a sus colegas compositores.

Un buen ejemplo de ese tipo de acción de rescate es la del crítico musical Semión Schlifstein, que a finales de los años treinta había condenado duramente la ópera de Jrénnikov *En la tormenta* y después, él mismo, se había convertido en blanco de críticas. Pidió ayuda a Jrénnikov, que le consiguió un trabajo en Yakutia, lejos de Moscú. Se salvó por poco, porque, a los tres días de haberse marchado, el NKVD llamó a su puerta para detenerlo.

A comienzos de la década de 1950, Jrénnikov invitó a Betty Glan, antigua directora del Parque de la Cultura de Moscú, a formar parte del comité ejecutivo de la Unión de Compositores. Glan estaba casada con un comunista yugoslavo, que no estaba autorizado a vivir en Moscú a causa de la ruptura entre Stalin y Tito en 1948. Jrénnikov trató de conseguirle un permiso que facilitara su regreso a Moscú, pero sus esfuerzos resultaron inútiles. Peor aún, fue convocado por el director del Departamento de Artes del Comité Central, que le espetó en tono amenazante que no volviera a presentar semejantes solicitudes en el futuro. Así y todo, la amonestación no tuvo consecuencias. Como protegido de Stalin, que lo había elegido personalmente, Jrénnikov seguía siendo intocable.

Para aquel entonces, Jrénnikov se había visto afectado, además, por la campaña antisemita de Stalin, ya que su esposa, Klara Vaks, era judía. A diario encontraba en el buzón cartas anónimas conminatorias y caricaturas en las que aparecía colgado en la horca o sentado en la silla eléctrica. Esa clase de correo llegaba también al Comité Central, y denunciaba que Jrénnikov fuera un protegido judío de la Unión de Compositores o que estuviera bajo la influencia de judíos y sionistas. Los autores de esas cartas eran, en no pocos casos, amigos íntimos y colegas a los que Jrénnikov había recibido calurosamente en su casa y que aprovechaban la nueva situación para tratar de eliminarlo, como había ocurrido con frecuencia en tiempos del Gran Terror.

A consecuencia de esas amenazas, la salud de Jrénnikov comenzó a resentirse. Sufría de insomnio y apatía. Como los síntomas no remitían, fue ingresado en un sanatorio del Kremlin, bajo la supervisión del NKVD. Klara sólo podía ir a verlo una vez a la semana. Cuando se percató de que el insomnio le provocaba alucinaciones, lo secuestró y se lo llevó a casa donde ella misma se encargó de cuidarlo.

Para distraerse de las detenciones y farsas judiciales, Jrénnikov volvió a componer. En 1950, su ópera cómica *Frol Skobeiev* se estrenó en el Teatro Nemírovich-Dánchenko. Las balalaicas llevaban la voz cantante en esta obra sobre los amoríos de un noble del siglo XVII. La crítica reaccionó con indulgencia, aunque más de uno se mostró en desacuerdo con el lirismo y la temática burguesa. Por consiguiente, en virtud del reglamento de 1946 del Comité Central «Sobre el repertorio del drama y las medidas que deben adoptarse para mejorarlo», se tomó la decisión de prohibir nuevas representaciones.

Incluso la Unión de Compositores del propio Jrénnikov y los conservatorios de música emitieron un veredicto negativo sobre la ópera. A juicio de sus detractores, *Frol Skobeiev* era un producto de la «decadencia de la burguesía» y se doblegaba a los «gustos banales» del público. Una crítica más y el secretario general podría pasar a engrosar las filas de los formalistas y cosmopolitas condenados...

No obstante, Jrénnikov escribió una carta a Stalin. Explicó al gran líder que en su ópera había plasmado el colorido nacional ruso, concretamente en el fuerte carácter del héroe protagonista. En definitiva, Frol Skobeiev era el modelo del nuevo hombre soviético.

Stalin se mostró receptivo a este último argumento. Llamó al presidente del Comité de Asuntos Artísticos, Polikarp Lebedev, y le preguntó en tono rotundo si acaso pretendía que los boyardos de la ópera de

Jrénnikov fueran comunistas y cantaran canciones contemporáneas. Después de esta reunión, *Frol Skobeiev* volvió a representarse.

Jrénnikov fue uno de los pocos que logró sortear los decretos ideológicos del Kremlin, mientras que muchos colegas con más talento que él sufrían bajo su yugo. En cualquier caso, debió reparar en que había tenido suerte, porque en los años siguientes al estreno de *Frol Skobeiev* mantuvo un perfil bajo y se dedicó casi en exclusiva a la Unión de Compositores. Si componía algo, era música para el cine.

Pese a todo, a veces el secretario general de la Unión de Compositores también mostró su lado represivo; por ejemplo, a mediados de mayo de 1951, cuando se estrenaron en dos veladas consecutivas los *24 preludios y fugas para piano* de Shostakóvich en la sala de recitales del edificio de la Unión de Compositores en la calle Miuski. Entre el público, que no se quitaba de la cabeza el ataque contra el formalismo, se respiraba un ambiente tenso. ¿Qué iba a suceder? ¿Qué críticas iba a despertar la interpretación de Shostakóvich?

A una de las veladas asistió la escritora Liubov Rudneva, que más tarde entablaría amistad con Shostakóvich. Gracias a ella contamos con un testimonio presencial.

Rudneva describe con detalle que, tras su actuación, Shostakóvich tenía un aspecto cansado y frágil. La sala estaba llena de jóvenes compositores que lo admiraban con devoción y recibían toda nueva obra suya como un acontecimiento histórico. Entre el público también se encontraban las pianistas Mariya Yúdina y Tatiana Nikoláievna. Las primeras filas de la sala las ocupaban los colegas de Shostakóvich, que tenían el poder de perseguir a cualquiera. En su relato, Rudneva los califica de burócratas musicales envidiosos y sin talento, ávidos por darles una lección a sus colegas. Durante la interpretación de Shostakóvich vio cómo sacudían la cabeza, mientras iban anotando sus comentarios, dándose importancia.

Shostakóvich explicó tranquilamente a su público lo que pretendía con su nueva obra. Un año antes, en la conmemoración del bicentenario de la muerte de Bach en Leipzig, había escuchado tanta música hermosa que se propuso componer una obra inspirada en el compositor alemán. Antes de viajar a Leipzig había estudiado a Rimski-Kórsakov, que compuso sesenta fugas para ejercitarse en el arte de la polifonía. Tenía, además, constancia de que Chaikovski también llegó a escribir una serie de preludios y fugas para mejorar su técnica compositiva. Y como para el músico, la composición era siempre tan laboriosa, decidió hacer algo parecido. Sin embargo, conforme iba componiendo, se percató de que su labor rebasaba los límites del ejercicio puramente técnico y que, de hecho, el aspecto técnico era lo que menos interés le suscitaba.

Su explicación causó malestar entre los oyentes de las primeras filas. Manifiestamente incómodos, empezaron a cuchichear entre ellos y a buscar a tientas sus papeles. Después de que Shostakóvich aclarara que no consideraba sus preludios y fugas un ciclo en sí mismo, sino que podían interpretarse en grupos de tres o cuatro, sus críticos arremetieron contra él. Lo acusaron de quebrantar la «realidad» y de no reflejar la música de sus contemporáneos. En calidad de expertos musicales habían detectado tendencias formalistas en algunas de las fugas, que relacionaron, de inmediato, con anteriores «pecados capitales» del compositor.

Hubo más críticas. Israel Nestiev, miembro del Comité Central y posterior biógrafo de Prokófiev, y Jrénnikov actuaron como auténticos demagogos. En 1954, surgió un debate similar en torno a la *Sinfonía n.º 10* de Shostakóvich. Jrénnikov la tildaría de reflejo musical nada convincente de la vida en la Unión Soviética. Cuando llegó el momento de conceder los Premios Stalin de ese año, se opuso a que se premiara la obra. Sin embargo, apoyó la nominación de la cantata patriótica *El sol brilla sobre nuestra patria*, también de Shostakóvich. Una vez más hizo de halcón.

¿Cómo se tomó Shostakóvich ese vaivén de elogios y menosprecios? No lo sabemos. Tal vez se sentía atrapado en una tragicomedia permanente y se resignaba a aceptar lo que los demás decidían sobre él. Cuando se afilió al Partido Comunista en 1960 y fue nombrado primer secretario de la Unión de Compositores de la República Socialista Soviética de Rusia, desempeñó ese papel de forma aún más convincente. Difícilmente podría haber un miembro del Partido más ejemplar y obediente que él. Participaba en casi todas las reuniones del Soviet Supremo y no se saltaba ninguna sesión plenaria del Partido ni ningún acto político. Él mismo se disculparía más tarde por ese fanatismo, que describió como «tortura del aburrimiento». Se había convertido en un títere del Partido y aplaudía siempre que lo hacían los demás.

Liubov Rudneva recuerda que Shostakóvich incluso recibió con un aplauso entusiasta un discurso pronunciado por Jrénnikov en el que hizo comentarios despectivos sobre él. Cuando ella más tarde le preguntó por qué había aplaudido, Shostakóvich le respondió que ni siquiera se había dado cuenta de que lo estaban criticando. Otro ejemplo de este cumplimiento forzado fue cuando, a principios de la década de 1970, firmó junto a Jrénnikov, Kabalevski, Jachaturián y Svíridov una carta abierta en *Pravda*, en la que se desacreditaba al físico nuclear y activista de los derechos humanos Andréi Sájarov. En realidad, simpatizaba con el científico disidente; del mismo modo, firmó una carta de difamación colectiva contra el escritor Aleksandr Solzhenitsin, por el que sentía una profunda admiración.

Tras la muerte de Prokófiev, el 5 de marzo de 1953, Jrénnikov, en su calidad de secretario general de la Unión de Compositores, quiso que se publicara una necrológica del compositor en los periódicos, pero no logró su propósito, por estar todo el espacio reservado a los himnos al Padre de los Pueblos, Iósif Stalin, fallecido en esa misma fecha.

Cinco días después, los dirigentes de la Unión de Compositores se reunieron para hablar de la memoria de Prokófiev, el compositor cuyo trabajo habían boicoteado durante tanto tiempo. Decidieron colocar una placa conmemorativa en la fachada de su casa, en la calle del Teatro del Arte, publicar su obra completa en treinta volúmenes, asignar una pensión a su viuda, celebrar conciertos conmemorativos y colocar dos bustos suyos, uno en el Conservatorio de Moscú y otro en el de Leningrado.

Stalin había muerto. Por fin, todo el mundo podía volver a respirar más o menos libremente y nadie tenía que temer ya por su vida. Este clima permitió a Jrénnikov retomar la composición de una obra importante: una ópera basada en la novela *La madre* de Maksim Gorki. El estreno tuvo lugar el 26 de octubre de 1957.

Durante una de las representaciones, Jrénnikov fue convocado en el palco de Jrushchov. El líder soviético se deshizo en elogios hacia su ópera y alabó el carácter lírico y heroico de la música. Roto el hielo, Jrénnikov se atrevió a sugerir que quizá el Comité Central pudiera retirar la resolución de 1948 sobre el formalismo. Jrushchov le respondió que el Comité Central nunca haría eso. Sin embargo, en 1958 se adoptó una nueva resolución que enmendó los aspectos negativos de su predecesora de 1948. De ese modo, los compositores que habían sido acusados de formalismo quedaron rehabilitados. Después de eso, la escena musical soviética parecía encaminarse hacia una nueva era de esplendor.

Sin embargo, como suele ocurrir en la historia rusa, las cosas fueron de otro modo. Mientras que en 1948 Jrénnikov era un vasallo fiel de Andréi Zhdánov, guardián de la cultura en nombre de Stalin, bajo el mandato de Jrushchov secundaba con mucha cautela el incipiente deshielo cultural. Una vez más se vio obligado a tantear las posibilidades. Por si acaso. Como siempre, trató de complacer al máximo a los mandatarios. A raíz del discurso secreto pronunciado por Jrushchov en el Vigésimo Congreso del Partido, en febrero de 1956, en el que se criticaron por primera vez los crímenes de Stalin y el culto a su persona, se desencadenó, en la revista *Sovietskaia muzika*, un conflicto entre conservadores y liberales sobre el futuro de la música. Aunque parecía soplar un viento liberal, ni los compositores ni los críticos tenían claro qué rumbo iba a tomar la política musical.

La respuesta llegó durante el Segundo Congreso de la Unión de Compositores, que se inició el 28 de marzo de 1957. Jrénnikov pronunció el discurso inaugural. Comparado con sus palabras militantes de 1948, su tono era moderado, si bien seguía desplegando las mismas opiniones ultraconservadoras. Tras el devastador huracán del estalinismo, se había propuesto resucitar el verdadero realismo socialista en la música. En su opinión, no había lugar para la liberalización de los conceptos artísticos. Más bien se trataba de retomar las nociones musicales de los años treinta, época de madurez del realismo socialista, que sin embargo debía ser despojado del pernicioso culto a la personalidad de Stalin. Según Jrénnikov, los críticos extranjeros, que consideraban ese culto como una secuela del realismo socialista, sólo pretendían incitar a los artistas a enfrentarse al Partido Comunista y al rumbo artístico marcado por él.

Con su discurso, Jrénnikov frustró las esperanzas de muchos compositores. El espíritu represivo de Zhdánov no había desaparecido en absoluto, aunque sus ideas se aplicaran con mayor flexibilidad.

De la negativa de Jrénnikov a abrir la puerta a la innovación puede deducirse que sus opiniones sobre la esencia de la música soviética eran sinceras, aun cuando su lealtad a ultranza a las directrices del Partido Comunista resultara nefasta para la vida cultural. Este planteamiento se vio confirmado el 3 de abril de 1957. Ese día, Dmitri Shepílov, ideólogo del Partido y miembro del Comité Central, impartió una conferencia en el Congreso de la Unión de Compositores en la que tranquilizaba a los conservadores al tiempo que daba esperanzas a los liberales. El oportunista Shepílov, mano derecha de Zhdánov en la condena de Shostakóvich y Prokófiev en 1948 y colaborador del discurso secreto de Jrushchov sobre los excesos de Stalin en 1956, coincidió con Jrénnikov en que el realismo socialista debía mantenerse, al no existir método más progresista en el ámbito de la música. También dijo, amparándose en las ideas de Lenin sobre la necesidad de adoptar una actitud flexible hacia las artes y los artistas, que el cumplimiento desinteresado y sincero del deber patriótico por parte de los «trabajadores de la cultura» no podía verse entorpecido por órdenes gubernamentales e interferencias mezquinas.

Si bien adoptó un tono más liberal que Jrénnikov, Shepílov dejó claro que la política artística continuaba siendo responsabilidad del Partido Comunista y del Gobierno. Esa labor de supervisión era imprescindible para crear unas condiciones materiales que contribuyeran al esplendor de las artes. A continuación, Shepílov recordó la condena de Shostakóvich y otros compositores que fueron acusados de formalismo en el Primer Congreso de la Unión de Compositores de 1948. La consigna no había variado: se aspiraba a una música sencilla y accesible, cercana al pueblo, rica en ideas y emociones, inspiradora, representativa de la nueva era, melodiosa y artísticamente perfecta.

Las directrices trazadas por Shepílov eran tan similares a las de 1948 que parecía que se las estuviera dictando Zhdánov desde la tumba. El único punto positivo fue que las decisiones tomadas por el Partido siempre podrían ser modificadas y que, a pesar de los errores ideológicos cometidos por importantes compositores soviéticos, su contribución al desarrollo de la cultura musical soviética era innegable.

Con esas palabras tan alentadoras, que aparentemente confirmaban la existencia de dos facciones dentro de la Unión de Compositores, una conservadora y otra liberal, Shepílov alimentó la esperanza de compositores como Shostakóvich. De hecho, en su intervención, si bien no abogó por concesiones especiales, sí defendió la posibilidad de que los compositores debatieran entre ellos sin cortapisas. Tras recibir un fervoroso aplauso añadió que la secretaría de la Unión de Compositores, léase Jrénnikov, había dificultado el debate libre en lugar de fomentarlo.

La flexibilidad del Partido Comunista, proclamada por Shepílov, condujo a la liberalización del mundo de la música. La lucha contra el formalismo parecía ya ser cosa del pasado. En 1956, cuando Jrénnikov volvió a criticar los preludios de Shostakóvich durante su discurso en el Segundo Congreso de la Unión de Compositores, incluso lo abroncaron. El hecho de que en ese congreso se interpretaran tres obras de Shostakóvich, la *Sinfonía n.º 5*, la *Sinfonía n.º 10* y el *Primer concierto para violín*, estaba en la línea de la nueva política musical.

De pronto era posible un debate abierto, como demostraba un artículo publicado en *Sovietskaia muzika* en el que se reprobaban los planteamientos más rígidos del discurso de apertura de Shepílov. Al parecer, los conservadores estaban dejando atrás sus mejores días. En junio de 1957, Shepílov fue expulsado del Comité Central por haber participado en un intento de derrocar al reformista Jrushchov. A partir de ese momento, la sensación de libertad artística no hizo más que ganar impulso.

A pesar del deshielo cultural que se instauró bajo su mandato, la postura de Jrushchov con respecto a la innovación no era en absoluto liberal. El Partido y el Estado seguían siendo todopoderosos. Sin embargo, se produjo un cambio en la actitud hacia el exterior. Aunque el Premio Stalin, rebautizado como Premio Lenin, siguió existiendo, se puso fin a la desacreditación de la cultura occidental y, en 1958, se restablecieron las relaciones culturales con Occidente. Además, se volvieron a editar y a interpretar las obras de escritores y compositores denostados en los años veinte y treinta.

Jrushchov comprendió, como ningún otro miembro de la élite política soviética, que necesitaba el apoyo de la *intelligentsia* para mantener su posición frente a sus oponentes conservadores. Por eso, hizo lo posible para ponerlos de su parte. En febrero de 1958, ofreció una recepción en honor de la *intelligentsia* soviética en el gran palacio del Kremlin. Los altos dignatarios tomaron la palabra uno tras otro. El propio Jrushchov se dirigió a los científicos y los escritores; Bulganin brindó por los cineastas; Mikoián se ocupó de los actores y los directores de teatro; Piotr Pospélov, un funcionario menor del Comité Central, elogió a los músicos por sus muchas composiciones nuevas que reflejaban los ideales heroicos de la revolución proletaria.

En nombre de sus colegas, Shostakóvich dijo que nunca antes en la historia de la música se habían dado unas condiciones tan extraordinariamente favorables para el desarrollo del talento de un compositor como en la Unión Soviética. A continuación, brindó por el Partido Comunista, su Comité Central leninista, el Gobierno y el pueblo soviético.

Shostakóvich sabía muy bien cómo complacer a las autoridades. Un año antes había terminado su *Sinfonía n.º 11* en conmemoración del cuarenta aniversario de la Revolución de Octubre. La obra, con el subtítulo *El año 1905*, era un dechado de realismo socialista y, como tal, cumplía el sueño del gran arte socialista. En ese sentido, Shostakóvich se parecía a Tijon Jrénnikov.

Ahora bien, hay algo más. Probablemente, Shostakóvich no habló por iniciativa propia, sino que, más bien, su discurso le fue impuesto por las autoridades. Como víctima más destacada de las políticas gubernamentales de 1936 y 1948, su orquestada actuación en el Kremlin había de simbolizar la reconciliación entre el Partido y los compositores que habían sido acusados de formalismo en el pasado.

El 28 de mayo de 1958, el Comité Central adoptó una resolución titulada «Sobre la rectificación de los errores cometidos en la evaluación de las óperas *La gran amistad*, *Bogdán Jmelnitski* y *Desde el fondo de mi corazón*». De un día para otro se levantó la censura que Zhdánov había impuesto a estas óperas de Murdeli, Dánkevich y Zhukovski, respectivamente. Al mismo tiempo, la resolución anuló las acusaciones de formalismo contra compositores como Shostakóvich, Jachaturián, Shebalín, Miaskovski y Prokófiev, independientemente de sus ocasionales «tendencias erróneas».

Curiosamente, Stalin no salió mal parado en la nueva resolución. No le echaron la culpa al gran líder, sino a Mólotov, Malenkov y Beria, a los que se les acusó de haber ejercido una mala influencia sobre él, pues le instigaron a adoptar una «actitud subjetiva» hacia ciertas obras de arte. Zhdánov, el instigador de las purgas de 1948, también se salvó, por lo que la resolución de 1948 no quedó anulada. Al contrario, el Comité Central parecía subrayar con la nueva resolución que, en conjunto, las decisiones tomadas en 1948 habían desempeñado un papel positivo en el desarrollo de la música soviética.

No está claro cuál fue el papel de Jrénnikov en la redacción del nuevo texto, aunque el mero hecho de que la resolución consolidara su posición podría indicar que este fue determinante.

También resulta llamativo que la nueva resolución sólo afectara a la vida musical y no a las demás artes, que habrían sufrido durante mucho tiempo las restricciones impuestas por Stalin. Otro logro del siempre diplomático Jrénnikov.

El deshielo cultural iniciado bajo el mandato de Jrushchov hizo posible que muchos artistas soviéticos viajaran al extranjero. Los compositores e intérpretes musicales demostraron ser los mejores embajadores que el régimen podía desear. En septiembre de 1958, Jrénnikov realizó su primer viaje al extranjero, a la Exposición Universal de Bruselas. Un año más tarde visitó Estados Unidos en compañía de músicos soviéticos de la talla de Shostakóvich, Kabalevskí, Dánkevich, Rostropóvich y su esposa Galina Vishnévskaia. En territorio estadounidense entabló amistad con Samuel Barber, un compositor cuya música tenía muy poco que ver con la suya. Para él, el viaje fue un éxito personal, ya que su *Sinfonía n.º 1* se interpretó en Filadelfia, Boston y Nueva York.

La complicada diplomacia de ser un compositor soviético quedó de manifiesto en una de las ruedas de prensa en la que se le preguntó a Shostakóvich cómo podía sentarse a la misma mesa que Jrénnikov, después de las duras críticas que recibió por parte de él en 1948. Shostakóvich, de aspecto siempre impasible debido a sus gafas de gruesos cristales, respondió, como si fuese la cosa más normal del mundo, que Jrénnikov, en efecto, lo había criticado, pero que a su vez él también había criticado a su crítico, lo que, según dijo, era muy habitual en el seno de la Unión de Compositores. En ese sentido, se refirió al Partido Comunista como la fuerza más progresista de la humanidad. Estaba claro que no tenía la menor intención de convertirse en un disidente.

Shostakóvich tenía que andarse con cuidado. En la década de 1960, la facción conservadora de la Unión de Compositores fue adquiriendo cada vez más poder. En su calidad de primer secretario de la Unión de Compositores de la República Socialista Soviética de Rusia, Shostakóvich pidió a los miembros que votaran a Jrénnikov, que hablaba muy bien de él en esos días, como si el propio Shostakóvich combatiera contra el formalismo...

En 1961 Jrénnikov realizó otro viaje a Estados Unidos. En esa ocasión visitó la costa oeste, donde conoció a Stravinski. Invitó al renombrado compositor a celebrar su ochenta cumpleaños –el 17 de junio– en la Unión Soviética. Ese día Stravinski, que detestaba el comunismo, iba a ser recibido por el presidente Kennedy en la Casa Blanca, así que declinó la invitación. Sin embargo, prometió desplazarse a su tierra natal en otoño de ese mismo año.

En cuanto Stravinski bajó del avión en Moscú, fue recibido como un héroe. Las entradas para sus conciertos en Moscú y Leningrado se agotaron. Todo gracias a Jrénnikov.

Durante ese periodo, Jrénnikov trabajó incansablemente para ayudar a los necesitados de la organización y sus familias. A finales de los años cincuenta, por ejemplo, ayudó a la primera esposa de Prokófiev, Lina, a conseguir una vivienda y una pensión después de que regresara del gulag y fuera rehabilitada. En 1974 se valió de su cargo para pedirle al jefe de la KGB, Yuri Andrópov, que le permitiera emigrar a Inglaterra, donde su hijo Oleg vivía desde hacía unos años.

En esa misma época apoyó también a Shostakóvich. En junio de 1961 sugirió al Comité Central que una nueva prohibición de *Lady Macbeth de Mtsensk* supondría un serio revés para el compositor. La Unión de Compositores decidió volver a escuchar la versión revisada de la ópera. Como Shostakóvich ya no se hallaba en condiciones de tocar la exigente partitura para piano, se lo pidió a su amigo Moiséi Vainberg. Después de interpretar la obra en su totalidad, Vainberg se marchó, sin esperar la deliberación. Dos horas más tarde, Shostakóvich llamó a la puerta de la casa de su amigo para comunicarle la magnífica noticia de que se había levantado la prohibición.

En 1979, la publicación de *Testimonio* de Solomon Volkov perturbó la cómoda existencia de Jrénnikov. A pesar de la virulencia de las acusaciones lanzadas contra él, Jrénnikov no respondió, por considerarlo indigno de su persona y de su cargo. Aun así, debió de dolerle que ninguno de sus amigos lo defendiera ni verificara las acusaciones.

Hubo que esperar a 2012 para que se aportara información sobre la veracidad del libro de Volkov. Ese año, el pianista Yevgueni Kisin, en su día protegido de Jrénnikov, compartió sus hallazgos sobre *Testimonio* en internet. Y el libro no salió bien parado.

La principal crítica de Kisin es que Shostakóvich no fue testigo presencial de ninguno de los cargos que imputa a Jrénnikov en sus memorias. Por ejemplo, se dice que Jrénnikov firmó una lista de compositores que debían ser arrestados, lista que en realidad nunca existió. Así, la lista de compositores susceptibles de detención que Jrénnikov firmó supuestamente como secretario general de la Unión de Compositores nunca existió.

Kisin también investigó el destino de los músicos Zhiliaev, Popov, Vigodski, Pshibishevski, Grachev y Delson que, según *Testimonio*, fueron perseguidos por orden del secretario general de la Unión de Compositores. Todos fueron víctimas de la represión en los años treinta, mucho antes de que Jrénnikov se pusiera al frente de la organización.

Luego está la carta crítica que Shostakóvich escribió a Jrénnikov en 1939 a propósito de su ópera *En la tormenta*, tres meses antes del estreno. Consideraba que la obra de Jrénnikov era una mala imitación de *El Don apacible*, la «intranscendente» ópera de Dzerzhinski. Además, encajaba en la coyuntura oficial y la música era insulsa y carecía de interés. Se dice en *Testimonio* que Jrénnikov rompió la carta de pura rabia, junto con el retrato de Shostakóvich que estaba en su escritorio, mientras que Shostakóvich creía que él actuaba según la tradición de la escuela rusa, en la que los compositores se criticaban unos a otros sin por ello tener que sentirse ofendidos.

Esta acusación también resulta ser falsa, aunque sólo sea porque Shostakóvich no estuvo presente cuando Jrénnikov recibió la carta en su despacho. Además, la carta se conserva en perfecto estado y forma parte del legado de este.

Lo mismo ocurre con la respuesta de Jrénnikov, en la que asegura a Shostakóvich no sentirse ofendido en absoluto por la crítica, al tiempo que dice que no comprende a qué viene ese tono irrespetuoso. Al fin y al cabo, su ópera aún no estaba terminada. Y hasta que no le pusiera punto final, le parecía innecesario juzgarla con tanta dureza.

Pero Kisin se adentra en un terreno resbaladizo cuando pone en duda la afirmación de Shostakóvich de que Jrénnikov y sus compinches contribuyeron activamente a su defenestración. Si bien es cierto que Jrénnikov, como presidente del comité encargado de conceder los Premios Stalin, galardonó a Shostakóvich en dos ocasiones, en 1950 y en 1951, no puede negarse que a ningún otro compositor se le acosó tanto en vida como a Shostakóvich. Para destruirlo se activó la maquinaria propagandística del Estado, y el responsable de esa propaganda era Jrénnikov. Debido a su fama, Shostakóvich estaba más expuesto al riesgo de ser detenido que el ciudadano soviético de a pie. Sobre su temor a las autoridades soviéticas llegó a comentar a su amigo Lev Lebedinski: «Las temeré hasta el día de mi muerte. No lo sabes todo sobre mí. Desde pequeño llevo haciendo cosas que no quiero hacer. Soy un borracho lamentable. Siempre me he prostituido y seguiré prostituyéndome hasta el final».

A comienzos de los años cincuenta, Jrénnikov fundó una nueva revista de música contemporánea para el gran público y subvencionó varios teatros. En esa misma época ayudó a Natalia Sats, que había pasado quince años en el gulag y el exilio, a crear un nuevo teatro infantil en

Moscú. Además, consiguió que volvieran a representarse las óperas de Prokófiev *Guerra y paz*, *Semión Kotko* y *El jugador*, que se habían prohibido bajo el régimen de Stalin, y apoyó a jóvenes talentos como Vadim Repin, Yevgueni Kisin y Maksim Venguérov. Se convirtió en el mecenas de la escena musical soviética. Era tan poderoso que debió de creerse un semidiós. Sin embargo, a mediados de la década de 1980, durante la perestroika y la glásnost del nuevo líder del Partido, Mijaíl Gorbachov, las tornas cambiaron, y el poder absoluto de Jrénnikov era ya cosa del pasado.

En febrero de 1987, el compositor Vladímir Dashkevich arremetió contra él en un artículo titulado «Cada vez más suave, y más suave, y más suave» que publicó en el periódico gubernamental *Izvestia*. Le inculpaba de todo lo negativo de la vida musical soviética de los últimos cuarenta años. Incluso se le culpó de la resolución del Comité Central de 1948.

Un año después, en mayo de 1988, se publicó un artículo similar en la revista *Sovietskaia kultura* (Cultura soviética) de la pianista Vera Gornostaieva, que tenía fama de intrigante. El titular rezaba: «¿A quién pertenece el arte?».

Jrénnikov, que seguía convencido de que su poder y su influencia eran inagotables, no se quedó de brazos cruzados y pasó a la contraofensiva. Alegó que, para empezar, la culpa no la tenía él, sino Stalin y Zhdánov. Fueron ellos quienes iniciaron una campaña política contra destacados músicos soviéticos. Además, en su opinión, la temible resolución había sido revocada gracias a él y también gracias a él ningún miembro de la Unión de Compositores había caído víctima de la represión de Stalin. Por último, era una estupidez acusarlo de estalinismo, puesto que su propio padre y dos de sus hermanos fueron detenidos y perseguidos bajo el régimen de Stalin.

Piotr Merkúlov, colaborador de la Unión de Compositores y nieto del director de teatro Vsévolod Meyerhold, ejecutado por orden de Stalin en 1940, salió en defensa de Jrénnikov y acusó a Gornostaieva de embustera en una extensa carta abierta. Arguyó que, en 1948, Jrénnikov había leído la resolución del Comité Central no a título personal, sino como representante de la junta directiva. ¿Y qué opinión le merecía a Gornostaieva el hecho de que Jrénnikov, a pesar de la condena de Prokófiev, intentara ayudar en lo posible a la primera esposa, Lina, y a los dos hijos del compositor? Además, según Merkúlov, la acusación de que Jrénnikov se opusiera a la vanguardia no era cierta. En todas partes se celebraban conciertos y festivales vanguardistas. Se trataba más bien de un compromiso alcanzado con las autoridades. Como mucho, se podría decir que en la Unión Soviética siempre hacía falta un enemigo de clase manifiesto contra el que se pudiera luchar oficialmente, y que ese enemigo era la vanguardia. Según Merkúlov, el hecho de que artistas como Gubaidúlina, Schnittke o Denisova pudieran interpretar su música fue precisamente gracias a Jrénnikov.

Al igual que Yascha Nemtsov, Vsévolod Zaderatski, hijo del compositor perseguido bajo el régimen de Stalin, también se muestra benévolo con Jrénnikov, que lo trajo a Moscú en 1980 desde Kiev, donde era director del conservatorio, para que lo nombraran profesor del conservatorio de Moscú. «Se pasó la vida navegando entre Escila y Caribdis», me comentó una tarde de febrero de 2020 en el prohibitivo café moscovita situado junto al edificio del conservatorio, de cuyas ventanas llega música de piano. «Tengo muy claro que ayudó a mi padre para que su música pudiera ser interpretada en el cine, cuando sus obras estaban prohibidas en todas partes».

Mi amigo el violista, Mijaíl Zemtsov, se expresa en ese mismo sentido: «En el Conservatorio de Moscú fui a clase de composición con Jrénnikov –me contó–. Aunque no coincidí mucho con él, porque solía delegar en sus asistentes, era un hombre muy agradable. He oído decir a menudo que si otra persona hubiera llevado el timón de la Unión de Compositores habría habido muchas más víctimas».

Tampoco Dmitri Ferschtman quiere oír una mala palabra sobre él. «Me ayudó a conseguir una casa –dice–. Y además de ser un hombre afable, era un buen compositor. Su música para *Svinarka i pastukh* es brillante».

Juzgar a Jrénnikov no es, por lo tanto, tan sencillo como pudiera parecer. Y menos si se tiene en cuenta que, tras la desintegración de la Unión Soviética en 1991, su cargo como secretario general de la Unión Central de Compositores perdió su razón de ser. En la nueva Rusia ya no interesaba a nadie. Cayó en el olvido, como si él y su política musical jamás hubieran existido.

Ese muro de silencio duró tres años, hasta su ochenta cumpleaños. Parecía como si su vejez hubiera suavizado la opinión de la gente, y se organizó una gala en su honor con cantantes populares como Iósif Kobzón y el director de orquesta Valeri Guérguiyev. Guérguiyev, en particular, afirmó que le debía mucho a Jrénnikov. El anciano músico le aconsejó que ofreciera sobre todo conciertos en Rusia para hacer gala de su patriotismo. En la actualidad, Guérguiyev goza de fama internacional, aunque el régimen de Vladímir Putin lo utiliza regularmente con fines propagandísticos, como en Osetia del Norte, anexionada *de facto* por Rusia en 2008 durante la guerra con Georgia, o durante la campaña militar rusa en Siria.

Los occidentales se mostraban menos comprensivos con Jrénnikov. En todas partes se le consideraba un representante de la dictadura soviética y muchos no estaban dispuestos a perdonar su pasado. Ni siquiera tomaron en consideración los aspectos positivos del trabajo que realizó en el seno de la Unión de Compositores.

Eso quedó patente el 3 de octubre de 1995, cuando se estrenó su ballet *Napoleón Bonaparte* en el Palacio de Congresos del Kremlin. A raíz del estreno, *The New York Times* publicó un artículo sobre Jrénnikov, titulado: «El músico estalinista vuelve a ser una estrella en el Kremlin». El texto no decía ni una sola palabra buena de él. Tampoco aludía a su música, por lo que cabe preguntarse si el periodista vio realmente el ballet. Aunque la obra fue un éxito tanto en Rusia como en Asia, Europa y Sudamérica, Jrénnikov nunca se libraría de su mancillada reputación.

Jrénnikov falleció de un infarto en 2007, seis años después que su esposa Klara. Tenía noventa y cuatro años y había estado al frente de la Unión de Compositores durante casi cuatro décadas. En los últimos momentos de su vida le dijo a su hija: «Natasha, este es el final. Entiérrame en Yélets». Quería regresar a su ciudad natal, a su familia, al mundo del que había surgido, no sólo como músico de talento, sino también como el funcionario soviético más importante del ámbito de la música, que había hecho lo posible por ayudar a la gente.

Jrénnikov siempre será una figura controvertida en la historia de la música. Sobre todo a causa del eco que tuvo el *Testimonio* de Shostakóvich y la credibilidad de la que goza todavía hoy. En cualquier caso, aun cuando la crítica de Yevgueni Kisin desmerece hasta cierto punto el libro, no se puede negar que Jrénnikov, como máximo representante de la Unión de Compositores, humilló a no pocos compositores en público y trató de lavar su imagen tras la muerte de Stalin restando importancia a su dudoso papel en la tristemente famosa resolución del Comité Central de 1948. Hasta el último aliento de vida de Stalin, Jrénnikov acató fielmente las órdenes del gran líder. Nunca sabremos si lo hizo por vanidad, por ambición y codicia, por convicción y deseo de servir a los intereses de la nueva música soviética, o simplemente por miedo, entre otras razones porque no hemos vivido su vida.

10

Solidaridad con los disidentes

A finales de marzo de 2012, el Festival Rostropóvich estaba en pleno apogeo. En honor del violonchelista de renombre internacional, fallecido cinco años antes, Moscú se llena durante un mes de músicos que llegan de todas partes del mundo. Prácticamente todas las grandes salas de conciertos de la capital rusa participan de los festejos.

Esta mañana se ha inaugurado una estatua de Mstislav Rostropóvich en la plazoleta de la calle Briúsov, justo enfrente del majestuoso edificio de apartamentos donde el músico vivía con su esposa y sus dos hijas. Es obra de Aleksandr Rukavishnikov e Ígor Voskresenski, por encargo del Ministerio de Cultura y el Ayuntamiento de Moscú.

La estatua, realizada en piedra, es de mayor tamaño que el hombre al que representa. Sentado en una silla, Rostropóvich toca el violonchelo, la cabeza inclinada sobre el instrumento. Su rostro póstumo está más arrugado de como yo lo recordaba, y su mandíbula es más prominente. Pese a que no es un parecido demasiado exacto, los cambios no le desfavorecen. Si algo tenía Rostropóvich era fuerza de voluntad, más que ningún otro prestigioso músico de la Unión Soviética. A la hora de la verdad, estaba dispuesto a enfrentarse a cualquiera que se atreviera a desafiarle a él y a sus principios. Estaba tan convencido de su causa que no temía a las autoridades.

En el pedestal de granito leo las notas del *Concierto para violonchelo, opus 107*, que Prokófiev compuso especialmente para él.

Desde que se inauguró el monumento, los rusos de más edad acuden a depositar flores sobre la piedra plana amarilla que sobresale de la base y lleva grabado el nombre del violonchelista. Las flores, rosas o claveles, se colocan de dos en dos, siempre por números pares, porque en Rusia un número par es un homenaje al difunto. Algunos se persignan, otros le susurran algo al gigante de piedra. De vez en cuando capto la palabra *spasibo*, «gracias».

La velada inaugural del festival tiene lugar en el Conservatorio de Moscú con la ópera *Lady Macbeth de Mtsensk*, de Shostakóvich, en versión de concierto. Olga, una de las dos hijas de Rostropóvich, se dirige al público. Ella también es violonchelista, pero en su discurso de bienvenida dice que no se atreve a tocar aquí, delante de una foto inmensa de su padre y de su madre, la soprano Galina Vishnévskaia, presente en la sala. Nadie puede competir contra dos celebridades internacionales de ese calibre. En ese momento, Olga aún no sabe que, mientras ella pronuncia esas palabras, están robando en el piso moscovita de la familia en la calle Briúsov.

Conocí a Rostropóvich cuando, de niño, descubrí la música clásica. A principios de los años setenta, mi madre compró un equipo de música de la marca Philips. De repente, los discos que habíamos reproducido durante años en nuestro viejo gramófono sonaban como en una sala de conciertos. Uno de esos LP incluía el *Doble concierto de Brahms*, interpretado por David Oistrakh, Mstislav Rostropóvich y la Orquesta de Cleveland, bajo la batuta del director estadounidense de origen húngaro George Szell. La grabación, de 1970, había sido galardonada con un Edison Classical Music Award. De repente, mientras tonteaba con el control de volumen del nuevo aparato me dejé llevar por la pasión musical, la serena ternura y la fuerza impulsora de la interpretación de ambos solistas. Brahms en estado puro.

En la carátula morada del disco, que aún conservo, los tres músicos aparecen visiblemente contentos delante del edificio donde se grabó el concierto. A Oistrakh se le ve muy satisfecho, mientras que Rostropóvich se ríe a carcajadas. Aparte de la música, su mayor virtud era el humor, como más tarde pude constatar personalmente al asistir a sus interpretaciones.

El mismo año de la grabación de Brahms, Rostropóvich y su esposa apoyaron al escritor disidente Alexander Solzhenitsin, y las autoridades tomaron represalias contra ellos. Los dos músicos llevaban tres años sin poder actuar en el extranjero ni tampoco en Moscú o Leningrado. En 1974, Rostropóvich, en respuesta a esa humillación, se despidió de su adorado público natal y abandonó la Unión Soviética. Estaba realmente harto del acoso de las autoridades soviéticas. Dos meses después le siguieron su esposa y sus hijas. Un año más tarde, en respuesta a su «deserción», se les privó de la ciudadanía soviética. Ese era el modo que tenía el régimen comunista de contraatacar a los llamados «traidores».

Rostropóvich, de cuarenta y siete años, estaba en la cima de su carrera musical. Y si alguien había rejuvenecido el repertorio para violonchelo, ese había sido él. Y tocaba siempre de memoria.

Mstislav Rostropóvich nació el 17 de marzo de 1927 en Bakú, capital de la república soviética de Azerbaiyán. Su padre, Leopold Rostropóvich, era un brillante violonchelista que había estudiado con Pau Casals en París. Su madre, la pianista Sofiya Fedotova, procedía de una familia de músicos judíos de Oremburgo. Al principio, la pareja vivía en la ciudad de Sarátov, a orillas del Volga, donde en 1925 nació su hija Verónika. Sin embargo, cuando Leopold encontró trabajo en el Conservatorio de Bakú, se trasladó con su esposa y su hija al Cáucaso.

En aquellos días, la vida en la Unión Soviética era dura. La escasez de alimentos, muebles y ropa formaba parte de la realidad cotidiana. En Bakú, la familia Rostropóvich vivía en condiciones muy precarias. Por esa razón, tras el nacimiento de Verónika, Sofiya no quiso tener otro hijo. Así que, cuando se quedó embarazada, intentó provocar un aborto espontáneo haciendo ejercicio de manera compulsiva. Fracasó, y la familia pronto tuvo otra boca que alimentar.

Con el fin de dar a sus hijos una educación musical de calidad, en 1931, Leopold y Sofiya se trasladaron a Moscú, convertida en capital de la Unión Soviética en 1918. A raíz de la revolución y la posterior guerra civil se había producido una ola de migración del campo a las grandes ciudades. Los campesinos, reacios a dejar atrás al ganado, lo metían en los balcones de sus nuevas casas. En menos de una década, Moscú pasaría de ser una ciudad arcaica con cientos de iglesias y monasterios a convertirse en un dinámico centro de producción industrial de la nueva Unión Soviética. Se construían fábricas y más fábricas. Los obreros estaban incluso más esclavizados que bajo los zares. Su único consuelo era que, una vez alcanzado el socialismo, llegarían tiempos mejores.

Los Rostropóvich seguían siendo tan pobres como en Bakú. Aunque Leopold encontró trabajo en el Comité de la Radio, que emitía programas en la única emisora estatal, la enorme afluencia de emigrantes provocó una falta de viviendas. Los Rostropóvich, después de vivir un tiempo en un cuarto de una *kommunalka*, consiguieron un piso de una habitación en la calle Kozitski, donde el pequeño Slava dormía en un catre bajo el piano de cola de la marca Becker de sus padres. Al poco tiempo, la familia se mudó a un piso más amplio en el número 3 de la calle Nemiróvich-Dánchenko, donde permanecieron hasta mediados de la década de 1950.

Desde los ocho años, Slava –así apodaban cariñosamente a Rostropóvich– recibió clases de violonchelo de su padre, que por entonces ejercía de profesor en el Instituto Gnesin. Como él mismo decía, era un estudiante vago. En cuanto sus padres salían por la puerta, dejaba el arco a un lado, para luego, a su regreso, fingir que se había pasado el día ensayando.

En el Conservatorio de Moscú recibió clases de su tío Semión Kozolupov, que dirigía el departamento de violonchelo, y le inculcó a Slava su apasionada técnica a la hora de manejar el arco. Si bien como violonchelista Kozolupov no llegaba ni mucho menos a la altura de su cuñado Leopold, se negó a darle un puesto de profesor, por simple envidia. A pesar de esta estrechez de miras, fue un excelente maestro para Slava.

El joven Rostropóvich debutó en 1940 con el *Primer concierto para violonchelo* de Saint-Saëns, en un evento al aire libre en Slaviansk, al este de Ucrania. Ese fue el pistoletazo de salida de lo que prometía ser una carrera estelar. Colaboró estrechamente con los músicos rusos más famosos de la época, entre ellos Sviatoslav Richter y el violinista David Oistrakh. Sin embargo, todo cambió cuando el 22 de junio de 1941 el ejército alemán invadió la Unión Soviética. Los mejores talentos fueron evacuados en tren desde Leningrado y Moscú a ciudades situadas más allá de los Urales.

La familia Rostropóvich acabó en Oremburgo. En aquella ciudad, cuyo nombre sonaba a fortaleza, Leopold dio clases en la escuela de música local. Los artistas del Teatro Maly de Leningrado, incluidos sus directores de orquesta Borís Jaikin y Kiril Kondrashin, también habían sido enviados allí. La presencia de una orquesta de semejante categoría redundó en beneficio de una rica vida musical, algo que Slava Rostropóvich, de quince años, aprovechó al máximo, no sólo como violonchelista, sino también como pianista y compositor.

En abril de 1942 ofreció un concierto de obras de compositores soviéticos, y a principios del año siguiente actuó como solista con la Orquesta Malegot, con la que interpretó las *Variaciones rococó* de Chaikovski, una obra a la que aportó un aire novedoso y que más tarde se convertiría en una pieza básica de su repertorio. Aquel invierno, para conseguir raciones de comida extra, el joven violonchelista tocó en una orquesta ambulante, cuyo cometido era entretener a los habitantes de la zona de Oremburgo. Y fue en esa época cuando su padre murió de forma repentina, y su vida dio un vuelco.

En los primeros meses de 1943, el Ejército Rojo derrotó a los alemanes en Stalingrado. Rostropóvich tenía el camino despejado para regresar a Moscú. «Llegó en tren, sin equipaje –me cuenta el violonchelista Dmitri Ferschtman–. En la estación conoció a una hermosa mujer armenia con la que se fue a vivir ese mismo día. Eso pone de manifiesto su temperamento impulsivo. Aquella relación duró dos años. Después hubo otras mujeres, hasta que conoció a Galina Vishnévskaia».

La pobreza de sus primeros años explica también su avidez por el dinero, dice Ferschtman. «Nunca he conocido a nadie tan obsesionado con el dinero como Rostropóvich. Siempre quiso ser rico. Y gracias a su gran talento lo consiguió».

Como hubiera querido su padre, reanudó sus clases con Kozolupov. También se matriculó en la clase de composición de Dmitri Shostakóvich, con quien trabaría amistad de por vida. Tras la guerra su carrera se disparó.

En 1945, Rostropóvich se presentó al concurso de Toda la Unión, que ese año se celebraba en las categorías de piano, violín y violonchelo. También participaron David Oistrakh, Lev Oborin, Emil Guilels y Sviatoslav Richter. Rostropóvich ganó el primer premio en la categoría de violonchelo. Después de escuchar su magistral interpretación, Shostakóvich, presidente del tribunal, decidió dejar vacante el segundo premio para marcar la diferencia que mediaba entre los demás candidatos y el ganador. Por su parte, Sviatoslav Richter ganó el primer premio en la categoría de piano con la *Sonata n.º 8* de Prokófiev, lo que no resultó tan sorprendente, puesto que por aquel entonces ya era un pianista de renombre.

La valoración que Shostakóvich hizo de la musicalidad de Rostropóvich se confirmaría una y otra vez a lo largo de los años. En 1964 dijo del violonchelista: «Tanto si toca a Bach como a Prokófiev, Haydn o Hindemith, su interpretación hace resonar el pulso firme de la vida contemporánea, el ritmo claro y poderoso de los tiempos que vivimos».

Ahora bien, Rostropóvich fue mucho más que un músico. Según su alumna y posterior biógrafa Elizabeth Wilson, siempre se pronunció contra la injusticia. Mientras el régimen conseguía intimidar a la mayoría de sus colegas músicos, Rostropóvich se atrevió a defender a amigos acosados por las autoridades. La resolución del comité contra el formalismo provocó el despido de Shebalín y Shostakóvich por «incompetencia profesional». Rostropóvich, uno de los pocos que tuvo el valor de protestar (algunos de sus compañeros incluso apoyaron la acción), se negó a seguir asistiendo a las clases de composición. No soportaba la caza de brujas contra sus dos profesores y otros compositores como Prokófiev, Myaskovsky y Jachaturián. La política y la música, insistía, eran asuntos separados.

En 1960, por una razón similar dejó de trabajar con el violinista Leonid Kogan, con el que, junto al pianista Emil Guilels, formaba un trío de piano desde 1953. Kogan, esposo de la hermana de Guilels, resultó ser un informante de la KGB, nada menos que desde 1945. La policía secreta chantajeaba a Kogan con dos conocidos suyos estadounidenses que lo visitaban con frecuencia en Moscú. No tenía elección, porque si se negaba lo enviarían a Siberia y su brillante carrera llegaría a su fin. Además, resultó que también había elaborado un dosier sobre sus compañeros durante una de las giras del trío. Cuando Rostropóvich se enteró no mostró comprensión alguna, por muy trágica que pudiera sonar la historia del chantaje, puso fin a su amistad con Kogan y a su brillante colaboración musical que había durado años.

El incidente también puso a Guilels en un aprieto. Ya no creía que pudiera confiar en su hermana Yelizaveta (esposa de Kogan). Según el célebre crítico musical británico Norman Lebrecht, la relación entre ambos fue empeorando con el tiempo, hasta tal punto que, al final de su vida, Guilels consideraba a su cuñado el menos malo de la pareja. Al leer algo así, uno incluso llega a sospechar que fue Yelizaveta quien animó a su marido a espiar a sus amigos, por temor a tener que renunciar a su cómoda vida como esposa de un músico de renombre.

La trama se complica aún más: tanto Kogan como Guilels murieron en extrañas circunstancias en la década de 1980. Kogan sufrió un infarto en el tren de Moscú a Yaroslavl a los cincuenta y ocho años, en tanto que Guilels murió tres años después, a los sesenta y ocho, durante una visita al cardiólogo en Moscú. Según su máximo adversario Sviatoslav Richter, que gozaba de gran reputación en el extranjero, le inyectaron la medicina equivocada. Poco antes del fatal suceso, Guilels, presa del pánico, le comentó a Uri Segal, director de orquesta israelí y amigo suyo: «Me están matando. Mira cómo me tiemblan las manos. ¿Cómo quieren que dé un concierto en este estado?». Según Segal, la KGB lo acosaba sin tregua.

El excelente documental *David Oistrakh, ¿artista del pueblo?*, de Bruno Monsaingeon, explica cómo ese sistema de chantaje moral va consumiendo poco a poco a las personas. Las autoridades obligaban a Oistrakh a dejar atrás a su mujer y a su hijo cada vez que se marchaba de gira por Occidente, por temor a que desertara. Durante sus viajes, Oistrakh no dejaba de pensar, siempre temeroso, en la suerte de sus seres queridos. No me sorprendería que esa tensión permanente le hubiese provocado el 24 de octubre de 1974 el ataque al corazón que acabaría con su vida. Ocurrió tras un concierto en el Concertgebouw de Ámsterdam, que en aquella época era un punto de encuentro para músicos rusos que querían escapar por un tiempo de la asfixiante atmósfera de la Unión Soviética.

En abril de 1955, en una recepción en el Hotel Metropol de Moscú, Rostropóvich conoció a la nueva estrella del Teatro Bolshói, Galina Vishnévskaia, de veintinueve años. Hacía dos años que Stalin había muerto. En la Unión Soviética, todos miraban al futuro con expectación y estaban dispuestos a vivir emociones intensas.

Junto con otros jóvenes músicos, Rostropóvich había ido a parar a la mesa en la que estaba sentada la bella soprano de cabello negro azabache. Como de costumbre, el violonchelista cautivó a los comensales con una anécdota tras otra. Vishnévskaia no le prestó atención, en parte porque su nombre de pila le resultaba difícil de pronunciar, pero cuando se dispuso a marcharse, él le preguntó si podía acompañarla a casa.

Era una hermosa tarde de primavera; Moscú estaba exuberante. Como en una película romántica, pasearon por los bulevares nocturnos, bajo la fragancia de los árboles que por entonces aún engalanaban el centro de la ciudad. Rostropóvich, como siempre, gesticulaba, hablaba atropelladamente y revoloteaba alrededor de la soprano como un potro. Cuando llegaron a la puerta del edificio de apartamentos, él sacó una caja de bombones de la nada como un mago, se la regaló y se despidió de ella.

Poco después volvieron a encontrarse en Praga, donde Vishnévskaia cantaba en la ópera *Eugene Oneguin*, de Chaikovski, con motivo del Festival de Primavera. Desayunaron juntos en el hotel, entre anécdotas y chistes. Rostropóvich aún no la había visto actuar, así que él no la veía como la mayoría de los mortales, como una prima donna, sino simplemente como una mujer joven y hermosa. Empezó a cortejarla y ella no tardó en sucumbir a su franqueza, humor y sinceridad.

Ese día, un poco más tarde, mientras caminaban por la calle, se cruzaron con una anciana que llevaba una cesta cuajada de lirios. Rostropóvich los compró todos y se los regaló a Galina. Después del paseo, la llevó de vuelta al hotel. Subieron a la habitación. Rostropóvich se puso a tocar el piano y le comentó que no podía ir a escucharla esa noche porque él mismo daba un concierto. Luego se arrodilló ante ella y le dijo: «Perdóname, pero cuando nos conocimos en Moscú, me fijé en que tenías unas piernas muy bonitas, tanto que quise besarte los pies. Ahora me voy, porque te esperan en el teatro. Hasta mañana».

Esa misma noche le mandó otro ramo de flores al teatro. Y la noche siguiente, cuando Vishnévskaia subió a su habitación después de dar otro paseo con él, se encontró un gran florero colmado de lirios y encurtidos tradicionales rusos. Al cabo de aquellos cuatro días en Praga decidieron casarse en cuanto regresaran a Moscú.

En su autobiografía *Galina*, publicada en 1987, Vishnévskaia cuenta cómo, el día de la propuesta de matrimonio, Rostropóvich pasó a recoger a Galina en un taxi forrado de rosas rojas. Más tarde, cuando le preguntaron si alguna vez se había arrepentido de tomar tan fulminante decisión, el músico respondió: «Sí, debería haberla tomado tres días antes». En marzo del año siguiente nació su hija Olga.

La pareja pronto pasó a pertenecer a las altas esferas de la música soviética y recibieron todos los premios y privilegios imaginables. En noviembre de 1967, sin embargo, Rostropóvich ofreció dos conciertos en la ciudad de Riazán y, al salir de la sala, se enteró de que entre el público había estado Solzhenitsin, cuyos libros admiraba sobremanera. Al día siguiente averiguó la dirección del escritor y llamó al timbre. Sería el comienzo de una larga amistad que, no obstante, tendría importantes consecuencias para Rostropóvich.

En aquel momento Aleksandr Solzhenitsin (1918-2008) estaba considerado el escritor más famoso de la Unión Soviética. En 1962 la revista literaria *Novi Mir* (Nuevo Mundo) había publicado su novela corta *Un día en la vida de Iván Denísovich*, que ofrecía una mirada reveladora sobre la vida en régimen de esclavitud de millones de ciudadanos soviéticos en los campos de trabajo forzado. Como parte de su campaña antiestalinista, el líder del Partido, Jrushchov, había autorizado su publicación en un arrebato de entusiasmo, sin ser del todo consciente de las reacciones que pudiera desencadenar en sus compatriotas. El número de *Novi Mir* se agotó en pocos días, tanta era la curiosidad por aquello que siempre había permanecido oculto bajo el manto del silencio oficial. Los fanáticos del Partido se escandalizaron y decidieron emprender medidas contra el escritor. Trataron de incordiarlo por todos los medios posibles. Por ejemplo, impidieron que se representara su obra teatral *La puta del campo y el alma cándida* y que fuera galardonado con el Premio Lenin.

Después de que en 1964 Nikita Jrushchov fuera derrocado por esos mismos partidarios de la línea dura por no haber sabido gestionar adecuadamente la crisis de los misiles de Cuba, la presión sobre Solzhenitsin se incrementó. La KGB empezó a vigilarlo y confiscó sus archivos. Además, se organizó una campaña para impedir la publicación de su novela *Pabellón del cáncer* en *Novi Mir*. Se tomaron represalias contra el director de la revista, Aleksandr Tvardovski, porque, en su día, había pedido permiso a Jrushchov para imprimir *Un día en la vida de Iván Denísovich*.

El imperturbable Solzhenitsin pasó al contraataque. En una carta abierta contra la censura de su obra se dirigió al IV Congreso de la Unión de Escritores. En su escrito denunciaba la cobardía de la organización, que no había dado la cara por él, y satirizaba el acoso de la KGB. La Unión de Escritores guardó silencio, pero lo expulsó tan pronto como *Pabellón del cáncer* y *El primer círculo* se publicaron en ruso en el extranjero.

En el verano de 1968, el ejército soviético invadió Checoslovaquia para poner fin a la Primavera de Praga. Por aquellas fechas, Rostropóvich dio un concierto en el Royal Albert Hall de Londres con la Orquesta Sinfónica de la Unión Soviética. De pronto resonó en la sala: «*Soviet fascists go home*!». El grito iba dirigido a la orquesta, considerada una representante del opresor soviético. El público se calmó en cuanto Rostropóvich subió al escenario. Como homenaje al pueblo checo interpretó el *Concierto para violonchelo* de Dvořák. Tocó con tanto sentimiento que el público lo vitoreó. Fue en aquellos días cuando su lealtad a la patria se evaporó. Galina Vishnévskaia lo describe así en sus memorias: «Inesperadamente, el episodio de Checoslovaquia cerró el libro de lo que había sido nuestra buena vida».

A partir de entonces, los acontecimientos se sucedieron con rapidez. En octubre de 1969, Rostropóvich recibió una llamada telefónica de la escritora Lidia Chukóvskaia, con el mensaje de que, probablemente, Solzhenitsin se estaba muriendo. Al parecer, se le había reproducido el cáncer. Por entonces, el escritor vivía en una dacha sin calefacción, en el kilómetro 83 de la carretera de Mozhaisk. Rostropóvich se dirigió de inmediato a casa del escritor y lo encontró en su gélida cama con una ciática aguda. Insistió en que su amigo se mudara a su dacha, equipada con todas las comodidades. Solzhenitsin no lo dudó un instante y se fue con él.

Cuando la ministra de Cultura Yekaterina Furtseva se enteró de lo ocurrido, ordenó a Rostropóvich que echara al escritor de su dacha. Su respuesta fue: «Lo haré si usted le proporciona otro techo caliente y si él se marcha por voluntad propia».

Mucho más tarde, Rostropóvich dijo a propósito de su propio papel en el «caso Solzhenitsin»: «Cuando lo acogimos en casa, quedó claro cómo todo conflicto humano se elevaba al rango de conflicto político: si proteges a alguien que está en contra de nosotros, tú también estás en contra de nosotros. Me asignaron una posición política que yo no había elegido, como la mayoría de los que habíamos llegado a la cima de la pirámide. Para nosotros la política era la política y nada más. Pero la forma en que se trató a Solzhenitsin me abrió los ojos para siempre».

Se abrió un nuevo capítulo dramático cuando en 1970 se concedió el Premio Nobel de Literatura a Solzhenitsin «por la fuerza ética con la que ha continuado las tradiciones indispensables de la literatura rusa». Las autoridades soviéticas montaron en cólera y no permitieron que el escritor se desplazase a Suecia para recibir el galardón. Como era habitual en él, Solzhenitsin no se dejó intimidar, sino que se aseguró de que, en adelante, cada nueva obra siguiera publicándose en el extranjero mientras permaneciera prohibida en Rusia. Con ello, el escritor firmó su sentencia definitiva.

En septiembre de 1973, Solzhenitsin se enteró de que la KGB había conseguido hacerse con un manuscrito de *Archipiélago Gulag*. Ante el temor de que fuera a aparecer una versión no autorizada de su libro en Occidente, dio luz verde para que se iniciara el proceso de publicación. Una vez acordados los derechos, a principios de 1974 aparecieron fragmentos del libro en los periódicos dominicales de Occidente. Las revelaciones sobre el destino de muchos miles de prisioneros inocentes en el gulag fue una noticia explosiva. De repente, se estaba mostrando a Occidente el verdadero rostro de la Unión Soviética.

La reacción de las autoridades soviéticas no se hizo esperar. En febrero de 1974, Solzhenitsin fue expulsado del país; más tarde, su esposa y sus hijos obtuvieron permiso para reunirse con él. *Archipiélago Gulag* estaba prohibido en la Unión Soviética, por miedo a que socavara el régimen. Circuló en el *samizdat* (la prensa clandestina), donde el manuscrito pasaba de mano en mano como copias mecanografiadas que, a su vez, eran mecanografiadas de nuevo. Todos mis amigos y conocidos rusos que entonces sabían leer y escribir lo leyeron en aquellos días.

Mientras tanto, Rostropóvich seguía defendiendo a su amigo y, a raíz de lo sucedido, volvió a entrar en acción. Su primer paso fue alertar a la embajada británica, a través de su alumna Elizabeth Wilson, hija del embajador y posterior biógrafa del violonchelista. A partir de ese momento, las autoridades soviéticas lo declararon cómplice del escritor disidente, lo cual tuvo repercusiones inmediatas.

Pocos días antes de viajar a Londres para interpretar el *Concierto para violonchelo* de Witold Lutosławski y recibir la medalla de oro de la Royal Philharmonic Society, se informó a Rostropóvich de que no se le autorizaba a viajar al extranjero, una forma típica de ejercer presión en aquella época. Sin embargo, él no se rindió y llamó a Benjamin Britten, que a su vez se puso en contacto con las autoridades soviéticas. Para evitar un escándalo, finalmente le dejaron marchar.

En Londres, Rostropóvich iba a actuar con la Bournemouth Festival Orchestra. Al llegar a la ciudad, un periodista británico le preguntó, en la estación de Waterloo, si era cierto que Solzhenitsin se alojaba en la dacha del violonchelista y si le importaba expresar su postura sobre la concesión del Premio Nobel al escritor. Para no meterse en más problemas, Rostropóvich no contestó. Al mismo tiempo, tomó conciencia de que no había vuelta atrás y decidió escribir una carta abierta en defensa de Solzhenitsin tras su regreso a la Unión Soviética.

De vuelta en Moscú, Vishnévskaia intentó disuadir a su marido, por temor a las nefastas consecuencias que podría tener una carta de esas características. Sin embargo, al comprender que la decisión estaba tomada, dejó a un lado sus objeciones.

El 31 de octubre Rostropóvich se marchó al extranjero para una gira de seis semanas por Austria y Alemania. De camino al aeropuerto echó al buzón cuatro copias de su carta, dirigidas a los cuatro grandes periódicos de la Unión Soviética: *Pravda*, *Izvestia*, *Literaturnaia gazeta* y *Sovietskaia kultura*.

En un primer momento, no pasó nada. Pero cuando empezaron a congregarse periodistas y cámaras de televisión delante de la sala de conciertos de Bregenz, en Austria, Rostropóvich supo que había logrado su propósito. Justo antes de iniciar su actuación le entregaron la traducción al inglés y al alemán de su carta: las autoridades soviéticas habían permitido que esta se filtrase a la prensa occidental. Posiblemente llegaron a la conclusión de que Rostropóvich era imparable y que, por lo tanto, era preferible dejar que se saliera con la suya para que nadie pudiera luego acusarlas de hacerle la vida imposible.

Cuando Rostropóvich regresó al hotel, representantes de la embajada soviética en Viena lo estaban esperando, y le pidieron muy amablemente explicaciones. Sin embargo, como las autoridades soviéticas temían que un maestro como Rostropóvich pudiera solicitar asilo político en Occidente, lo trataron con guantes de seda durante el resto de la gira.

No fue hasta que pisó Moscú cuando realmente percibió las consecuencias que había ocasionado su carta. En su ausencia, la campaña contra el movimiento disidente se había intensificado. Algunas de las medidas fueron tan extremas que daba la impresión de que los años negros del terror estalinista habían vuelto. La prensa soviética calificaba a Solzhenitsin de «emigrante interior», hostil a lo más preciado de la vida soviética, mientras que el «Occidente imperialista» lo presentaba como un gran escritor ruso.

Rostropóvich no había previsto que su carta fuera a tener semejantes repercusiones. Aunque esperaba ser reprendido, también esperaba que su reputación internacional pudiera hacer de escudo protector. Pero esas esperanzas se truncaron rápidamente. Había decidido, con motivo del bicentenario del nacimiento de Beethoven, interpretar en Moscú, junto a Sviatoslav Richter y David Oistrakh, y bajo la batuta de Kiril Kondrashin, el *Triple concierto para violín, violonchelo y piano*, pero el Ministerio de Cultura le informó de que no estaba autorizado a hacerlo. Con ello quedó claro que las autoridades iban en serio.

A Richter y Oistrakh se les ordenó que buscaran un nuevo violonchelista, pero ambos se negaron. Como no daban su brazo a torcer, el primer concierto se canceló, pero el segundo siguió adelante, nada menos que con Rostropóvich. Al subir al escenario, el violonchelista recibió una ovación que duró siete minutos. No podría desear mayor apoyo en ese momento.

Shostakóvich, que era admirador de Solzhenitsin pero no amigo, desaprobó el comportamiento de Rostropóvich en una conversación con un funcionario del Ministerio de Cultura; entre otras razones porque, en la carta, el violonchelista hablaba también de medidas tomadas en su día por el Estado contra el propio Shostakóvich. Según ese funcionario, Shostakóvich dijo durante la reunión que debían hacer todo lo posible por salvar a «Slava»: «Es nuestro orgullo, nuestro país lo hizo grande y lo catapultó a la fama internacional».

Después de eso, las autoridades utilizaron al compositor para que reparara los daños en ambas partes. Por un instante, Shostakóvich incluso barajó la posibilidad de volar a Alemania Occidental, donde Rostropóvich estaba de gira, para convencerlo de que dejara de apoyar a Solzhenitsin en público. El propio escritor nunca perdonaría a Shostakóvich ese comportamiento tan cobarde.

En sus memorias, Vishnévskaia recuerda que en aquellos días Shostakóvich le repetía una y otra vez: «No malgastes esfuerzos. Trabaja, interpreta. Vives aquí, en este país. Tienes que ser realista. No seas ingenua. No hay otra vida. No puede haber otra vida. Da gracias por estar aquí respirando».

Me di cuenta de lo que significaba Solzhenitsin para muchos de sus compatriotas durante su funeral, el 6 de agosto de 2008, en Moscú. En el monasterio de Donskoi, del siglo XVI, se celebró una ceremonia que se prolongó durante horas, con toda la pompa y liturgia propias de la Iglesia ortodoxa rusa. Cientos de admiradores del escritor acudieron a darle el último adiós. Con independencia de la edad y la convicción religiosa, todos tenían algo en común: admiraban al fallecido escritor por sus libros sobre el gulag. «Fue él quien mostró por primera vez al mundo entero lo que ocurría en la Unión Soviética –me dijo la escritora y exdisidente Yelena Diakova–. Robábamos *Un día de Iván Denísovich* de la biblioteca y lo devorábamos. Y luego llegó *Archipiélago Gulag*. Copiábamos las páginas por la noche para distribuirlas a través del *samizdat*. Aleksandr Isáievich Solzhenitsin es un santo y un gran escritor».

El entonces presidente Medvédev también acudió a la ceremonia. Se persignaba más que nadie, aunque de forma incorrecta, como un converso novato. La viuda, los hijos y los nietos de Solzhenitsin lo observaban con resignación. Un admirador del escritor, que estaba a mi lado, se encogió de hombros y dijo: «Todo es política. Ya le digo yo que el presidente no está aquí por Aleksandr Isáievich».

Los cánticos dieron paso a las salvas de artillería. A continuación, una banda militar interpretó una marcha. A fin de cuentas, Solzhenitsin fue también capitán del Ejército Rojo, aunque tuvo que pagar con el gulag sus comentarios críticos sobre Stalin en la correspondencia con un amigo. Mientras la banda echaba a andar, me fijé en que el estandarte que llevaba uno de los soldados lucía un paño negro que expresaba el luto del ejército.

Cuando Medvédev y su cortejo de secretarias se hubieron marchado, se abrió el acceso a la tumba. Todos se agolparon para ver el ataúd. Entre la multitud también se encontraba una emigrada rusa, Natalia Lobastov, que había venido especialmente desde Australia para el funeral. «Bajo el comunismo se exterminó a toda mi familia –me dijo–, y Aleksandr Isáievich fue el primero en escribir sobre ello. Hasta la fecha nadie en este país ha rendido cuenta de esos crímenes». Fue avanzando poco a poco, con una rosa en cada mano.

Detrás de ella, en la cola, estaba el poeta Serguéi Brel, de treinta y cinco años, un buen amigo mío. «Además de un gran escritor, Solzhenitsin es el historiador del siglo XX de nuestro país», dijo, antes de depositar sobre la tumba una antología poética suya y hacer la señal de la cruz.

¿Llegó Rostropóvich a tener miedo en aquellos días de resistencia? Al fin y al cabo, como uno de los músicos más destacados y aplaudidos de su país, tenía mucho que perder en la Unión Soviética. Para responder a esta pregunta visito de nuevo al violista Leonid Rusanovski en Ámsterdam. Conoció a Rostropóvich en 1969, cuando el violonchelista dirigía la orquesta de estudiantes del Conservatorio de Kiev. A la pregunta de cómo era tocar con él, responde: «Era uno de los nuestros. No había distancia entre los estudiantes y él. Pero al mismo tiempo resultaba inaccesible, por lo importante que era. Los músicos como él pertenecían a la élite de nuestro país y constituían una casta aparte.

Por supuesto, gozaba de la protección al más alto nivel de la dirección del Partido. Por eso se atrevió a salir en defensa de Solzhenitsin».

Según Rusanovski, también era el caso de Shostakóvich. Uno siempre corría el riesgo de caer en desgracia, pero el miedo a perder la vida sólo existía bajo Stalin. Shostakóvich eligió en todo momento la vía de la adaptación, en tanto que Rostropóvich, que era igual de famoso, optó por ponerse del lado del escritor disidente tras la muerte del tirano.

Para ilustrar el pavor que llegó a sentir Shostakóvich en aquellos años de terror de Stalin, Rusanovski cita el siguiente ejemplo: «En 1936 Stalin emitió un ucase con los nombres de 340 personas que debían ser fusiladas. Entre ellas estaban Meyerhold, Isaak Bábel y el mariscal Tujachevski. A raíz de ello, Shostakóvich, íntimo amigo de Tujachevski, esperaba ser detenido en cualquier momento. Por entonces el miedo formaba parte del día a día».

Rostropóvich y Shostakóvich eran buenos amigos. Así lo demuestra el recuerdo que conserva Rusanovski de su actuación con la orquesta de estudiantes. «Tocamos una sinfonía de Shostakóvich; él se sentaba en la sala durante los ensayos. El trompetista de nuestra orquesta no lograba alcanzar una nota aguda. Desesperado, Rostropóvich se dirigió al compositor y le dijo: "Querido Dima, ¡el alumno no consigue tocar esa nota tan aguda!". A lo que el compositor replicó: "No pasa nada, que toque esa nota una octava más baja". Y con eso, el problema quedó resuelto».

En abril de 1971, Rostropóvich volvió a cosechar elogios tras su actuación en Leningrado, durante los Días de la Música Británica, con la Orquesta Sinfónica de Londres, dirigida por Benjamin Britten. Rostropóvich interpretó la *Sinfonía para violonchelo* del compositor británico, mientras que Richter tocó su *Concierto para piano*. La sala de la Filarmónica estaba abarrotada al haberse duplicado para la ocasión el aforo de dos mil personas. Al fin y al cabo, no se recibía todos los días a una celebridad extranjera de la talla de Britten.

A pesar de ese nuevo éxito, las autoridades seguían sin perdonar a Rostropóvich sus acciones en favor de Solzhenitsin. Como castigo lo enviaron de gira por las repúblicas soviéticas de Asia Central y Kamchatka. Se acabaron la Filarmónica y los Días de la Música Británica. Rostropóvich viajaba horas y más horas en avión para ir a tocar a salas desangeladas y frías ante un público poco interesado. Además, la dirección del Teatro Bolshói lo obligó a dimitir como director de orquesta y las autoridades le prohibieron ofrecer conciertos en el extranjero. Pero quizá la peor ruindad fue que los alumnos del violonchelista eran interrogados periódicamente por la KGB.

Sólo en muy contadas ocasiones, Rostropóvich obtuvo permiso para actuar en Moscú. En 1972 interpretó los conciertos para violonchelo de Lutosławski, Haydn y Dvořák bajo la dirección de Guennadi Rozhdéstvenski, y a principios de 1973 dirigió una orquesta de estudiantes que interpretó la *Sinfonía n.º 14* de Shostakóvich en la Gran Sala del Conservatorio de Moscú.

Sus actuaciones en otros lugares de la Unión Soviética también se fueron restringiendo cada vez más. Ya no podía actuar en Kiev, Leningrado o Riga. Incluso se acabaron cancelando, sin previo aviso, conciertos en pequeñas ciudades de provincias. Y si se le permitía tocar en algún sitio, su nombre no aparecía en los carteles de los conciertos, ni en los programas ni en los anuncios de la prensa local, por lo que a menudo actuaba ante una sala vacía. «En aquellos días me comentó que se había vuelto invisible –cuenta el violonchelista Dmitri Ferschtman cuando hablo con él en Ámsterdam–. Cuando precisamente él había insuflado una nueva vida al repertorio, convirtiendo el violonchelo, que hasta entonces había sido ante todo un instrumento orquestal, en un instrumento solista. Hasta que cayó en desgracia, ofrecía al menos treinta y cinco conciertos para violonchelo al año».

Tampoco se mencionaba a Rostropóvich en las reseñas. Su persona había de ser borrada, como ocurría con las celebridades caídas en desgracia durante el terror de Stalin, y sus entradas en la *Gran Enciclopedia Soviética* se tapaban con las de otras personas o temas. El único aspecto positivo fue que pudo irse de gira por el Cáucaso con el compositor Aram Jachaturián, y pudieron actuar en Ereván y en Bakú, su ciudad natal.

Esa difícil situación no cambió cuando Solzhenitsin abandonó la dacha de Rostropóvich en la primavera de 1972 para instalarse con su segunda esposa en Moscú. De poco sirvió la promesa de las autoridades de que el violonchelista podría volver a actuar en el extranjero. Un día fue convocado por un alto funcionario del Comité Central que le dijo parafraseando a Lenin: «Quien no está con nosotros está contra nosotros». A lo que Rostropóvich respondió con su indomable humor: «Si toco el *Concierto para violonchelo* de Dvořák, que se me da muy bien, ¿puede indicarme si estoy con usted o contra usted?».

La presión siguió aumentando. En abril de 1972 se autorizó a Rostropóvich a dar varios conciertos en Austria y Hungría, pero en enero de 1974, cuando debía acudir a París para actuar ante la Unesco por invitación de Yehudi Menuhin, los organizadores del evento recibieron una llamada telefónica de Moscú en la que se les informaba de que Rostropóvich estaba enfermo y que, por lo tanto, no podía asistir. El precavido Menuhin no se lo creyó y llamó a Rostropóvich. Galina Vishnévskaia respondió y le dijo que su marido no estaba enfermo en absoluto; al contrario, se sentía mejor que nunca.

Así las cosas, Menuhin empezó a presionar a la ministra de Cultura, Furtseva, y a la agencia estatal Gosconcert. Al final, Rostropóvich pudo viajar a París, donde tocó el *Trío del archiduque* de Beethoven con Menuhin y el pianista Wilhelm Kempff.

En su hotel de París, Rostropóvich coincidió con su amigo David Oistrakh, que lo invitó a dar un paseo. Una vez en la calle le confesó a Rostropóvich: «Admiro tu pureza, tu audacia, todo lo que haces. Pero mañana leerás en *Pravda* una carta firmada por mí en la que te condeno. Te suplico que encuentres la fuerza necesaria para perdonarme». A continuación, Oistrakh le contó algo que había sucedido durante los años del Gran Terror, en 1936 o 1937, y que lo había destrozado como ser humano. Por entonces vivía con su esposa Tamara en un edificio residencial al que la policía secreta acudía cada cierto tiempo para cometer arrestos. Salvo Oistrakh, sólo quedaba otro hombre en todo el edificio, vivía en el piso de enfrente. Tamara ya le había preparado una maleta con ropa y galletas por si venían a buscarlo. Durante meses no pegaron ojo, esperando el momento en que subieran a detenerlo. Los agentes de la policía secreta solían pasar sobre las cuatro de la madrugada. Una mañana oyeron golpes en la puerta principal del edificio. Saltaron de la cama, aterrorizados. Transcurrieron unos minutos que se les hicieron eternos. Mientras los agentes subían la escalera, los Oistrakh se preguntaban si llamarían a su puerta o a la del piso de enfrente, donde vivía el otro inquilino del edificio. Y sí, llamaron a la otra puerta.

Entonces Oistrakh dijo algo a Rostropóvich que se hacía extensivo a toda su generación: «Eso es lo que el poder soviético hacía con las personas, obligarlas a adoptar una doble naturaleza, a pensar y actuar de forma diferente». Sus palabras remitían principalmente a él mismo y a Shostakóvich. Era la cínica realidad de un régimen depravado que podía destruir sus carreras musicales en cualquier momento.

Sólo puedo hacerme una idea aproximada del miedo de Oistrakh. Sin embargo, una noche sentí lo que él debió de experimentar a diario durante los años de terror de Stalin.

En agosto de 2009 viajé a Kabardino-Balkaria, una república rusa del Cáucaso Norte para realizar un reportaje. En la capital, Nálchik, al pie del monte Elbrús cubierto de nieves eternas, entrevisté al activista de derechos humanos Magomed Abubakarov acerca del terror que las autoridades locales ejercían sobre los musulmanes religiosos desde hacía algún tiempo. Se les acusaba falsamente de terrorismo islámico cuando no hacían más que protestar contra la corrupta administración local, que invertía las subvenciones procedentes de las arcas del Estado no en escuelas y hospitales, como deberían, sino en beneficio propio.

Antes de terminar la entrevista me detuvo un pequeño ejército de policías fuertemente armados. Me obligaron a enseñarles mi acreditación de corresponsal, mi pasaporte y mi tarjeta de registro de Moscú mientras uno de ellos me encajaba un kaláshnikov en el estómago. Al descubrir una errata en la tarjeta de registro me llevaron a comisaría, donde me tomaron las huellas dactilares y un agente semianalfabeto elaboró un informe. «¿Por qué no se olvida de la violación de los derechos humanos y escribe sobre el Elbrús?», me preguntó, tratando a duras penas de copiar mi nombre.

Después me trasladaron en convoy hasta el juzgado, donde unas horas más tarde apareció un juez que fue convocado a toda prisa, un gordo bonachón que parecía haber salido directamente de *Las almas muertas* de Gógol y que, como mucho, estaba un poco irritado porque lo habían despertado de la siesta. Apoyado contra la pared, un jovencísimo agente del Servicio Federal de Seguridad (FSB) vigilaba la sala, con la pistola asomando por debajo del cinturón de sus vaqueros. Esbozaba una sonrisa enigmática, como si hoy mandara él. Y así fue, porque después de que el juez me lanzara una batería de preguntas sobre los Países Bajos («un país de quesos y tulipanes cerca de Letonia, ¿verdad?»), el agente le susurró algo al oído que de inmediato cambió su buen humor. A continuación, aplazó la vista, alegó que no dictaría sentencia hasta las diez de la mañana del día siguiente.

Había anochecido. Abubakarov me llevó al hotel local, un alto edificio de apartamentos con mucho mármol y oropel. Según él, era demasiado peligroso conducir de noche a Piatigorsk, la ciudad en la cercana región de Stávropol donde me alojaba desde hacía ya varios días. «No vayan a simular un accidente de coche para evitar que asistas mañana al veredicto». Era perfectamente consciente de la situación.

El vestíbulo del hotel estaba tomado por la élite local: caballeros trajeados que, como el agente del juzgado, llevaban una pistola al cinto. Esa imagen amenazadora se veía reforzada por los vigilantes de la entrada, que llevaban chalecos antibalas y estaban armados con kaláshnikovs. Nálchik no me pareció precisamente un lugar idílico donde pasar las vacaciones.

«Si llaman a la puerta, no abras y avísame –me encareció Abubakarov mientras me acompañaba hasta mi habitación en la última planta–. No hace mucho, a otro corresponsal extranjero lo sacaron a la calle por la noche y le dieron una paliza. Seguramente fueron los del FSB. Así que, como precaución, vas a colocar ahora mismo un armario delante de la puerta. No dejes que entre nadie hasta que yo pase a buscarte mañana por la mañana».

Una vez en mi habitación intenté llamar a mi mujer en Moscú y a mis colegas del periódico en los Países Bajos, pero mi móvil se había quedado prácticamente sin batería y no llevaba cargador. Aislado del mundo exterior, esperé a ver qué sucedía, sin pegar ojo, pensando que en algún momento llamarían a la puerta de mi habitación y me sacarían a la calle para molerme a golpes. Aquella noche, por primera vez en mi vida, pasé miedo.

A la mañana siguiente me impusieron una condena de expulsión de Rusia, a causa de la errata encontrada en mi tarjeta de registro. El simpático juez no se atrevió a mirarme mientras leía la sentencia. «Un fisgón menos», debió de pensar el joven agente del FSB que seguramente se la había dictado.

De vuelta en Moscú, recurrí la sentencia. Un mes más tarde, mi caso llegó al Tribunal Supremo de Kabardino-Balkaria. Tras atender una misteriosa llamada de Moscú, me absolvieron. Durante años, estallaba en sollozos cada vez que hablaba de aquella noche en Nálchik.

Tras la salida de Solzhenitsin del país, Rostropóvich confió en que su propia situación mejorase. Por un lado, le permitieron dirigir *El murciélago* en el Teatro de la Opereta de Moscú, pero, por otro, se canceló la grabación prevista de *Tosca* por el Teatro Bolshói con Vishnévskaia en el papel protagonista, después de que el director la sustituyera por

Tamara Milashkina. Vishnévskaia estaba furiosa y amenazó con dimitir. El hecho de que la ministra de Cultura Furtseva no tardase en dar marcha atrás fue indicativo de la distinguida posición que la cantante ocupaba en el panorama musical soviético.

Tras el primer día de grabación en el estudio Melodiya, en la iglesia anglicana de la calle Voznesenski, los músicos del Teatro Bolshói salieron eufóricos porque habían logrado una interpretación de gran calidad. Sin embargo, cantaron victoria antes de tiempo. Unos días después se comunicó a Rostropóvich que la grabación no seguiría adelante. Indignado, el violonchelista fue a ver al director de Melodiya. Aunque este, al principio, ni tan siquiera le abrió la puerta, terminó por confesarle que la grabación había sido cancelada. Rostropóvich se enfadó aún más y dijo: «Ustedes me están ofreciendo dos opciones muy claras: o me voy del país o me suicido». Salió del despacho dando un portazo.

Seis meses más tarde descubrió lo que había detrás de aquella cancelación. Cinco cantantes destacados del Teatro Bolshói habían solicitado una entrevista con Piotr Demichev, miembro del Comité Central encargado de cultura. Acudieron a él no como cantantes sino como comunistas, para denunciar a Rostropóvich. El motivo de la denuncia fue su temor a que el violonchelista mancillara el teatro con su impureza ideológica.

Para Rostropóvich y Vishnévskaia se había cruzado una línea roja. Escribieron una carta al secretario general Brézhnev para que les autorizara un permiso de permanencia de dos años en el extranjero. A las pocas horas recibieron una respuesta afirmativa del propio Brézhnev.

En un primer momento, Rostropóvich albergó la esperanza de que las autoridades le rogaran que se quedara en la Unión Soviética, pero enseguida comprendió que ya no había vuelta atrás. «Creía que las autoridades soviéticas no le dejarían marchar –me contó el violonchelista Dmitri Ferschtman en la terraza del Conservatorio de Ámsterdam–. Todos esos años había contado con una cierta protección por parte de la KGB, lo que le había permitido defender impunemente a Solzhenitsin. Y, de pronto, esa protección se había esfumado y querían deshacerse de él».

Furtseva comunicó al violonchelista que tenía que abandonar el país antes del 4 de junio, ya que ese día comenzaba el Concurso Chaikovski.

Desde sus inicios, Rostropóvich había presidido el jurado internacional de la sección de violonchelo, y las autoridades temían que si todavía seguía en Moscú pero no formaba parte del jurado, el resto de los miembros extranjeros lo boicotearan por solidaridad.

En abril, Rostropóvich aún actuó en Lituania y Checoslovaquia. Después tenía previsto participar en los ensayos de *El murciélago* en la Ópera Helikon, pero el 6 de mayo, nada más entrar en el teatro de la ópera, se enteró de que ya no contaban con él. Consternado, fue hasta el patio del teatro y lloró como si acabara de sufrir una ruptura sentimental.

Si bien se había criado en el ateísmo, aquellos días de despedida se volvió religioso, como un intento por estrechar el vínculo cada vez más débil que lo unía a Rusia. La religión le brindó la fuerza espiritual necesaria para soportar el dolor de la humillación. Poco antes de su partida, organizó una misa de acción de gracias en una pequeña iglesia de la calle Nezhdánova, a la que invitó a algunos amigos.

Elizabeth Wilson, en su biografía de Rostropóvich, facilita la dirección de la iglesia, pero no he conseguido localizarla en mi callejero de Moscú. No es de extrañar si se tiene en cuenta que, tras la caída de la Unión Soviética en 1991, muchas calles del centro de la ciudad recuperaron sus nombres anteriores a la revolución. Así, la calle Gorki volvió a ser la calle Tver y la avenida Herzen acabó por llamarse de nuevo avenida Gran Nikita. Para averiguar la antigua denominación de la calle que ahora lleva el nombre de la cantante de ópera Antonina Nezhdánova, desempolvo la 11.ª edición del Falk Plan de Moscú. Lo compré en 1988, cuando pasé por primera vez una larga temporada en Rusia. Parece ser que la calle Nezhdánova fue rebautizada en 1994 con el nombre de calle Briúsov, en honor a Jacob y Robert Bruce, dos condes del siglo XVII de ascendencia escocesa. El primero fue mariscal de campo con Pedro el Grande y el segundo, gobernador militar de San Petersburgo. La iglesia es precisamente la pequeña que hay de color terracota frente al piso de la familia Rostropóvich.

La visité en febrero de 2020. Pregunté a la joven de la tienda de iconos junto a la puerta de entrada si Rostropóvich y Vishnévskaia llegaron a venir a la iglesia. «No puedo ayudarle –respondió desconfiada–. Rostropóvich murió hace mucho y yo llevo poco tiempo aquí».

Decidí entrar en la iglesia. Quería imaginarme a Rostropóvich aquí dentro, rezando, mientras se despedía de todo lo que para él era sagrado y querido en su Rusia natal. Junto al iconostasio, mujeres jóvenes ataviadas con pañuelos se detenían brevemente para rezar. Encendían velas que envolvían su rostro en un resplandor misterioso y que podían hacer dudar hasta al mayor de los ateos de su negación del Ser Supremo. Si fue realmente allí donde Rostropóvich alcanzó una nueva dimensión espiritual, no fue una mala elección.

En el camino hacia la salida vi a una anciana que vendía velas a los fieles en nombre de la iglesia. Había velas de todos los tamaños, de 50 a 100 rublos. Con cautela y mucha educación le hice mi pregunta. Al fin obtuve la respuesta que buscaba: «En la Unión Soviética, esta era la única iglesia en todo el centro de Moscú que se hallaba abierta –me dijo. Por entonces solían venir por aquí muchos artistas famosos del Teatro Bolshói. Así que es probable que Rostropóvich visitara nuestra iglesia. A fin de cuentas, vivía justo enfrente».

El 10 de mayo de 1974, Rostropóvich y Vishnévskaia se despidieron de su público –y por tanto de su país– en la Sala Grande del Conservatorio de Moscú. El violonchelista había obtenido permiso del director del conservatorio para formar una orquesta de estudiantes, entre los cuales estaba Yuri Bashmet. El programa, dedicado íntegramente a Chaikovski, incluía la suite *El Cascanueces*, las *Variaciones sobre un tema rococó* y la *Sinfonía n.º 6* (*Patética*).

Todos los amantes y compositores de música de Moscú acudieron al concierto. Incluso en los pasillos había gente de pie. Antes de que empezara la audición, el público se puso en pie para ovacionar al violonchelista con aplausos interminables, muchos tenían lágrimas en los ojos.

Cuando las últimas notas de la *Patética* se hubieron extinguido, el público entonó una súplica: «No te vayas, no te vayas, no te vayas».

Poco después de ese concierto de despedida, Rostropóvich impartió su última clase en el conservatorio. Para sus alumnos era como si sus vidas se hubieran paralizado. A continuación, el violonchelista se dirigió a la tumba de su madre, fallecida en 1972, y después a la de Prokófiev. También visitó a Shostakóvich, que lloró cuando su amigo le comunicó que pronto abandonaría el país para siempre.

Dos semanas más tarde, el 26 de mayo, Rostropóvich tomó un avión con destino a Londres en el aeropuerto moscovita de Sheremétievo. Su equipaje consistía en una maleta grande, dos violonchelos y *Kuzia*, su terranova.

Después de despedirse de su esposa y de los alumnos que habían acudido a despedirlo, se dispuso a pasar la aduana. Fue humillado una vez más, ya que le prohibieron llevarse las medallas de oro por los premios que había recibido del Estado. Incluso lo acusaron de intentar sacar oro del país. La despedida de su patria no podía ser más degradante.

Cuatro horas más tarde aterrizó en Heathrow. Vishnévskaia y sus hijas se unirían a él en julio, una vez terminado el curso escolar ruso.

Rostropóvich y Vishnévskaia continuaron, sin obstáculos, sus carreras musicales en el exilio. Como director de la Orquesta Sinfónica Nacional de Estados Unidos en Washington, Rostropóvich amasó entre 1977 y 1994 una fortuna multimillonaria que invirtió principalmente en arte ruso. La pareja exhibió las obras artísticas en las siete casas que tenía repartidas por todo el mundo occidental. Tras la muerte de Rostropóvich, Vishnévskaia subastó la colección de arte en Sotheby's de Londres tras haberse quedado sin recursos para poder garantizar su conservación. Aun antes de que sonara el primer martillazo, el oligarca Alisher Usmánov compró la colección entera por casi 45 millones de dólares. Después donó las obras al Estado, que las atesora en el Palacio Konstantínovski de San Petersburgo.

Visité el palacio en 2008. La colección es extraordinaria, incluye piezas raras de cristalería, porcelana y vajilla, así como huevos de Fabergé también muy singulares, y veintitrés obras de Iliá Repin.

Después de dieciséis años desde su salida de la Unión Soviética, Rostropóvich y Vishnévskaia recuperaron, por fin, la ciudadanía soviética durante el gobierno liberal de Mijaíl Gorbachov. Y, por primera vez en todo ese tiempo, pudieron regresar a su patria, en la que, por aquel entonces, también se había publicado *Archipiélago Gulag*. Después de esa visita regresaron a París, donde se habían establecido tras su aventura estadounidense.

En agosto de 1991, cuando los halcones comunistas perpetraron un golpe de Estado contra Gorbachov y los tanques recorrieron las calles de la capital, Rostropóvich tomó el primer avión con destino a Moscú para unirse al recién elegido presidente Borís Yeltsin, que intentaba defender la Casa Blanca, el Parlamento ruso, pues había sido ocupado por unidades insurgentes del ejército. Él confiaba en que su celebridad contribuiría a la causa de los reformadores, puesto que estaba radicalmente en contra de la implantación de un antiguo régimen represivo que le había hecho la vida imposible a él y había arruinado las vidas de muchos de sus amigos.

En una fotografía de aquellos días históricos aparece sentado en un reposabrazos de un sillón en uno de los largos pasillos del edificio del Parlamento, con una ametralladora en la mano izquierda. Su brazo libre rodea los hombros del joven dormido al que supuestamente pertenece el arma.

Ese acto simbólico le granjeó la amistad de Borís Yeltsin, presidente de Rusia desde junio de 1991.

En 1993, cuando Yeltsin quiso disolver el Parlamento y los diputados conservadores se opusieron, estalló una lucha armada entre los dos bandos en la que las tropas gubernamentales abrieron fuego contra el edificio del Parlamento. Ante esa situación, Rostropóvich acudió de nuevo a Moscú para apoyar a Yeltsin. En pleno conflicto ofreció un concierto en la Plaza Roja con la Orquesta Sinfónica Nacional. Fue un acto dramático en el que el violonchelista debió de sentirse el guardián de la democracia. De nuevo, la gratitud de Yeltsin fue inmensa. No es de extrañar, pues, que la viuda de Yeltsin, Naína, se sentara junto a Galina Vishnévskaia en la inauguración del Festival Rostropóvich en 2012.

Tras la caída de la Unión Soviética, los Rostropóvich iban y venían entre sus casas de París, Moscú, San Petersburgo, Londres, Lausana y Nueva York. El músico seguía actuando con regularidad, sobre todo como director de orquesta, y ocasionalmente como violonchelista. En 1995, grabó las *Suites para violonchelo* de Bach en la catedral de la ciudad francesa de Vézelay.

A Rostropóvich se le diagnosticó un cáncer a principios de 2006, pero los médicos lograron contenerlo. Sin embargo, tuvo una recaída en enero del año siguiente y, después de acabar ingresado en un hospital parisino, el violonchelista decidió regresar a Moscú. Allí ingresó, al poco, en el Centro de Investigación del Cáncer Blokhin. Falleció el 27 de abril, un mes después de su ochenta cumpleaños. «Siempre creímos que era inmortal porque su energía no se agotaba nunca –dice Dmitri Ferschtman sobre aquel triste suceso–. Era increíblemente fuerte. Recuerdo muy bien que en marzo de 1981 enterramos a Kiril Kondrashin en Ámsterdam y que después, en su suite del Hotel Washington, donde él se alojaba siempre, nos tomamos cuarenta botellitas de ginebra del minibar, hasta altas horas de la noche. A la mañana siguiente teníamos que ensayar en el Concertgebouw y estaba fresco como una rosa. Y luego dio un concierto por la tarde y otro por la noche, como si nada».

Al día siguiente de su fallecimiento, la capilla ardiente se instaló en la Gran Sala del Conservatorio de Moscú, el edificio donde Rostropóvich había estudiado y enseñado. Después, sus restos mortales fueron trasladados a la catedral de Cristo Salvador, cerca del Kremlin. El templo había sido volado por Stalin en 1931, pero Yeltsin ordenó reconstruirlo, incluso de forma más fastuosa que la original. Allí acudieron a despedirlo miles de rusos, entre ellos el presidente Putin.

El domingo 29 de abril, Rostropóvich fue inhumado en el cementerio del monasterio de Novodévichi, en presencia de la reina Sofía de España, la esposa del presidente Chirac de Francia, el presidente Aliev de Azerbaiyán y la viuda de su amigo Borís Yeltsin. Un año después se colocó en la tumba una sencilla cruz ortodoxa rusa con su nombre. Desde finales de 2012, Vishnévskaia yace junto a él. Al otro lado del gran paseo central, Borís Yeltsin descansa bajo una enorme lápida con forma de bandera nacional rusa ondulante.

En la segunda velada del Festival Rostropóvich, en marzo de 2012, asistí a un maravilloso momento cumbre: la actuación de la Orquesta Sinfónica de la Academia Rostropóvich de Nizhni Nóvgorod, dirigida por Aleksandr Skulski, en la Sala de Conciertos Chaikovski de la Plaza del Triunfo. La sala merecía una visita en sí misma, porque el público parecía haber salido de la Unión Soviética de antaño. Bastaba con fijarse en la indumentaria. Ahí no había nuevos ricos ni hípsters, sino melómanos en toda regla, cuyas ropas, gafas y peinados reflejaban los años setenta soviéticos.

La orquesta tocaba la obertura de *Los maestros cantores de Núremberg* de Wagner. A continuación, el ruso Vsévolod Guzov, de dieciséis años, galardonado con una beca Rostropóvich, interpretó como solista el *Concierto para violonchelo* de Elgar. Aunque tocó con la misma pasión que Rostropóvich y deslizó el arco con idéntica elegancia y fuerza, no le sacó al violonchelo el mismo sonido que su maestro. Cuando terminó, el público le aplaudió y el agradecido Guzov se ruborizó como una jovencita en un baile de debutantes.

Como bis final, la orquesta interpretó una pieza de Leonard Bernstein, escrita especialmente para Rostropóvich. Me reí a carcajadas cuando los miembros de la orquesta se turnaban para, a modo de *intermezzi*, contarnos anécdotas y recuerdos del renombrado violonchelista, que llegó a dirigirlos en más de una ocasión. Los espectadores se secaban las lágrimas, de genuina emoción, y retrocedían por un momento en el tiempo. Como si el gran maestro hubiera subido de pronto al escenario y aplaudiera a su público por haber acudido a escucharlo.

Epílogo

Una tarde de un domingo cualquiera de verano, la avenida Arbat de Moscú se inunda de notas musicales. Sigo el rastro dejado por la música y acabo en la estatua del cantautor Bulat Okudzhava. Está enterrado en el cementerio del monasterio de Novodévichi desde 1997, pero, aún hoy, millones de rusos, jóvenes y mayores, se saben de memoria sus melancólicas canciones. En esta ocasión se halla ante la estatua de bronce una clase de una escuela de provincias, cantando a pleno pulmón. En señal de homenaje, y también porque les encantan sus melodías.

Con sus mochilas y chubasqueros rojos, los chicos y chicas parecen haber salido de un campamento juvenil del Komsomol. Uno de los cantantes toca la guitarra, como el propio Okudzhava, y, de repente, resuena por la avenida la melancólica «Moltiva» (Oración). Los transeúntes moscovitas levantan la mirada y sonríen, como recordando los tiempos en los que en su país casi todo estaba prohibido y ellos escuchaban en secreto a Okudzhava. Me viene a la mente la hermosa traducción al neerlandés que hizo mi amigo Alexander Münninghoff de la letra de esta canción poco antes de morir*.

Mientras la tierra siga girando,
Mientras la luz siga alumbrando,
Dale, Señor, a cada cual lo que merita,
De aquello, sobre todo, que más necesita.
Dale una pizca de juicio al juicioso,
Dale un caballo brioso al miedoso,
Dale dinero al hombre pudiente,
Y deja algo para mí finalmente.
Mientras la tierra siga girando,
–¡Eso, Señor, está bajo tu mando!–
Que deje en prenda el corazón

* La traducción al español se ha realizado a partir de la versión neerlandesa.

Quien al poder aspira con obcecación.
Que se exima del deber de caridad
A quien demuestra generosidad.
Que Caín vista la túnica de penitente,
Y que para mí haya algo finalmente.

Tus mantras, Señor, tienen gran predicamento
Para mí eres un hondo pozo de conocimiento.
Del mismo modo que cualquier recluta caído
Está seguro de recuperar el paraíso perdido.
Cada oído es todo oídos para ti al
Tiempo que te hace oídos sordos.
Cuando nos susurras al oído tu
Mandamiento no damos oídos.

Señor, mi Dios Todopoderoso,
Extraño poder ojanco verdoso,
Mientras la tierra siga girando,
–sin que se lo espere–
Mientras el tiempo continúe sobrando,
–y el fuego no se muere–
Dale a cada cual lo que merita,
También a mí en esta vida finita.

Así suena Rusia en todo su sufrimiento, alegría, tragedia, entusiasmo y grandeza, y muy especialmente en su compasión por el ser humano.

La Unión Soviética desapareció hace treinta años. En la nueva Rusia el arte es libre, siempre y cuando no interfiera en la política. Con estrellas como Anna Netrebko, Yevgueni Kisin y Valeri Guérguiyev, la escena musical rusa continúa figurando entre las mejores del mundo, a pesar de que muchos grandes músicos emigraron a Occidente en plena tormenta desatada por la desintegración de la Unión Soviética.

Así y todo, sigue impresionándome el nivel sin precedentes que alcanzó la música en la Unión Soviética. Casi parecería que, por muy descabellado que pudiera parecer, ese auge de músicos y compositores excepcionales sólo pudiera darse en un país desaparecido, de clima hostil y adverso generado por la represión, como era la Unión Soviética. La estrecha relación entre el arte y la política en la Unión Soviética se revela como un hecho único. ¿En qué otro lugar interferiría directamente un dictador sino en la Unión Soviética? ¿Y cómo se concibe que un genio como Dmitri Shostakóvich mencione, en una carta a Stalin fechada el 27 de mayo de 1946, una conversación telefónica con Beria, el brutal jefe de la policía secreta, después de que este mediara ante el dictador para dar solución a los problemas de vivienda del compositor? ¿Y quién se explica que inmediatamente después se le asigne a Shostakóvich un espacioso piso de cinco habitaciones y 60.000 rublos para reformarlo? «Todo esto me ha hecho muy feliz –escribió al dictador–. Le ruego acepte mi más sincera gratitud por su atención y preocupación. Le deseo felicidad, salud y muchos años de vida por el bien de nuestra amada Madre Patria y de nuestro gran pueblo». La respuesta es sencilla: estas cosas sólo ocurren en Rusia, un país, en muchos sentidos surrealista, que obliga a dar muestra de humildad a cualquiera que se adentre en su historia.

Agradecimientos

No soy musicólogo, sino historiador, especializado en la historia de Rusia. Por lo tanto, este libro no pretende ser un ensayo musical, sino que se centra principalmente en las vidas complejas de una serie de compositores y músicos a quienes conozco y admiro, y cuya forma de pensar y actuar siempre me ha planteado muchos interrogantes.

A medida que iba investigando, me di cuenta de que, aún hoy en día, se sabe muy poco sobre la represión de los músicos y los compositores en la Unión Soviética. Muchos de los archivos estatales que se abrieron en la década de 1990 hace poco han cerrado de nuevo sus puertas, como si el Estado se propusiera lavar la empañada imagen de los servicios de seguridad. Por suerte, he podido recurrir a la extraordinaria bibliografía escrita sobre este tema tan oscuro. Uno de los libros que quiero destacar a este respecto es el de Inna Klause *Der Klang des Gulag*, una obra de referencia sin parangón.

La pandemia de la COVID-19 me impidió volver a viajar a Rusia en 2020 para seguir investigando y poder despejar las incógnitas que me quedaban por resolver. Afortunadamente, pude mantener numerosas conversaciones, muchas de ellas muy iluminadoras e impactantes, con músicos y musicólogos rusos en los Países Bajos, en Alemania y –justo antes del estallido de la crisis sanitaria– en Rusia. En especial, deseo dar las gracias a Marina Brokanova, Dmitri Ferschtman, Olga De Kort-Koelikova, Lev Markiz, Jascha Nemtsov, Yekaterina Vlasova, Vsévolod V. Zaderatski y Mijaíl Zemtsov, inestimables fuentes de información cuyas revelaciones nunca antes se habían puesto por escrito. Mi amigo Hans Driessen, con quien aprendí ruso, siempre estaba dispuesto a seguir leyendo lo que yo iba escribiendo y, como un mentor crítico pero bondadoso, me salvó de errores garrafales. En momentos de duda, mi editor, Mizzi van der Pluijm, me animó a seguir adelante. Evi Hoste, amante de Rusia y de la música rusa, demostró, desde el primer momento, ser una editora de mesa extraordinaria; sin sus sabios consejos, este libro habría sido muy distinto. Gracias a sus conocimientos de ruso y de Rusia, Theo Veenhof fue el corrector perfecto. También estoy en deuda con mi madre, Lot Krielaars, que falleció en 2019 con noventa y cinco años. Me envió a clases de música de niño y me inculcó el amor por la música clásica. Cuando pienso en ella, oigo los *Momentos musicales* de Schubert, interpretados por Sviatoslav Richter, un pianista por el que sentía gran admiración.

Sin embargo, mi mayor agradecimiento es para mi esposa Henriette Schenk, que comparte conmigo alegrías y penas desde hace casi treinta y cinco años y que, como cantante, me siguió a Rusia, dispuesta a dejarse llevar por mi amor hacia ese país y su gente. Existen pocas experiencias más agradables que escuchar música con ella. Es a ella a quien dedico este libro.

Ámsterdam, agosto de 2021

Bibliografía

Aleksiévich, Svetlana, *El fin del «Homo sovieticus»*, Barcelona, Acantilado, 2015, trad. de Jorge Ferrer.

Applebaum, Anne, *Gulag. Historia de los campos de concentración soviéticos*. Barcelona, Debate, 2018, trad. de Magdalena Chocano.

Bezemer, J. W., y Jansen, Marc, *Een geschiedenis van Rusland. Van Rurik tot Poetin*, Ámsterdam, G. A. van Oorschot, 2008.

Cliff, Nigel, *Moscow Nights: The Van Cliburn Story - How One Man and His Piano Transformed the Cold War*, Nueva York, Harper, 2016.

Dekker, Angela, *Verloren verleden. Een eeuw Russische emigrés in Parijs*, Breda, De Geus, 2007.

Fairclough, Pauline, *Classics for the Masses. Shaping Soviet Musical Identity under Lenin and Stalin*, Yale University Press, 2016.

Fanning, David, *Mieczysław Weinberg, Auf der Suche nach Freiheit*, Hofheim, Wolke Verlag, 2010.

Fay, Laurel E., *Shostakovich. A Life*, Oxford University Press, 2005.

— (ed.), *Shostakovich and His World*, Princeton University Press, 2004.

Fitzpatrick, Sheila, *The Cultural Front. Power and Culture in Revolutionary Russia*, Cornell University Press, 1992.

Frolova-Walker, Marina, *Stalin's Music Prize. Soviet Culture and Politics*, Yale University Press, 2016.

Geiger, Friedrich (ed.), *Komponisten unter Stalin. Aleksandr Veprik und die Neue judische Schule (1899-1958). Berichte und Studien,* n.º 25, Hannah-Arendt-Institut, 2000.

Geiger, Friedrich, y John, Eckhard (ed.), *Musik zwischen Emigration und Stalinismus. Russische Componisten in den 1930er und 1940er Jahren*, Heidelberg, J. B. Metzler, 2004.

Ginzburg, Evgenia, *El vértigo*. Barcelona, Galaxia Gutenberg, 2012, trad. de Fernando Gutiérrez.

Grossman, Vasili, *Todo fluye*, Barcelona, Galaxia Gutenberg, 2008, trad. de Marta Rebón.

Hanslik, Aleksander, «A pianist "d'exécution transcendante". Remembrance of Maria Yudina on the 50th anniversary of her death». En: Norman Lebrecht, *The whole truth about Maria Yudina*, Slipped Disc, 2020 (https://slippedisc.com/).

Jaffé, Daniel, *Sergey Prokofiev*, Londres, Phaidon Press, 1998.

Jansen, Marc, *De toekomst die nooit kwam. Hoe Rusland worstelt met zijn verleden*, Ámsterdam, Uitgeverij Van Oorschot, 2019.
Jrénnikov, Tijon, *Tak eto bylo. Tijon Jrénnikov o vrémeni i o sebé*, Moscú, Muzyka, 1994.
Klause, Inna, *Der Klang des Gulag. Musik und Musiker in den sowjetischen Zwangsarbeitslagern der 1920er- bis 1950er-Jahre*, Bonn, V&R unipress, 2014.
Kokarev, Andréi, *Tijon Jrénnikov*, en la serie *Zhizn zamechátelnyj ludey*, Moscú, 2015.
Kotkin, Stephen, *Stalin*, vol. I: *Paradoxes of Power, 1878-1928*, Nueva York, Penguin Press, 2014.
—, *Stalin*, vol. II: *Waiting for Hitler, 1928-1941*, Nueva York, Penguin Press, 2017.
MacFadyen, David, *Songs for Fat People. Affect, Emotion and Celebrity in the Russian Popular Song 1900-1955*, McGill-Queens University Press, 2002.
Maes, Francis, *Geschiedenis van de Russische muziek. Van Glinka tot Sjostakovitsj*, Nijmegen, SUN, 1996.
Mandelhstam, Nadezhda, *Contra toda esperanza. Memorias*, Barcelona, Acantilado, 2012, trad. de Lydia Kúper.
Monsaingeon, Bruno, *Sviatoslav Richter. Notebooks and Conversations*, Londres, Faber & Faber, 2005.
Montefiore, Simon Sebag, *Young Stalin*, Londres, Weidenfeld & Nicolson, 2007. [Hay trad. esp.: *Llamadme Stalin: la historia secreta de un revolucionario*, Barcelona, Crítica, 2018, trad. de Teófilo de Lozoya.]
—, *Stalin. The Court of the Red Tsar*, Londres, Weidenfeld & Nicolson, 2003.
Morrison, Simon, *The Love and Wars of Lina Prokofiev*, Londres, Harvill Secker, 2013.
—, *The People's Artist. Prokofiev's Soviet Years*, Oxford University Press, 2009.
Moynahan, Brian, *Leningrado: asedio y sinfonía*, Barcelona, Galaxia Gutenberg, 2015, trad. de Alejandro Pradera.
Musik und Gender im Internet: Maria Judina. Profil (https://mugi.hfmt-hamburg.de).
Nestiev, I., *Prokofjew. Der Kunstler und sein Werk*, Berlín, Henschelverlag, 1962.
Nestieva, Marina, *Serguéi Prokófiev. Sólnechniy guéniy*, Moscú, AST, 2019.
Olof, Arthur, *De kunst om te overleven. Russische muziek in de eeuw van Dmitri Sjostakovitsj*, Stichting Autres Directions, 2019.
Prokófiev, Serguéi, *Serguéi Prokófiev. Pisma, vospominániya, statyí. K 110-létiyu so dnya rozhdéniya*, Moscú, Muzei-kino, 2007.
—, *Dnevnik 1907-1933*, Moscú, Classica-XXI, 2005.

Richter, Sviatoslav, *Visions fugitives. Mémoires de Dimitri Dorliac*, París, Magellan & Cie, 2005.
Roberts, Sophy, *The Lost Pianos of Siberia*, Nueva York, Grove Press, 2020.
Savchenko, Boris, *Vadim Kozin*, Smolensk, Rusich, 2001.
Schlögel, Karl, *Das Sowjetische Jahrhundert. Archaologie einer untergegangenen Welt*, Múnich/Fráncfort, C. H. Beck, 2017.
Schwarz, Boris, *Music and Musical Life in Soviet Russia 1917-1970*, Londres, Barrie & Jenkins, 1972.
Shostakóvich, Dmitri, *Solomon Volkov. Testimonio: Las memorias de Dmitri Shostakóvich*, Madrid, Aguilar, 1991, trad. de José Luis Pérez De Arteaga.
—, *Xronika družby. Pis'ma Isaaku Glikmanu*, San Petersburgo, Composer St. Petersburg DSCH, 1993.
Tomoff, Kiril, *Creative Union. The Professional Organization of Soviet Composers, 1939-1954*, Cornell University Press, 2006.
Vishnévskaia, Galina, *Galina. A Russian Story*, Londres, Sceptre, 1984.
Vlasova, J. S., *1948 god v sovétskoy múzyke: ne iskusstvo dlya iskusstva, a iskusstvo dlya mass*, Moscú, Klassika-XXI, 2010.
Volkov, Solomon, *Shostakovich and Stalin. The Extraordinary Relationship Between the Great Composer and the Brutal Dictator*, Nueva York, Alfred A. Knopf, 2004.
—, *The Magical Chorus. A History of Russian Culture from Tolstoy to Solzhenitsyn*, Nueva York, Alfred A. Knopf, 2008. [Hay trad. esp.: *El coro mágico. Una historia de la cultura rusa de Tolstói a Solzhenitsyn*, Barcelona, Ariel, 2010, trad. de Ferran Esteve y Carlos Fajardo.]
Wilson, Elizabeth, *Shostakovich: A Life Remembered*, Londres, Faber & Faber, 2006.
—, *Mstislav Rostropovich. Cellist, Teacher, Legend*, Londres, Faber & Faber, 2007.
Zaderatski, Vsévolod V., *Per aspera... O kompozítore Vsévolode Petróviche Zaderátskom*, San Petersburgo, Kompozitor, 2015.

Obras musicales citadas en este libro

Prólogo

Alfred Schnittke: *La vida con un idiota*

Capítulo 1

Piotr Ilich Chaikovski: *Concierto para piano n.º 1*
Teofil Richter: *La vieja Viena*
Dmitri Shostakóvich: *Lady Macbeth*
Aleksandr Glazunov: *Raymonda*
Piotr Ilich Chaikovski: *Concierto para violín*
Edvard Grieg: *Canción de Solveig* y *Canción de cuna de Solveig*
Serguéi Prokófiev: *Cinco poemas de Anna Ajmátova*
Wolfgang Amadeus Mozart: *Las bodas de Fígaro*
Johann Sebastian Bach: *Oratorio de Navidad*

Capítulo 2

Serguéi Prokófiev: *Pedro y el lobo*, *Quinta sonata para piano*, *Sonata para violín n.º 1*, *Concierto para piano n.º 1*, *Concierto para piano n.º 2*, *El amor de las tres naranjas*, *El ángel de fuego*, *Concierto para piano n.º 3*, *El jugador*, *El paso de acero* (De: *Romeo y Julieta, opus 64*), *Sinfonietta*, *Cantata para el XX Aniversario de la Revolución de Octubre*, *Semión Kotko*, *Seis ejercicios gimnásticos*, *Compromiso en un monasterio*, *Sonata para piano n.º 7*, *Sinfonía n.º 2*, *Cenicienta*, *Guerra y paz*, *Sinfonía n.º 6*, *El año 1941*, *Sonata para piano n.º 6*, *Sonata para piano n.º 7*, *Sonata para piano n.º 8*, *El poema festivo*, *Oda al final de la guerra*, *Balada de un muchacho desconocido*, *Sinfonía n.º 4*, *Sinfonía n.º 5*, *Concierto para piano n.º 9*, *La historia de un hombre real*, *Sonata para violonchelo en do menor*, *Novena sonata para piano* y *Sinfonía n.º 7*.
Tijon Jrénnikov: *En la tormenta*
Vano Muradeli: *La gran amistad*

Capítulo 3

Vsévolod Zaderatski: 24 *preludios para piano* y *El frente*

Capítulo 4

Klavdia Shulzhenko: «La nota», «El pañuelo azul», «Las manos», «No me arrepiento de nada», «Andrusha», «El reloj» y «Fumemos juntos»
Frank Sinatra: «My way»
Lale Andersen: «Lili Marleen»
Vera Lynn: «We'll meet again»

Capítulo 5

Moiséi Vainberg: *Sinfonía n.º 21*, *Sinfonía n.º 4*, *Concierto para violín*, *Concierto para trompeta*, *Sinfonía n.º 1*, *Tercer cuarteto para cuerda*, *Cuarto cuarteto para cuerda*, *Seis canciones judías, opus 17*, *Sinfonía n.º 6*, *Sinfonietta n.º 1, opus 41*, *Canciones infantiles, opus 13*, *En mi patria*, *Rapsodia moldava*, *Sinfonía n.º 8* («Flores polacas») y *La pasajera*
Dmitri Shostakóvich: *Siete romanzas sobre poemas de Alexander Blok, opus 127*, *Sinfonía n.º 10*, *Sinfonía n.º 5* y *Sinfonía de Leningrado*
Benjamin Britten: *War Requiem*
Benjamin Britten y Alban Berg: *Wozzeck*

Capítulo 6

Vadim Kozin: *Los sufrimientos de Pskov*, *En esa hora silenciosa*, *En esa larga hora nocturna*, *La última hora*, *Kalitka* (La valla), *Moi Kostior* (Mi lumbre), *Zhiguli*, *Otoño*, *Moscú*, *En el bosque junto al frente*, *Mi Leningrado*, *La canción del NKVD*, *La balada del Stalin*, *Tardes de Magadán* y *Amo este país*
Giorgi Feldgun: *Vivaldi*
Piotr Ilich Chaikovski: *Sinfonía n.º 6*

Capítulo 7

Wolfgang Amadeus Mozart: *Concierto para piano n.º 23 en la mayor KV 488* y *Lacrimosa*
Johann Sebastian Bach: *Variaciones Goldberg*
Ludwig van Beethoven: *Concierto para piano n.º 4*, *Concierto para piano n.º 5*, *Claro de luna* y *32 variaciones en do menor*
Johannes Brahms: *Intermezzi*
Frédéric Chopin: *Sonata para piano n.º 3 en si menor*
Serguéi Prokófiev: *Cuarta sonata para piano* y *Segundo concierto para piano*
Dmitri Shostakóvich: *Sinfonía n.º 13 (Babi Yar)*
Franz Schubert: *Quinteto La Trucha*
Andréi Volkonski: *Música Stricta*
Ígor Stravinski: *Sonata para piano* y *Orfeo*

Capítulo 8

Aleksandr Mosólov: *La fundición de acero*, *Acero*, *La esfinge*, *Concierto para piano n.º 1*, *Sonata para piano n.º 1*, *Cuatro anuncios de periódico, opus 21*, *La presa* y *Concierto para piano n.º 2*
Arthur Honegger: *Pacific 231* (1923)

Capítulo 9

Tijon Jrénnikov: *Svinarka i pastukh*, *Sinfonía n.º 2*, *Francesca*, *Frol Skobeiev*, *Sinfonía n.º 1* y *Napoleón Bonaparte*
Herman Zhukovski: *Corazón y alma*
Dmitri Shostakóvich: *El sol brilla sobre nuestra patria*, *Sinfonía n.º 5*, *Sinfonía n.º 11*, *La gran amistad*, *Bogdán Jmelnitski* y *Desde el fondo de mi corazón*
Iván Dzerzhinski: *El Don apacible*
Serguéi Prokófiev: *El jugador*

Capítulo 10

Dmitri Shostakóvich: *Concierto para violonchelo, opus 107*
Serguéi Prokófiev: *Sonata n.º 8*
Mstislav Rostropóvich: Dvořák: *Concierto para violonchelo*
Ludwig van Beethoven: *Triple concierto*
Dmitri Shostakóvich: *Sinfonía n.º 14*
Piotr Ilich Chaikovski: suite *El Cascanueces* y *Variaciones rococó*

Últimos títulos publicados

Serie Ensayo

Noelia Adánez
Parentesco animal. Los feminismos incómodos de Doris Lessing y Kate Millett
David Alegre
Colaboracionistas. Europa Occidental y el Nuevo Orden nazi
José Antonio Alonso
El futuro que habita entre nosotros. Pobreza infantil y desarrollo
Vicenç Altaió
El radar americano. Arquitectura, arte, comunicación visual y Guerra Fría
José Álvarez Junco
Qué hacer con un pasado sucio
Ramón Andrés
Caminos de intemperie
Juan Arnau
En la mente del mundo. La aventura del deseo y la percepción
La meditación soleada. Propuestas para una cultura mental
Manual de filosofía portátil
La fuga de dios. Las ciencias y otras narraciones
Materia que respira luz. Ensayo de filosofía cuántica
Francis Bacon
Ensayos
Norbert Bilbeny
La enfermedad del olvido. El mal de Alzheimer y la persona
Pilar Bonet
Náufragos del imperio. Apuntes fronterizos
James Bridle
Modos de existir. Más allá de la inteligencia humana
Joan Brossa y Antoni Tàpies
Con corazón de fuego. Correspondencia (1950-1991)

Elias Canetti
Fiesta bajo las bombas. Los años ingleses
Sobre Kafka. El otro proceso
Ana Carrasco-Conde
La muerte en común. Sobre la dimensión intersubjetiva del morir
Decir el mal. La destrucción del nosotros
Jorge Carrión
Librerías
Teleshakespeare. Edición remasterizada
Adriana Cavarero
A pesar de Platón. Figuras femeninas en la filosofía antigua
Antonio Cazorla
Los pueblos de Franco. Mito e historia de la colonización agraria en España, 1939-1975
Susana Chillida
Una vida para el arte. Eduardo Chillida y Pilar Belzunce, mis padres
Christopher Clark
Sonámbulos. Cómo Europa fue a la guerra en 1914
Las trampas de la historia. De Nabucodonosor a Donald Trump
Primavera revolucionaria. La lucha por un mundo nuevo 1848-1849
Manuel Cruz
El Gran Apagón. El eclipse de la razón en el mundo actual
Nick Dearden
Farmaconomía. Cómo las grandes farmacéuticas contribuyen al deterioro de la salud global
Arnau Fernández Pasalodos
Hasta su total exterminio. La guerra antipartisana en España, 1936-1952
Agustín Fernández Mallo
Teoría general de la basura (cultura, apropiación, complejidad)
La forma de la multitud (capitalismo, religión, identidad)
Pável Filátiev
Zov. El soldado que ha dicho no a la guerra de Ucrania
László Földényi
Elogio de la melancolía
Los espacios de la muerte viviente. Kafka, De Chirico y los demás
Joan Fontcuberta
La furia de las imágenes. Notas sobre la postfotografía
Desbordar el espejo. La fotografía, de la alquimia al algoritmo
Mireille Gansel
Traducir como trashumar

Marina Garcés
La pasión de los extraños
Malas compañías
Ryan Gingeras
Los últimos días del Imperio otomano, 1918-1922
Luis Gonzalo Díez
Abejas sin fábula. Antropología del capitalismo
Dominic Green
La revolución religiosa. El nacimiento de la espiritualidad moderna, 1848-1898
José A. Griñán
Cuando ya nada se espera
Daniel Innerarity
La sociedad del desconocimiento
La libertad democrática
Una teoría crítica de la inteligencia artificial
Santos Juliá
Nunca son inocentes las palabras. Artículos sobre política en El País *(1982-2019)*
Enrique Juncosa
Escritos sobre Miquel Barceló
Victor Klemperer
Luz y sombras. Diarios sobre cine 1929-1945
Stephen Koch
El fin de la inocencia. Los intelectuales occidentales y la tentación de Stalin
Eduardo Lago
Todos somos Leopold Bloom. Razones para (no) leer el Ulises
Albert Lladó
Contra la actualidad. Treinta preguntas ante la robotización del presente
Jordi Llovet
Mis maestros. Un homenaje
Claudio Lomnitz
Nuestra América
Nacho Lucea
Piensa como un villano, actúa como un héroe
Chantal Maillard
Decir los márgenes. Conversaciones con Muriel Chazalon
Stefano Mancuso
Fitópolis. La ciudad viva
Winston Manrique Sabogal
La gran transformación. La belleza, el amor, el sexo y la felicidad en el siglo XXI

Tomás Marco
De la tradición a más allá de la posmodernidad. Historia de la ópera de los siglos XX y XXI
José Antonio Millán
Antonio de Nebrija o el rastro de la verdad. Una biografía
Mira Milosevich
El imperio zombi. Rusia y el orden mundial
Pankaj Mishra
Fanáticos insulsos. Liberales, raza e Imperio
El mundo después de Gaza
Diego Moldes
En el vientre de la ballena. Ensayo sobre la cultura
Javier Moreno Luzón
El rey patriota. Alfonso XIII y la nación
Denis Mukwege
La fuerza de las mujeres
Sami Naïr
Europa encadenada. El neoliberalismo contra la Unión
Beth Simone Noveck
Cómo resolver problemas públicos. Una guía práctica para arreglar el gobierno y cambiar el mundo
Helga Nowotny
La fe en la inteligencia artificial
Xosé Manoel Núñez Seixas
Volver a Stalingrado. El frente del este en la memoria europea, 1945-2021
Antxon Olabe
Necesidad de una política de la Tierra. Emergencia climática en tiempos de confrontación
Pier Paolo Pasolini
Escritos corsarios
El fascismo de los antifascistas
Frank Pasquale
Las nuevas leyes de la robótica. Defender la experiencia humana en la era de la IA
Rafael Pérez Estrada
Breverías completas
Pere Portabella
Impugnar las normas. Intervenciones sobre arte, cine y política
Jean-Claude y Colette Rabaté
Unamuno contra Miguel Primo de Rivera. Un incesante desafío a la tiranía

Fernando Reinares
11-M. Pudo evitarse
Fernando del Rey y Manuel Álvarez Tardío
Fuego cruzado. La primavera de 1936
José María Ridao
Cuadernos de Malakoff
Javier Rodrigo
Generalísimo. Las vidas de Francisco Franco, 1892-2020
Jesús Ruiz Mantilla
Divos
Alberto Sabio
Excomunistas. De la revolución a la Guerra Fría cultural; Joaquín Maurín (1896-1973)
Andrés Sánchez Robayna
Borrador de la vela y la llama
Las ruinas y la rosa
Yorgos Seferis
Días 1931-1934
Marta Segarra
Humanimales. Abrir las fronteras de lo humano
Adrian Shubert y Antonio Cazorla
La guerra civil española en cien objetos, imágenes y lugares
Timothy Snyder
Sobre la libertad
Anton Tenkei Coppens
Llamada intemporal, respuesta puntual. Guía para la práctica del budismo Zen
Tzvetan Todorov
Memoria del mal, tentación del bien. Indagación sobre el siglo XX
Eugenio Trías
La dispersión
Entrevistas 1970-2011
Josef Veidlinger
En el corazón de la Europa civilizada. Los pogromos de 1918 a 1921 y el comienzo del Holocausto
Darío Villanueva
Poderes de la palabra. Retórica, política, derecho, literatura, publicidad
VV. AA.
El poder en escena. Motivos visuales en la esfera pública
Bernard Wasserstein
Un pueblo de Ucrania. Krakovets y las tempestades de la historia
Edward J. Watts
La decadencia y caída de Roma. La clave para entender el mundo de hoy